Development of The Treatment of Offenders Theory

犯罪者処遇論の展開

石川 正興
Masaoki Ishikawa

成文堂

はしがき

（1）42年間勤めた早稲田大学を本年3月に定年退職するに当たって、これまでに公表してきた論文を集め、一冊の本にすることを思い立った。退職を自ら祝う意味合いとともに、退職後の研究生活にとってひとつの「道しるべ」になればと思ってのことである。収録論文は、私が研究生活を始めた1973年頃から一貫して追い求めてきた「犯罪者処遇」に関するものに限定し、書のタイトルを『犯罪者処遇論の展開』とした。

私は、早稲田大学法学部を卒業後大学院に入り、須々木主一先生のご指導の下で刑事政策の勉強を始めた。それは1973年のことで、時あたかも刑事法の改正作業が矢継ぎ早に行われていた時期に当たる。

第一は、刑法改正作業である。刑事法制の根幹を成すこの立法作業は、1974年の法制審議会総会において『改正刑法草案』という形となって現れたが、そこに至るまでの過程において、さらには決定後においても、法律家のみならず広く国民各層の間で様々な議論の対立を呼び起こした。なかでも触法精神障害者に対する保安処分導入の是非をめぐる対立は、熾烈を極めた。

第二は、少年法改正作業である。その発端は、1966年に法務省が公表した『少年法改正の構想』であった。新たに18歳以上23歳未満を「青年層」と定め、その年齢層の犯罪に対しては刑事手続に回すことを原則とし、検察官が相当と認めれば少年保護手続に回すことができるとする『構想』をめぐっては、日本弁護士連合会のみならず、最高裁判所も異を唱えた。やがて議論の場は法制審議会少年法部会に移り、1975年には当部会の部会長がまとめたいわゆる『植松試案』が出されたが、これに反対して日本弁護士連合会推薦の委員・幹事5名が辞退するという異様な事態に立ち至った。

第三は、監獄法改正作業である。1976年の法務大臣からの監獄法改正の諮問を受けて、法制審議会は1980年に「監獄法改正の骨子となる要綱」を答申した。これを基に法務省では「刑事施設法案」を、警察庁では「留置施設法案」をそれぞれ立案し、1982年には両法案が併せて国会に提出される運びとなった。このように法案として国会の審議に付されたのは監獄法改正作業だ

けに見られた現象だったが、最初の提出では結局審議未了廃案となり、その後1987年、1993年と、都合三度にわたる提出にもかかわらず、成立に至ることはなかった。その最大の原因は、法案が存続を認めた「代用監獄制度」に対する根強い反対だった。

このように、この時期の刑事法改正作業（ここでは、この時期を「第一期刑事法改正作業」と呼ぶ。）はいずれも「法律」に結実することなく終わったが、やがて20世紀から21世紀への世紀転換期に始まる刑事法の一連の改正作業（ここでは、この時期を「第二期刑事法改正作業」と呼ぶ。）に多大な影響を及ぼしていった。今思えば、刑事立法政策上重要なこれら二つの刑事法改正作業を体験できたことは、私のように刑事政策を研究する者にとって誠に幸運であったと言わなければならない。

(2) ところで、第一期刑事法改正作業において私を最も惹きつけたテーマは、犯罪者処遇における「改善・社会復帰理念」であった。というのも、法学部で教鞭を取ることを許されたときに須々木先生から任された講座が「犯罪者処遇法」だったからである。その上、その時期が監獄法改正作業の最盛期と重なっていたこともあり、いやが上にも「改善・社会復帰理念」に対する私の関心は高まっていった。

当時、「改正監獄法」の目指すべき方向性については、「施設管理法」か、それとも「処遇法」かという見解の対立があった。その対立を意識して私が書き上げた論文が、「受刑者処遇制度における治療共同体論」である。今読み返すと稚拙さや生硬さばかりが目立ち、本書に収録するのに躊躇を覚えたが、本論文は私が公表した処女作ということもあり、敢えて本書に収録することにした次第である。

また、この監獄法改正作業が正念場を迎えた時期は、欧米の犯罪者処遇の情勢に一つの顕著な変化が現れていた。すなわち、"Rehabilitative idea is dead."とか、"Rehabilitation does not work."というショッキングな言辞が流布し、刑事制裁のRehabilitation Modelに取って代わり、Justice ModelやDeterrence Modelが提唱されるようになっていた。この流れはわが国にも及び、例えば、京都大学の吉岡一男はJustice Modelに依拠した「犯罪処理

モデル」を刑事司法システムのモデルとして提唱し、監獄法改正に一石を投じていた。

　こうした風潮に対し私は、欧米と日本の社会情勢の相違を無視して、Rehabilitation Modelを簡単に捨て去ってもよいのかという疑問を抱き、日本における犯罪者処遇の歩むべき方向を模索した。その研究成果は、本書第1部「犯罪者処遇論の基礎」に収録した「再社会化行刑に関する考察」(第2章)と、「改善・社会復帰行刑の将来――アメリカ合衆国と日本の場合――」(第3章)という比較法的研究論文であり、「受刑者の改善・社会復帰義務と責任・危険性との関係序説」(第4章)である。

　これらの論文の中で私が特に強調した点は、以下の通りである。

1)　我が国の刑事司法システムでは「行為責任―応報」原理を主原理とし、それと大きく抵触しない限りで「犯罪的危険性―再犯防止(特に、「犯罪者の改善・社会復帰目的」を追求する再犯防止)」原理をいわば従原理として認める。異なる二つの原理の間のこうしたバランスのとり方は、今後も堅持すべきであり、したがって、不定期刑制度は採用すべきでなく、仮釈放制度における残刑期間主義は堅持されるべきであること。

2)　処遇目的における積極的処遇目的(俗な言い方をすれば、「犯罪者を良くするための処遇」、あるいは医療における"cure"と類似の処遇)と、消極的処遇目的(俗な言い方をすれば、「犯罪者を悪くしないための処遇」、あるいは医療における"care"と類似の処遇)とを区別し、前者にばかり目を奪われることなく、後者に対しても十分な配慮を払うべきであること。

3)　改善・社会復帰処遇において求められる「指標としての人間像」は、「自律心と責任感をもって社会生活を送ることのできる人間」であり、それはひとり犯罪者ばかりでなく、社会で生活するすべての人間が負っている責任である。しかし、両者の間には違いあり、犯罪者には刑に服している間はこうした人間になる努力を一定の強制力を持って義務付けられ、そしてその義務の根拠は「行為責任―応報」の原理ではなく、「犯罪的危険性―再犯防止(特に、「犯罪者の改善・社会復帰目的」を追求する再犯防止)」の原理に求められること。

これらの見解は、時を経るにしたがって一層揺るぎないものになっていった。上記論文の執筆から20年以上が経過し、須々木先生がご退職と同時に古稀を迎えられた際の「須々木主一教授古稀祝賀論集」(『早稲田法学』78巻3号 (2003年))に投稿した「犯罪者対応策に関する法的規制の在り方」と題する論文 (第5章) では、犯罪者対応策における法治国家原理と社会国家原理の違いを分析し、これら二つの対立原理を犯罪者処遇の場面においてどのような形で調整すべきかを論じた。本論文は、私が「犯罪者改善・社会復帰理念」について検討を重ねてきたひとつの到達点を示すものである。

(3)　第一期刑事法改正作業において私が関心を抱いたテーマは、(2)に記述した監獄法改正作業に関連する問題だけでなく、広く刑事制裁にも及んだ。なかでも、①起訴猶予・刑の執行猶予、さらには改正刑法草案策定の過程で議論の俎上に上った宣告猶予などの猶予制度、②保護観察におけるプロベーションとパロールとの違い、③自由刑単一化、④常習累犯者に対する不定期刑、⑤触法精神障害者に対する保安処分、⑥少年法適用年齢の上限の引下げなどの問題については、思考を重ねてきた。その思考の成果は、「論点整理　刑事政策第1講～第20講」(1991年～1994年、法学書院『受験新報』) や野村稔編『現代法講義・刑法総論』の第4編「刑罰論」(1993年、青林書院) といった講義用教材などで明らかにしたほか、「第二期刑事法改正作業」の時期になって以降は、改正の動向に関連して論じた諸論文の中で明らかにしてきた。これらの論文は、「犯罪者処遇論の諸相」と題した本書第2部に収録してある。

(4)　本書の作成に当たっては、大学院や学部で私が指導してきた宍倉悠太氏 (国士舘大学法学部専任講師)、石田咲子氏 (早稲田大学法学部助手)、黒川滉登氏 (早稲田大学大学院法学研究科修士課程2年)、徂徠千草氏 (早稲田大学法学部4年) らの手を煩わせた。また、成文堂社長阿部成一氏、同編集部の田中伸治氏には、採算の見込みの乏しい本書の出版を快くお引き受けいただいた。この場をお借りして、皆様にはお礼を申し上げたい。

はしがき

　最後に、法学部の学生の時から数えると実に45年の長きにわたってご指導いただいた恩師須々木主一先生には、言葉に尽くしきれない感謝の気持ちとともに、謹んで本書を献呈申し上げます。

　　　　2019年３月　花咲き誇る我が家の庭を眺めつつ

目　次

はしがき ··· i

第 1 部　犯罪者処遇論の基礎

第 1 章　受刑者処遇制度における治療共同体論

Ⅰ　序 ··· *1*
Ⅱ　治療共同体の歴史および概念 ··· *2*
　1　治療共同体の歴史 ·· *2*
　2　治療共同体の概念 ·· *6*
Ⅲ　刑務所における治療共同体的試み ··· *8*
　1　伝統的な刑務所における社会関係 ······································ *8*
　　(1)　受刑者の矯正・社会復帰への動機付けの稀弱性　(*8*)
　　(2)　受刑者集団内におけるインフォーマル・グループ　(*9*)
　　(3)　保安職員と専門職員との対立　(*11*)
　2　刑務所における治療共同体的試み ····································· *12*
Ⅳ　受刑者処遇制度における治療共同体の位置付け ···················· *17*
　　(1)　オスボーンの囚人自治制　(*17*)
　　(2)　ハワード・B・ギルのノーフォーク・プラン　(*19*)
Ⅴ　結　び ··· *21*

第 2 章　再社会化行刑に関する考察

Ⅰ　序 ··· *27*
Ⅱ　再社会化行刑の理論的基盤 ·· *28*
　1　社会化（Sozialisation）の理論 ·· *28*
　2　社会国家（Sozialstaat）の理論 ······································· *29*
Ⅲ　再社会化目的と拘禁および処遇 ·· *32*

1　拘禁の緩和化と再社会化目的 ･････････････････････････････････ *32*
　　2　再社会化目的と処遇方法 ･･･････････････････････････････････ *36*
　Ⅳ　再社会化行刑の問題点 ･･････････････････････････････････････ *39*
　　1　事実的視点からみた再社会化行刑の問題点 ･･････････････････ *40*
　　　(1)　行動変容仮説に対する疑問　(*40*)
　　　(2)　再社会化行刑に対する世論の抵抗と社会国家において再社会化
　　　　行刑が占める政策序列順位　(*41*)
　　2　価値的視点からみた再社会化行刑の問題点 ･･････････････････ *43*
　　　(1)　社会化の理論の問題点　(*43*)
　　　(2)　社会国家の理論の問題点　(*45*)
　Ⅴ　む　す　び ･･ *46*

第3章　改善・社会復帰行刑の将来
―――アメリカ合衆国と日本の場合―――

　Ⅰ　序 ･･･ *51*
　Ⅱ　アメリカ合衆国における改善・社会復帰行刑批判 ････････････ *52*
　　1　1960年代後半以前の批判 ･･････････････････････････････････ *52*
　　2　1960年代後半以後の批判 ･･････････････････････････････････ *55*
　Ⅲ　わが国における改善・社会復帰行刑に関する議論 ････････････ *60*
　Ⅳ　消極的処遇目的と積極的処遇目的――結びに代えて―― ･･････････ *69*

第4章　受刑者の改善・社会復帰義務と責任・危険性　　　　との関係序説

　Ⅰ　問題の所在 ･･ *73*
　Ⅱ　応報モデルと特別予防モデル ････････････････････････････････ *76*
　　1　応報モデル ･･ *76*
　　2　特別予防モデル ･･ *80*
　Ⅲ　改善・社会復帰処遇と責任との連結 ･････････････････････････ *86*
　　1　団藤説の検討 ･･ *87*
　　2　平野説の検討 ･･ *91*

Ⅳ　結　　び ………………………………………………………………… *95*

第5章　犯罪者対応策に関する法的規制の在り方
　Ⅰ　は じ め に …………………………………………………………… *97*
　Ⅱ　法治国家原理と犯罪者対応策 ……………………………………… *100*
　Ⅲ　社会国家原理と犯罪者対応策 ……………………………………… *106*
　Ⅳ　わが国における二つの法的規制原理の相克と調整 ……………… *113*
　Ⅴ　お わ り に …………………………………………………………… *122*

第2部　犯罪者処遇論の諸相

第1章　刑の執行猶予制度
　Ⅰ　問題点の提起 ………………………………………………………… *127*
　　1　刑の執行猶予制度の意義 ………………………………………… *127*
　　2　執行猶予制度の刑事政策的機能および法的性質の変遷 ……… *128*
　Ⅱ　判例の状況 …………………………………………………………… *131*
　　1　刑事政策的機能 …………………………………………………… *131*
　　2　法 的 性 質 ………………………………………………………… *132*
　Ⅲ　学説の状況 …………………………………………………………… *133*
　　1　刑事政策的機能と法的性質 ……………………………………… *133*
　　2　改正刑法草案の方向性 …………………………………………… *135*
　Ⅳ　理論の展開 …………………………………………………………… *136*

第2章　道路交通事犯に対する自由刑の展開
　　　　　──自由刑単一化論に関連して──
　Ⅰ　は じ め に …………………………………………………………… *139*
　Ⅱ　道路交通事犯禁錮受刑者の集禁処遇の導入
　　　──執行刑レベルにおける禁錮刑の存在意義の再確認── ……… *140*
　Ⅲ　業務上（重）過失致死傷罪（刑法第211条）の法定刑の改正
　　　──「過失犯には禁錮」という原則の崩壊── …………………… *148*

Ⅳ　道路交通事犯の禁錮受刑者と懲役受刑者の混禁処遇の導入
　　　──執行刑レベルでの懲役・禁錮単一化現象── ……………… *151*
　Ⅴ　おわりに ……………………………………………………………… *152*

第3章　精神障害と保安処分

　Ⅰ　はじめに ……………………………………………………………… *155*
　Ⅱ　医療観察法施行以前の状況 ………………………………………… *157*
　　1　精神保健福祉法上の措置入院制度 ……………………………… *157*
　　2　「精神障害者医療のあり方」に関する変化 …………………… *162*
　Ⅲ　医療観察法の強制的入院・通院処分
　　　──改正刑法草案・刑事局案との比較── ……………………… *166*
　Ⅳ　医療観察法上の強制的な入院・通院処分の法的性質 …………… *170*

第4章　触法障害者・触法高齢者に対する刑事政策の新動向

　Ⅰ　刑事司法システムにおける「出口」支援の導入と展開 ………… *173*
　Ⅱ　刑事司法システムにおける「出口」支援に関する提言 ………… *176*
　　1　定着支援センターの業務の「バラツキ」について …………… *176*
　　2　定着支援センターの円滑・適正な業務遂行のための諸条件について …………………………………………………………… *177*
　　　(1)　特別調整対象者に対するコーディネート業務　(*177*)
　　　(2)　特別調整対象者に対するフォローアップ業務　(*177*)
　　3　矯正施設における福祉専門職員の勤務体制の充実 …………… *177*
　　4　地域生活定着促進事業に関する効果測定の尺度について …… *178*
　Ⅲ　刑事司法システムにおける「入口」支援の必要性と最近の動向 … *179*
　Ⅳ　OTの方々に期待するひと言 ……………………………………… *185*

第5章　非行少年の処遇

　Ⅰ　はじめに──本講演のテーマについて── …………………… *187*
　Ⅱ　非行少年に対する処遇理念としての「保護」 …………………… *190*
　　1　「責任─応報」原理と「危険性─予防」原理 ………………… *190*

2　「改善・更生」理念に基づく刑罰制度の改革とその限界 ……… *193*
　　3　改善・更生理念と非行少年に対する保護手続 …………… *196*
　　4　保護処分と刑罰とのちがい ……………………………… *198*
　Ⅲ　「保護処分に代えて刑罰へ」という刑罰化の主張 …………… *200*
　Ⅳ　む　す　び ……………………………………………………… *202*

第6章　日本における非行少年に対する法的対応システム
　Ⅰ　少年非行問題を考えるための基本的視座 …………………… *209*
　Ⅱ　非行少年とその法的対応システム …………………………… *214*
　　1　非行少年の意義 …………………………………………… *214*
　　2　非行少年に対する三つの法的対応システムの基本的特徴 ……… *215*
　　(1)　児童福祉行政システム　(*216*)
　　(2)　少年保護司法システム　(*216*)
　　(3)　刑事司法システム　(*217*)
　Ⅲ　少年法改正による法的対応システム相互間の関係の変更 ………… *218*
　　1　犯罪少年に対する法的対応の変更 ……………………… *219*
　　2　触法少年に対する法的対応の変更 ……………………… *222*
　　3　改正の背景事情 …………………………………………… *224*
　Ⅳ　おわりに ………………………………………………………… *225*

第7章　触法少年に対する施設内処遇方法に関する考察
　　　　――2007年少年法等の一部を改正する法律に関連して――
　Ⅰ　はじめに ………………………………………………………… *231*
　Ⅱ　改正の経緯 ……………………………………………………… *232*
　Ⅲ　児童自立支援施設と少年院との比較検討 …………………… *238*
　　1　施設収容目的の共通性と法的性質の相違性 …………… *239*
　　2　施設運営・処遇の主体 …………………………………… *240*
　　3　処遇の客体 ………………………………………………… *242*
　　4　処遇の方法 ………………………………………………… *244*
　Ⅳ　おわりに――結論―― ………………………………………… *247*

初 出 一 覧

第 １ 部

第１章 「受刑者処遇制度における治療共同体論」『早稲田法学会誌』27巻（1977年３月）１頁以下

第２章 「再社会化行刑に関する考察」『早稲田法学会誌』28巻（1978年３月）１頁以下

第３章 「改善・社会復帰行刑の将来──アメリカ合衆国と日本の場合──」『比較法学』14巻１号（1979年６月）89頁以下

第４章 「受刑者の改善・社会復帰義務と責任・危険性との関係序説」『早稲田法学』57巻２号（1982年６月）１頁以下

第５章 「犯罪者対応策に関する法的規制の在り方」『早稲田法学』78巻３号（2003年３月）１頁以下

第 ２ 部

第１章 「刑の執行猶予制度」阿部純二＝板倉宏＝内田文昭＝香川達夫＝川端博＝曽根威彦編『刑法基本講座 第１巻 基礎理論・刑罰論』（1992年10月、法学書院）265頁以下

第２章 「道路交通事犯に対する自由刑の展開──自由刑単一化論に関連して──」曽根威彦＝田口守一＝野村稔＝石川正興＝高橋則夫編・岡野光雄先生古稀記念『交通刑事法の現代的課題』（2007年２月、成文堂）545頁以下

第３章 「精神障害と保安処分」石川正興編『犯罪学へのアプローチ──日中犯罪学学術シンポジウム報告書──』（2010年５月、成文堂）57頁以下

第４章 「触法障害者・触法高齢者に対する刑事政策の新動向」『作業療法ジャーナル』48巻11号（2014年10月）1093頁以下
※本論文は、公益財団法人・日工組社会安全研究財団の2012（平成24）年度一般研究助成によるものである。

第５章 「非行少年の処遇」石川正興＝曽根威彦＝高橋則夫＝田口守一＝守山正

『少年非行と法』(2001年2月、成文堂) 155頁以下
　　　　※本論文は、2000年に開催された早稲田大学法学部の「横川敏雄記念公開講座」で行った講演を基に作成したものである。
第6章　「日本における非行少年に対する法的対応システム」『早稲田大学社会安全政策研究所紀要』1号 (2009年3月) 271頁以下
第7章　「触法少年に対する施設内処遇方法に関する考察──2007年少年法等の一部を改正する法律に関連して──」警察政策学会編『警察政策』11巻 (2009年3月) 102頁以下
　　　　※本論文は、2005 (平成17) 年度～2007 (平成19) 年度独立行政法人日本学術振興会 (JSPS) 科学研究費補助金 (基盤研究(C)一般：課題番号17530056) によるものである。

第 1 部

犯罪者処遇の基礎

第 1 章

受刑者処遇制度における治療共同体論

Ⅰ 序
Ⅱ 治療共同体の歴史および概念
Ⅲ 刑務所における治療共同体的試み
Ⅳ 受刑者処遇制度における治療共同体の位置付け
Ⅴ 結び

Ⅰ 序

　刑務所組織に関しては、1930年代以来クレマー（D. Clemmer）やサイクス（G. M. Sykes）等の社会学者によって研究がなされてきた。比較的最近では、ゴフマン（E. Goffman）が全体施設（total institutions）という名称のもとに刑務所組織等の研究を行った[1]。彼は、それを一般社会との交通が制限された特殊社会に共通に現われる性格を説明する概念として用いる。彼に依れば、全体施設の主要な特徴は次の四つである。第一に、生活のすべての側面は、同一の場所および同一かつ単一の権威の下に行われる。第二に、構成員の日常活動のあらゆる側面は、多数の構成員からなる緊密な集団のなかで遂行され、彼らのすべては画一的に取り扱われ、同一のことを一緒に行うように要求される。第三に、日常活動のすべての側面は厳重にスケジュールに組み込

（1）　ゴフマンが全体施設として掲げるのは、刑務所以外に精神病院・らい病院・強制収容所・兵舎・修道院等である。この点については、E. Goffman, On The Characteristic of Total Institutions:The Inmate World, THE PRISON（D. R. Cressey ed, 1961）at16.17. 参照。なお、total institutionsの訳語については、小野坂弘「刑務所文化と『刑務所化』──刑務所の社会学的検討──」刑法雑誌19巻1＝2号（1973年）47頁の注に詳しい。

まれ、一つの活動のあとには前以って決められた時間に次の活動が続き、そして一連の諸活動は系統だった公式の規則体系と職員集団とによって上から押し付けられる。第四に、強制された種々の諸活動の内容は、施設の公的な目的を遂行するために意図的に立てられた単一で全般的な合理的プランの一部としてまとめられる[2]。

全体施設においては、一つの権威の下に階級制、官僚制が生じ、一つの目的を遂行するために組織は動く。こうした全体施設は、「拘禁の確保・規律の維持」という刑務所の一方の目的を遂行するには最も効果的な組織であると考えられる。しかし、刑務所は、拘禁の確保・規律の維持と同時に、他方において「受刑者の矯正・社会復帰のための処遇」を行うことをもう一つの目的として要請される。本稿で論じる「治療共同体」は、こうした刑務所のもう一つの目的を遂行するための刑務所組織の在るべき姿として考えられている[3]。しかしながら、その概念および受刑者処遇制度における位置付けは必ずしも明らかでないように思われる。以下において、私は、精神医療の分野で展開をみた治療共同体の概念を明らかにし、それが受刑者処遇制度においていかなる位置を有するものであるかを論じようと思う。

Ⅱ　治療共同体の歴史および概念

1　治療共同体の歴史

治療共同体は、受刑者処遇の分野で生じたものではなく、精神医療の領域において発生したものである。従って、治療共同体の概念を明らかにするのに先立って、簡単に治療共同体の歴史を精神医療の歴史的推移と関連させながら述べておかなければならない[4]。

（2）　E. Goffman, supra note(1), at 17.
（3）　例えば、逸見武光「矯正における集団カウンセリング」水島恵一＝岡堂哲雄編『集団心理療法』（1969年、金子書房）216頁以下、および、同「個別アプローチから共同体アプローチ」矯正医学16巻特別号（1967年）37頁以下参照。
（4）　以下の論述は、主として、W. J. Filstead & J. J. Rossi, Therapeutic Milieu, Therapeutic Community, and Milieu Therapy, Therapeutic Community (J. J. Rossi & W. J. Filstead ed. 1973) に依った。

治療共同体の先駆は、18世紀および19世紀のモラル・トリートメント（moral treatment）であるとされる[5]。このモラル・トリートメントの企図したものは、第一に、精神病者についての伝統的な観念を変えること、第二に、個々人の人間的資質を利用するような風土を施設のなかにおいて育むことであった[6]。すなわち、前者については、「精神病者は、健康な者の行動を決定するのと同一の作用に対する感応性を完全に奪われた者では決してない」[7]ということが主張された。また、後者については、精神病者を人間として処遇することの必要性、および、彼らの社会的環境を利用することによって個々人の完全な能力を展開させることの必要性が強調されたのである[8]。

　しかしながら、このようなモラル・トリートメントの主張は、患者と治療家との関係を中心とする個別療法（individual therapy）が一般的に承認され確立されるに及んで消滅するに至った。かくして、暫くの間はこの個別療法が精神医療の中心であったが、第二次世界大戦直後のイギリスの精神医学において、戦争に付随した諸問題[9]に対処する必要性に鑑みて社会的要因の治療活動に対する重要性が認識されるようになった。すなわち、従来の精神医学では、生物学的・身体的な面が重視され、身体的・器質的な病変や異常過程に眼が向けられて来たのであるが、種々の精神障害や不適応症状を取り扱っているうちに患者を取り巻く社会的要因が極めて重要な役割を果たしていることが次第に注目されるようになり、それにつれて、文化的・社会的・人定的に規定された行動現象はそれに関与する人間の身体的・生物学的条件だけではその原因が解明されないばかりか、治療の方策も立たないということが明らかになったのである[10]。T・F・メイン（T. F. Main）は「治療施設としての病院」という論文のなかで、ノースフィールド陸軍病院（North-

---

（５）　W. J. Filstead & J. J. Rossi, supra note(4), at 5.
（６）　Ibid., at 5.
（７）　W. L. Russell, A History of the psychiatric service 1771–1936（1945), at 2.
（８）　W. J. Filstead & J. J. Rossi, supra note(1), at 5.
（９）　退役兵のなかには、戦争のショックによる精神神経異常者等がかなり多くいたとされている。
（10）　樋口幸吉「社会精神医学の動向」矯正医学6巻4号（1957年）107頁。

field Military Hospital)で行われていたプログラムに関連して「治療共同体」という用語を用いた。これは、治療共同体の概念の種々の構成要素を概念化した最初の試みである。彼はその論文のなかで次のように述べている。「ノースフィールドの実験は、より高度な技術的能率性の観点から医師によって運営される組織として病院を利用する企てではなく、直接的にはそこでのすべての構成員を日常生活に参加させるという目的、そして究極的にはノイローゼ患者を通常の社会生活へ再社会化させるという目的を持った共同体として病院を利用する企てである。」[11]

T・F・メインによって主張された治療共同体の概念は、同じくイギリスの精神医であるM・ジョーンズ（Maxwell Jones）によって更に発展していくことになる。

M・ジョーンズの活動は1941年のMaudsley Hospitalにおける体験に始まる。そこでは100人の陸軍軍人たちが皆同じ徴候すなわち心臓部の痛み、息切れ、動悸、めまい、疲労感を示しており、それらは基本的には身体的な原因からというよりむしろ心理的な原因から起っていた。彼は、そこで、職員と患者との間の相互作用の過程としての社会学習（social learning）の重要性を認識し、病院で一緒に生活している人々（患者・職員）が毎日行われる共同体の会議において彼らが何をしているか、また何故彼らはそれをしているのかということを検討することから多大の利益を得ると確信するに至った[12]。しかし、そこでの実験は、いまだ「治療共同体」と呼ぶには相応しいものではなかった。彼が治療共同体と本格的に取り組んだのは、ヨーロッパと極東におけるプリズン・キャンプから帰還した戦時受刑者のための処遇ユニットを組織するように依頼されてからのことである。これは、彼の関心を主として身体および精神的な（psychosomatic）領域から主として社会的な領域へと拡げるのに理想的な機会を提供した[13]。以後、この企ての成功によって、彼はBelmont Hospitalの産業ノイローゼ・ユニット（Industrial Neurosis

---

(11) T. F. Main, The hospital as a therapeutic institution, Bulletin of the Menninger Clinic（1946.10), at 67.
(12) Maxwell Jones, Social Psychiatry in Practice（1968), at 16–17.
(13) Ibid., at 17.

II　治療共同体の歴史および概念

Unit) において社会不適応者のための処遇を担当するようになるのである[14]。

このように、治療共同体は主としてイギリスにおいて発展するのであるが、他の諸国とくにアメリカ合衆国ではそれほど急速には浸透していかなかった。その原因の第一は、治療共同体の概念が定義の明確さおよび実施方法という点で不明瞭であったこと、第二に、環境療法（Milieu Therapy）が治療共同体と同意義に用いられていたがために混乱を惹き起こしたこと、第三に、新たに発見された薬物の有効性が精神病治療の解決法であると考えられたこと、更に、それらにも増して重要性を持つことは、社会的諸力（social forces）が治療過程において演じる巨大な影響力を臨床家が認識していなかったことであるとされている[15]。しかし、治療共同体は、1950年代の後半および1960年代の前半に至って、アメリカ合衆国においても関心の焦点となった。その契機となったのは、ゴフマンやベルクナップ（I. Belknap）等の社会学者が行った精神病院施設についての評価的な研究であった。これらの調査は病院の社会構造、社会制度および患者自身の文化の重要性に対して新たな精神医学的関心を呼び起こした。すなわち、これらの調査によって、施設生活の性質が明らかにされ、施設化（institutionalization）が個々人に対してどのような効果を持ちうるかということに関する一つの具体的な像が初めて獲得されたのである。ここに及んで、第一に、処遇環境自体が患者に対して有害な効果を持ちうること、第二に、処遇の結果に影響を与える重要な要因は処遇環境の組織の仕方であるということの認識が確立されることになった[16]。

現代の精神医療は個別療法から集団療法へ、さらに集団療法から社会治療法（social therapy）へと発展を遂げつつあると言われる[17]。そして、現在の

---

(14) この Belmont Hospital の産業ノイローゼ・ユニットは、後に社会復帰ユニット（the Social Rehabilitation Unit）と名を変え、更に、1959年に Henderson Hospital として知られる独立した病院となった。また、その機能も、主として失業した浮浪者のための社会復帰ユニットから性格障害（character disorder）のための処遇ユニットへと変った。
(15) W. J. Filstead & J. J. Rossi, supra note(4), at 6, 7.
(16) Ibid., at 7.
(17) 加藤久雄「保安処分の種類(二) ── 社会治療処分 ──」宮澤浩一ほか編『刑事政策講座 第3巻 保安処分』(1972年、成文堂) 136～137頁参照。

精神医療の主流である社会治療法の要点は、患者社会に存在する自然発生的な社会関係を強調し、実際にそれを活用することであるとされている[18]。このような目標は、処遇環境における社会構造および社会制度への関心を増大させ、それによって処遇方法あるいは施設管理方法としての治療共同体への関心を甦らせたと言えよう。

2 治療共同体の概念

　一般に治療共同体と呼ばれるものには、アルコール中毒者を対象にするアルコーリックス・アノニマス（Alcoholics Anonymous）、麻薬中毒者を対象にしたシナノン（Synanon）、性格障害者を対象にしたHenderson Hospital、犯罪性のある精神病者ないし精神病質者を対象にしたイギリスのGrendon Underwood Prison、オランダのthe van der Hoeven KliniekやtheW. P. J. pompe-kliniek、デンマークのHerstedvesterやHorsensなどがある。まさに、M・ジョーンズが「いかなる治療共同体も全く同一のものではない」[19]と述べているように、その種類は多様である。しかしながら、このように多様な治療共同体にも共通した観念がその根底において存在している。すなわち、それは、「行動科学あるいは社会科学で言うところの矯正的処遇は断片的に行われては効果を持ち得ないのであって、患者および施設職員を含む施設で働いている人々の協同作業として行われなければならない」[20]という観念である。このような基本的観念の下に営まれる治療共同体の構成要素は次のとおりである。

　第一に、患者の役割が処遇に対する消極的関与から積極的関与へと推移する。すなわち、治療共同体において患者は自らの病気の原因の探究に積極的に参加する直接的な責任を持つのであるから、最早患者は単に処遇を受けるという従属的な人間ではなく、施設職員の協働者（co-Worker）となる[21]。患

---

(18)　W. J. Filstead & J. J. Rossi, supra note(4), at 7.
(19)　Ibid., at 10.
(20)　J. M. Wilson & J. D. Snodgrass, The Prison Code in a Therapeutic Community, The Journal of Criminal Law. Criminology and Police Science, vol. 60 No. 4, at 472.
(21)　Ibid., at 472. 473.

者は医師を中心として看護婦・事務職員・管理者の行う治療会議に参加し、そこで自分の問題を自由に述べることが許される。

　第二に、施設の社会構造および社会関係は変化する。すなわち、ピラミッド型の権力構造を持つ職員および患者の二つの階級制度は打ち倒され、治療会議や患者による管理などを通して一体感を発展させる努力が行われる[22]。そこには身分関係も階級制もなく、権威は構成員の各々がその独自性に基づいて対等に持っており、従来の権威者（医師）は治療会議で議長、司会者的役割を果たすだけとなる。こうした職員内部、患者内部および職員と患者間の自由なコミュニケーションと感情の自由な表現を勇気付ける受容的な態度の強調は民主的で平等な社会組織を示している[23]。ただ施設の実際の運営としては、職員と患者とが共同して行う施設から、職員だけが運営に携わる施設に至るまで多岐にわたっている。また、そこでの生活は小集団が中心で、個人差に応じた生活を可能にさせるために多様にならざるを得ない[24]。

　第三に、職員の役割に変更がある。治療共同体にとって伝統的な専門家の役割は全く不適切なものであって、それ故、効果的な治療共同体を運営するためには、専門家は自己の専門家気質（professionalism）を捨てなければならない[25]。また、伝統的に看護婦の役割は医師の補助者でしかなかったが、治療共同体では準診察者的役割（quasi-consultive role）へと置き換えられる[26]。

　以上挙げた三つの構成要素は、主として治療共同体においてみられる組織構造的・施設管理的側面に関するものであるが、治療共同体にはもう一つの側面、すなわち集団のダイナミックスあるいは相互作用に基礎付けられた精神医学的・心理学的な処遇技術を用いるという処遇方法としての側面がある。従って、治療共同体とは組織論であるのか、あるいは処遇方法であるのかという問いが生じるかも知れないが、組織構造的・施設管理的側面と処遇

---

(22)　W. J. Filstead & J. J. Rossi, supra note(4), at 11.
(23)　Maxwell Jones, supra note(12), at 86.
(24)　久保松喜信「治療共同体」刑政86巻9号（1975年）102頁参照。
(25)　W. J. Filstead & J. J. Rossi, supra note(4), at 11.
(26)　J. M. Wilson & J. D. Snodgrass, supra note(20), at 472.

第1章　受刑者処遇制度における治療共同体論

方法としての側面とは相俟って治療共同体の概念を構成しているのであるから、その両者であると答えるのが正しいと考える。この二つの側面を考慮した上で、ウィルソン（J. M. Wilson）とスノッドグラス（J. D. Snodgrass）の治療共同体の定義を引用しよう。治療共同体とは、「協働的で科学的に基礎付けられた処遇プログラムの配分であり、環境と一体となってこれらのプログラムを操作することであり、そこでの（対象者の——筆者補足——）経験全体が自然に（対象者にとって——筆者補足——）改善効果があがるように意識的にデザインされた施設を用意すること」[27]である。

III　刑務所における治療共同体的試み

1　伝統的な刑務所における社会関係
(1)　受刑者の矯正・社会復帰への動機付けの稀弱性
イ　受刑者の矯正観

受刑者は自らの意思に反して強制的に刑務所に収容される。このような状況において、彼らが「矯正・社会復帰のための処遇」に対して取るべき態度は、一つは不信であり、他は諦観である。

前者に関して言えば、受刑者は、刑務所職員の第一の義務は犯罪者から社会を防衛することであって、決して彼らを社会復帰させることではないという事実を痛切に感じている。表面上は受刑者を援助することに骨身を削っている刑務所職員であっても、実際には自分たちを処罰したり、管理下に置いたりすることの手助けをしていると、受刑者は考える。また、処遇のためと称して集められる受刑者に関する膨大なデータも自分たちの利益のために用いられるなどとは信じていない[28]。

後者について言えば、受刑者は悪いことをしたから少しは我慢しなければならないものとして、泣きごとも言わずに受刑生活を耐え忍ぶ[29]。そして、

---

(27)　Ibid., at 473.
(28)　D. R. Cressey, Sources of Resistance to Innovation in Corrections, Correctional Institutions（Carter, Glaser, Wilkins ed. 1972）at 456. 457.
(29)　小沢禧一「刑政をめぐる合理主義と非合理主義」刑政86巻9号（1975年）33頁参照。

このような態度が昂じると、犯罪と受刑生活とを人生の一駒に予め組み込んでしまい、したい放題のことをしても刑務所へ行けば片が付くというような考えを抱くようにもなる。そうした受刑者にとっては、矯正・社会復帰のための処遇に携わることもまた単に一時的な出来事であるべきだということになる。

　ロ　受刑者の自我防衛

　受刑者は刑務所に収容されると同時に、行動の自由、自己決定権、異性関係などを剥奪され、また物品の所有をも制限される。受刑者に残されたものと言えば、自分の「自我」だけであって、したがって、受刑者はその自我がたとえどのようなものであろうとも、自我を保護し、防衛し、維持することのためには入念な措置を取る。もし自我が受刑者から奪われたとするならば、彼は一切のものを失なうことになってしまうからである。かくして、受刑者のパーソナリティーや生活様式を大幅に変容させようとする試み、すなわち「洗脳」あるいは自我の本質を変えるような試みは、受刑者に残された唯一のものを根こそぎに奪うのではないかという脅威を与える。よしんば、受刑者がこのような試みに協力することがあったとしても、それは表面的なものであって、出来るだけ早く無傷な状態で刑務所から出所するためである[30]。

(2)　受刑者集団内におけるインフォーマル・グループ[31]

　矯正・社会復帰への動機付けの稀薄な受刑者たちにとって最大の関心事は、拘禁生活に伴なう苦痛をいかにして免れるか、いかにして軽減するかということである。それは与えられた生活条件のなかでいかにしてよりよく生きるかという一種の生活適応上の行動であって、いわば人間としての自然な生活上の反応である。受刑者集団内に形成される所謂インフォーマル・グループも、このような苦痛の緩和という共通の動機からなされたものとして

----

(30)　D. R. Cressey, supra note(28), at 457. 458.
(31)　受刑者集団内におけるインフォーマル・グループの存在についてはいろいろな解釈がなされている。刑務所生活という剥奪に対する機能的反応（サイクス）、自己同一性を維持する手段（マッコークルとコーン）、施設のアノミーの結果（クロワード）、抑圧された攻撃性を解放する方法（クロッサー）などである。

理解されなければならない[32]。

　新入の受刑者は、当初においては、刑務所が提示するフォーマルな文化（刑務所職員が受け入れさせようとする一般社会の行動様式や価値観）と受刑者間において形成されたインフォーマルな文化（それはしばしばフォーマルな文化と対立した行動様式や価値観を示す）との間にあってその去就に迷うが、結局は、受刑者のインフォーマルな文化を受け入れ、そのなかでの行動様式・掟・価値観などを身に付けていくことになる。それも、刑務所における日常生活を少しでも快適に過ごそうとするためである[33]。かくして、大部分の受刑者にとって、適応とは一般社会の文化に対するものではなく、受刑者集団内のインフォーマル・グループに対する帰属、あるいは少なくともインフォーマル・グループからの承認を意味するようになる。それ故、矯正・社会復帰のための処遇に参加する受刑者は、インフォーマルな所属集団（membership group）や準拠集団（reference group）から「間抜け（nut）」とか「裏切り者（traitor）」とみなされる。万が一にも受刑者を変容させる努力がうまく行って彼らをその所属集団や準拠集団から逸脱させるような結果に至る場合には、このような集団から強い抵抗が示される[34]。

　また、特定の受刑者に対する特別処遇も、インフォーマル・グループによって抵抗を受ける。それは、第一に、受刑者がおそらく一般市民以上に正義に対して強い関心を持っており、このような特別処遇が不公正な「特権」あるいは「えこ贔屓」であると考えられるからである[35]。第二に、例えば、行状不良な受刑者のための特別処遇が行われたとすると、他の受刑者たちも同様の「報酬」を得んがために悪行を始めようとするが、このような事態は受刑者間の密接で平穏な相互関係が乱される結果を招き、それ故受刑者のインフォーマル・グループのリーダーから強い抵抗が示されることになる[36]。

---

(32)　橘偉仁「犯罪者の処遇——プリズンコミュニティの諸問題——」那須宗一＝橋本重三郎編『犯罪社会学』（1968年、川島書店）206～207頁参照。
(33)　橘・前掲注(32)209頁参照。
(34)　D. R. Cressey, supra note, (28) at 458.
(35)　Ibid., at 459.
(36)　Ibid., at 459, 460.

(3) 保安職員と専門職員との対立

　刑務所には、所謂「保安職員」、「専門職員」と呼ばれる職員がいる。前者は主として拘禁の確保・規律の維持という任務を背負わされ、後者は主として受刑者の矯正・社会復帰のための専門的な処遇を担当する。これら両者は、しばしば受刑者の処遇に関して対立する。

　受刑者に接触する機会の最も多い保安職員は、拘禁の確保・規律の維持という自己の任務を完うするために受刑者との間に一定の社会的距離を保っていこうとする。なぜなら、一度保安職員と受刑者との関係が密接なものになってしまうと、職員の弱点がさらけ出され、その挙句、「指示に従う」ことも「職員の顔をたててやる」ことになり、「顔をたててやったのだから、こっちの顔をたててもいい筈だ」という危険な悪循環に陥ってしまい、自己の任務を果たすことが困難になるからである。そこで、保安職員にとっては、社会的距離を失なうことは危険であり、没個性的なフォーマルな役割の殻のなかで受刑者と接するのが最も安全だということになる[37]。もとより、保安職員のなかに、受刑者の矯正・社会復帰を願う心がない筈はない。しかしながら、自己の任務との葛藤のうちに、このような心も次第次第に抑圧されてしまい、そして遂には、専門職員の行うグループ・カウンセリングやその他の教育方法についても、受刑者を甘やかし、拘禁の確保・規律の維持を弱めるやり方だと非難するようになる。

　心理学者、精神医、カウンセラー、ソーシャル・ワーカー、分類技術者等の受刑者の矯正・社会復帰に直接的あるいは間接的に関係している専門職員は、治療的な状況のなかで、受刑者に対し、自分が社会生活に適応していくことの障害は自己の内部の動機と知覚のパターンに関係しているということを他人との関係のなかで了解させ、自己実現あるいは成長していく新しいパターンを発展させようとする[38]。しかし、彼らは、その過程において、受刑

---

(37)　森衍「刑務所社会について」刑政81巻8号（1966年）5頁、L. W. McCorkle & Korn, Resocialization within Walls, the Sociology of Punishment and Correction（N. Johnston, L. Savitz, M. E. Wolfgang. ed, 1970）at 414参照。

(38)　久山照息「刑務所の中で社会治療はいかにして行われるか」矯正医学8巻1号（1959年）67頁。

者から発せられる刑務所に対する敵意の声に同調して、いきおい刑務所の非をあばくというような態度をとりがちである。受刑者は、このような専門職員に対し、自分を助けてくれる人、友達になってくれる人として利用し、保安職員を自分を迫害する人と規定してそれに対する不平の種のはけ口にしようとする。また、自分の内面の変化を否定し、処遇の緩和のみを求め、専門職員を保安職員に対する戦いをしてくれる人にしようとする[39]。

2 刑務所における治療共同体的試み

1でみてきたように、全体施設と呼ばれる伝統的な刑務所においては、受刑者・受刑者集団——専門職員——保安職員の間に任務や利害を繞って構造的な対立・葛藤がある。この対立・葛藤は、刑務所の一つの目的すなわち受刑者の矯正・社会復帰のための処遇に対する阻害要因となっている。したがって、いま、受刑者の矯正・社会復帰のための処遇という筋道を押し通そうとするならば、次の三点が解決を要する課題として浮かび上がってくるものと思われる。すなわち、その第一は、受刑者に対して「矯正・社会復帰への動機付け」をなし、受刑者自身が処遇の主体であることを自覚させること、第二は、刑務所の提示するフォーマルな文化に対抗する受刑者集団内のインフォーマル・グループの影響力を矯正・社会復帰のための処遇に役立たせるようにそれを刑務所組織のなかに組み込むこと、第三は、職員(とくに保安職員)と受刑者との間の意志の疎通のギャップを埋め、保安職員と専門職員とが連繋して受刑者に働きかける体制を作ることである[40]。

ところで、以上に掲げた三つの課題は矯正担当者の認識するところでもあった。そして、そのことの認識が矯正担当者に対し精神医療の領域で展開された治療共同体への関心を呼び起こしたと言えよう。というのは、精神病院における患者・患者集団——医師——看護婦・看護人の関係の中に存在す

---

(39) 久山・前掲注[38]67頁、L. W. McCorkle & R. Korn, supra note[37], at 417. 418. 参照。
(40) 職員間の連携に関しては、既に、1955年の第一回犯罪防止犯罪者処遇国連世界会議で決議された「刑事矯正施設の職員の選任及び研修に関する勧告」がその必要性を指摘している。この点については、朝倉京一「矯正の社会的機能」刑政77巻10号(1966年)参照。

る精神医療の問題性は、刑務所における受刑者・受刑者集団－専門職員－保安職員の関係のなかに存在する矯正・社会復帰のための処遇の問題性と類似していると考えられたからであろう。

一般に、犯罪者に対する治療共同体という場合、そこで問題にされるのは、精神障害であるが故に犯罪を犯したと認定された者である。例えば、イギリスのthe Grendon Underwood Prison、オランダのthe van der Hoeven Kliniekやthe W. P. J. Pompe-kliniek、デンマークのHersteadvesterやHorsensなど、治療共同体の例として挙げられる施設(41)は、国情の相異により刑務所あるいは保安処分施設として運営される違いがあるにしても、その対象者は悉く犯罪性のある精神障害者である。しかし、また、精神障害でない一般の受刑者の矯正・社会復帰のための処遇のために治療共同体的な考え方を取り入れようとした試みがない訳ではない。フェントン（N. Fenton）によって指導されたカリフォルニア州矯正のグループ・カウンセリングの実験は、そうしたものであった(42)。

(41) 例えば、J. Conradは、治療共同体の例として、イギリスのBelmont Hospitalの社会復帰ユニット（現在のHenderson Hospital、オランダのthe van der Hoeven Kliniek、デンマークのHerstedvesterを挙げている。see. J. Conrad, Crime and its Correction (1965), at 212–236. また、T. Erikssonは、Henderson Hospital, the van der Hoeven Kliniekのほかに、イギリスのthe Grendon Underwood Prison、オランダのthe W. P. J. Pompe-kliniekを挙げている。see. Torsten Eriksson, The Therapeutic Community, Report for 1974 and Resource material series No. 9, at 75–78.

(42) グループ・カウンセリングに関しては、わが国では戦後一部の少年院で実施された。とくに、関東医療少年院で実施された集団補導の試みは、それが全施設的な規模で行われた点で評価されている。これについては、久山照息『矯正技術としての集団心理療法の研究』〔法務研究報告書第48集第1号〕（1960年）99頁以下、宮内裕「被拘禁者の心理的処遇について㈠」法学論叢71巻6号（1962年）10頁以下、小川太郎「集団カウンセリングの実験」同『刑事政策の推移と問題』（1970年、立花書房）に詳細に触れられている。なお、刑務所ではグループ・カウンセリングの重要性は認識されこそすれ、いまだ大規模な実施には至っていないのが実情である。ただ、中野刑務所で1960年2月以来実施されていたグループ・カウンセリングは、治療共同体の試みの端緒的なものとして評価されていたが、様々な事情によって挫折するに至った。その消長については、長谷川孫一郎「刑務所における治療的処遇について(2)──矯正処遇技術の体系化に関する研究──その1」犯罪心理学研究9巻1号（1972年）、同「刑務所における治療的処遇について(3)──矯正処遇技術の体系化に関する研究その1──」犯罪心理学研究9巻2号（1972年）に詳しく論じられている。

第1章　受刑者処遇制度における治療共同体論

　カリフォルニア州では、1954年以来、フェントンの指揮下にグループ・カウンセリングが大規模に刑務所に導入された[43]。このグループ・カウンセリングの刑務所への導入は、受刑者と刑務所職員の意志の疎通の改善を通じて、究極的には、刑務所が拘禁のための場から組織全体が受刑者に一層有益な処遇を提供するような場へと移行することを目指すものであった。その契機となったものは、第一に、受刑者と職員間の相互不信の故に従来の刑務所の雰囲気および根本原理がその性質において極めて拘禁中心的なものであって、ひとたび人間の本性が在りのままの姿となった場合には刑務所が混乱と暴動の渦中にひきこまれるという事実[44]、第二に、従来の刑務所が教育・宗教・作業およびリクリエーションなどの立派なプログラムを有しているにも拘らず、犯罪行動の基礎となっている受刑者のパーソナリティの諸側面に対してほとんど影響を与えず、従って累犯が繰り返されているという事実であった[45]。フェントンは次のように述べている。「グループ・カウンセリングの目標は、成人矯正施設におけるこのような望ましい雰囲気（刑務所に居るすべての者が、彼らが信頼し希望するところの処遇プログラムに協働できるような雰囲気——筆者補足）への変更を促進することである。このプログラムは、もし成功するならば、職員と被収容者間の交流を阻害できないような施

----

(43)　1966年の資料によれば、カリフォルニア州のグループ・カウンセリングの参加者は、収容者総数2万3,500名のうち1万4,000名から1万7,000名であった。しかし、このグループ・カウンセリングの実験は、この頃をピークとして漸次退潮していった。それは、州の政治が民主党支配から共和党支配へと移ったことによって受刑者を「力で押える」主義が復活した結果であるとされている。
　ところで、グループ・カウンセリングがカリフォルニア州の場合と異なり全施設的な規模で行われないときには、次のような問題が生じる。第一は、グループ構成員である受刑者と他の受刑者との関係であって、前者が後者から特別視され、精神異常者であるかのように思われるという問題である。第二は、グループ構成員である受刑者とグループ・カウンセリングに参加しない刑務所職員との間に生じる問題である。すなわち、グループ・カウンセリングの集会では、構成員から施設に対する不満、職員に対する敵意が出されることがしばしばあるが、カウンセリングに参加しない職員はこうした集会を不安と非難の眼でもって眺めるようになり、グループ・カウンセリングが刑務所全体の処遇のなかで浮き上がったものになってしまう危険性がある。

(44)　N. Fenton, The Prison as a Therapeutic Community, Federal Probation vol. 20 (1956), at 26.

(45)　Ibid., at 27.

設の風土を作り上げるかも知れない。刑務所における人間の相互関係は、そうすることによって一層健全になるかも知れない。逃走の防止や暴動の回避ではなく、被収容者を社会のなかで十分適応できるように準備して社会へ復帰させるという処遇の目的が、職員と被収容者の心のなかで承認された刑務所の主要な目的になるかも知れない」[46]と。

イ　実施方法

　グループ・カウンセリングの集会は、受刑者が自分自身の人格的な問題に対する洞察力を獲得することを目指して行われる[47]。そのために最も好ましいグループは大体十人ないし12人位の集団であるが、その編成に際しては特別な診断学的配慮はなされない[48]。集会は週に一回、一時間ないし一時間半位が原則であるが、場合によっては一週に二回ないし毎日開かれることもある。また、一度集団が編成されると、原則的に集団は閉鎖的なものになって、構成員の大半が仮釈放等で去るまで解散されることはない。

　集会での討議は構成員中心の非指示的方法で行われ、この間、受刑者は彼を人間として認めるカウンセリング・リーダーおよびグループ構成員たちによって現実を直視するように援助され、勇気付けられる[49]。ときには、グループ活動を活発にするために、精神衛生的テーマの映画とか、心理学者・パロール担当官のような特別な者を集会に加えることも行われる。集会でのこのような自由な討議を保障するために、討議内容は秘密性を要求される。カウンセリング・リーダーは、集会で示された受刑者のパーソナリティに関して仮釈放委員会に報告もしない[50]。

　グループ・カウンセリングの集会は以上のようにして行われるが、ここで

---

(46)　Ibid., at 28.
(47)　Ibid., at 26.
(48)　この点につき、逸見氏は、「カリフォルニア州では受刑者を10ないし12人の小集団に編成するが、集団療法を除いては特に診断学的配慮をしない。ことばを換えれば、受刑者は収容施設や強制作業等の指定の際に十分分類されているから、それ以上に同質のものを集める集団編成は行われないわけである」と述べておられる。逸見・前掲注(3)「矯正における集団カウンセリング」218頁。集団心理療法は集団構成員のダイナミックスあるいは相互作用に基礎を置くものであるから、余りにも同質の者同志で集団を構成することは却ってその機能を減退させるのではないかと考える。
(49)　N. Fenton, supra note(44), at 26.

重要なことは、カウンセリング・リーダーが精神医や臨床心理学者等の専門家ではなく、看守や作業監督者や職業指導者等の一般の矯正職員であるという点である[51]。このことは二つの理由から支持されている。すなわち、第一に、慣習犯罪者のように性格的に重大な損傷のある受刑者には精神医や臨床心理学者等の専門家による高度に専門的でかつ強力な治療的処遇が必要であるが、大部分の受刑者にはこのような処遇は必要でないこと[52]、第二に、刑務所を拘禁中心の場から処遇的雰囲気のある場へと移行させるためには、受刑者と最も頻繁にかつ長く日常的な接触をしている善意の職員を処遇プログラムに参加させる必要があること[53]、の二つの理由である。

このような理由から一般の矯正職員がカウンセリング・リーダーとしてグループ・カウンセリングを指導するわけであるが、それに先立って彼らの基礎的訓練が行われる。まず、参加を志願しあるいは要請された矯正職員[54]は、オリエンテーション・レクチャーに出席し、グループ・カウンセリングの意義を学ぶ。その際、被訓練者は経験を積んだリーダーの指導するグループ・カウンセリング集会に出席し、集会終了後ひき続いて、リーダーと集会中に

(50) グループ・カウンセリングでの討議内容が施設管理のために利用されるとなると、自由な討議、したがってグループ・カウンセリングの目的は大いに阻害される。この秘密性の保持を繞る矯正関係者の対立については、逸見・前掲注(3)「矯正における集団カウンセリング」219頁参照。
(51) A. H. Katzの調査によれば、リーダー、すなわちグループ・カウンセラーの80％は、グループ・カウンセラーになる以前にこのような業務に関連した特別な教育的背景を有していないという意味で素人である。A. H. Katz, Lay Group Counseling—The Program in the California Department of Corrections, Crime & Delinquency, vol. 9, No. 3 (1963), at 283.
(52) フェントンによれば、グループ・カウンセリングとグループ・セラピーとは異なるものであって、後者は前者よりも一層重い情緒問題に用いられうるとされる。そして、多くの犯罪者はその犯罪的性格から市民的性格へかえるための性格調整はそれ程必要でなく、したがってこれらの犯罪者に対してはグループ・カウンセリングが妥当であるとされる。N. Fenton, supra note(44), at 27, および、宮内裕「被拘禁者の心理的処遇について（二）」法学論叢72巻4号（1963年）38頁参照。
(53) N. Fenton, supra note(44), at 27.
(54) A. H. KatzのChinoおよびSan Quentinの刑務所における調査によれば、グループ・カウンセラーの60％の者が自発的にプログラムに参加し、36％の者が直接の上司によって要請され、2％の者が被収容者によってカウンセラーになるように依頼されたとのことである。A. H. Katz, supra note(51), at 284.

生じたことについて討議をし、リーダーから説明を受ける。かくして、グループ・カウンセリングの目的や機能を学んだ被訓練者は、実際にグループ・カウンセリングの指導を委ねられるのであるが、その後にも、経験を積んだカウンセリング・リーダーによるスーパー・ヴィジョンを継続して受ける。

ロ　グループ・カウンセリングの効果

グループ・カウンセリングの効果については、刑務所職員と受刑者との間の意思の疎通が改善され、刑務所における処遇的雰囲気が促進されたこと[55]、また刑務所職員の自己の職業に対する意識が建設的なものへと向上したこと[56]などが報告されている。さらに、受刑者の矯正・社会復帰との関係では、仮釈放者でグループ・カウンセリングを受けた者と受けなかった者とを比較した場合、前者の方が良好な結果がみられたという報告がある[57]。

IV　受刑者処遇制度における治療共同体の位置付け

われわれは、治療共同体的組織編成が刑務所組織の在るべき姿として主張される以前に、その先例とも言える試みがあったことを知っている。一つは、オスボーン（T. M. Osborne）が受刑者ジャック・マーフィーの協力を得て1914年にオーバーン刑務所に取り入れた囚人自治制（inmate self-government）であり、他は、ハワード・B・ギル（Howrd. B. Gill）が1927年にノーフォークのマサチューセッツ・コッテージ・プリズンで始めたノーフォーク・プランと呼ばれる協力的自治制（cooperative self-government）である。

(1)　オスボーンの囚人自治制

正木博士に依れば、囚人自治制の根本思想は、「役人が囚人を改善するのではなくて、囚人自らが自らを改善しなければならない」[58]ということであり、「囚人に社会適応性を養う手段として、茲に囚人の相互の自治を認めて

---

(55)　N. Fenton, supra note(44), at 28.
(56)　Ibid., at 28. 29.
(57)　宮内・前掲注(52)243頁参照。
(58)　正木亮「自由刑執行に於ける自治制の発生とその意義」同『新監獄学』（1941年、有斐閣）329頁。

社会共存の理を知らしめようとする」[59]ことであった。このため、囚人自治制は、受刑者に対して成るべく多くの自由を与えると同時に互いに責任を負わしめ、刑務所内の規律および処遇プログラムは原則として受刑者自身の管理・運営に委ね、刑務所職員はこれを援助するに止めたのであった。

　第一に、「善をなせ、善をつくれ」という格言の下に、共和団（Mutual Welfare League 相互福祉連盟）が組織され[60]、会員資格はすべての受刑者に与えられた。ただし、一定の規則違反者に対しては資格は剥奪された。

　第二に、共和団の管理・運営には三権分立主義が採り入れられた。これは、一般社会における法律生活に馴れさせるためであった。6月毎に行われる受刑者の自由投票によって、49人の代議員が選ばれ、共和団のいわば立法機関にあたる代議部を構成する。このうち9名の理事が互選され、それぞれ会員、作業、保健、教育、運動、娯楽、音楽、来客接待、外役という行政部における9つの小委員会を担当する。理事以外の代議員は情苦委員会を構成し、刑務所の規律の一部[61]および共和団の規則に触れた反則行為を審理して懲罰を言渡す[62]。また、守衛官、書記が行政部に置かれ、前者は規律の維持、後者は記録および庶務を担当した。

　第三に、三権分立の運用に要する財源を国家に仰がないで自らの手で作ることに努力した。

　この制度は、教育的行刑の技術的方法としてはこれ以上のものはないとまで考えられ、また一時的な成功を収めたのである。しかし自制心を欠如するが故に犯罪に陥った者に自治を許すこと自体疑問であるばかりでなく、少数のボスの出現によって刑務所に対する敵対、受刑者の取扱上の横暴、受刑者

---

(59)　正木・前掲注[58]335～336頁。
(60)　「善をなせ、善をつくれ」という格言は、自己のためのものであり、団体の平和を全うするためのものであり、そしてまた、一般社会の一員としての行動を学ぶためのものであると考えられていた。この点については、正木・前掲注[58]350頁参照。
(61)　情苦委員会の審理事項から取り除かれた刑務所の規律違反は、(イ)役人への暴行、(ロ)同囚人に対する致命的暴行、(ハ)就業拒否、(ニ)ストライキ、(ホ)逃走企図である。
(62)　懲罰は会員資格を停止することであって、その結果、言渡を受けた者は会員に与えられている一切の特権を奪われた。なお、情苦委員会の決定に不服のある者は、所長の裁判所（Warden's Court）に上訴することができた。

相互間の反目を甚だしくし、遂には、収拾のつかない状態を現出する危険性があるとの非難が向けられた[63]。かくして、囚人自治制はオスボーンの死とともに凋落の運命を辿ることになった。

(2) **ハワード・B・ギルのノーフォーク・プラン**

この制度は逃走と禁制品の統制を援助する手段として始った。それは初期においては被収容者と刑務所長間の一つの協定にすぎなかったが、後にすべての職員（ただし、保安業務の看守は除く）を含むようになった。すなわち、施設内の活動が増大するにつれて、被収容者に密着した生活場面（生計、教育および図書、催し物、スポーツ、食事、刑務所出版物、売店等）を取り扱う職員と被収容者との共同委員会である「収容者評議会」が作られた[64]。また、所長のギルは彼の施設を壁の内部における監督された共同体（supervised community within a wall）すなわち共同体的刑務所と考え、そこに管理棟、病院、警察署、学校、教会、共同体のための建物、種々の売店、23の独立した居住ユニット[65]および6ないし7つのリクリエーション場を置いた。そして、この共同体においては生活は出来る限りノーマルなものとされた。受刑者は作業や教会への往来の際隊列を組んで行進もせず、囚人服でない普通の服装をした。受刑者は逃走と禁制品とに関する基本的なルールを侵犯しない限り、話しをしたり、行動をしたり、所有することを許された[66]。

このノーフォーク・プランの基本方針は、職員と受刑者との連帯責任（joint responsibility）であった。すなわち、職員と受刑者が一緒に働き、万人の幸福に対して等しく責任をもち等しく代表した。このように、この制度がオスボーンの囚人自治制と異なる点は、職員が施設管理の重要な要因とされたことである[67]。また、このプランを特徴付ける重要な点は、保安的機能

---

(63) 囚人自治制に対する非難については木村亀二「囚人自治制」同『刑事政策の基礎理論』（1942年、岩波書店）317～318頁、小川太郎「囚人自治制の展開」同・前掲注(42)214～215頁、および辻敬助「刑務所自治に就て」刑政41巻9号（1928年）14～15頁参照。
(64) Barnes & Teeters, NEW HORIZONS IN CRIMINOLOGY (3rd ed) at 502.
(65) それぞれの居住ユニットには50名の受刑者と2名のハウス・オフィサーが住み、食堂、修繕室、個室、バス・ルームなどの設備があった。
(66) Barnes & Teeters, supra note(7), at 503.
(67) Ibid., at 502.

第1章　受刑者処遇制度における治療共同体論

と改善的機能とが截然と分かれていたことである[68]。保安職員は評議会に参加せず、拘禁の確保を彼の唯一の任務とした。また、懲罰は評議会の権限外のこととされたのである。

　小川博士は、自治制と治療共同体ないし集団療法との地盤の共通性を指摘し、前者がいわば生活的、間接的集団療法であるのに対し、後者は心理的、直接的自治制であると述べておられる[69]。このように、オスボーンの囚人自治制およびハワード・B・ギルのノーフォークプランとフェントンのグループ・カウンセリングの実験に代表されるような治療共同体的試みとの間には、処遇に対する受刑者の積極的関与、施設の社会構造の民主化・平等化、受刑者処遇における施設職員の連繋という共通の要素を認めることができよう。

　しかしながら、他方、われわれはこうした囚人自治制の流れをくむ治療共同体的試みに対して若干の注意を払う必要があるように思う。その第一は、精神医療と受刑者処遇との対象者の相違に関する事柄である。すなわち、刑務所に収容される者（受刑者）は、精神医療の対象者（患者）のように専ら精神障害の「治療」を目的として施設に収容されるのではなく、犯罪という社会倫理を体現した法規範に違犯した行為を犯し、かつ、当該犯罪行為が刑務所に拘禁するのに「価する」と考えられたが故に強制的に刑務所に収容された者である。確かに、こうした受刑者のなかにも、慣習犯罪者のように精神病質的な性格偏倚な者であって高度に専門的な「治療」的処遇を必要とする者が居るであろうと思われる。しかしながら、大部分の受刑者は専門的な精神医学的治療を必要とする者とは考えられず、また、犯罪という反社会的な行動をなしたからと言えども、直ちに「社会不適応者」とか「人格偏倚者」であるという烙印付けをなされる者ではない。第二に注意せねばならないことは、治療的処遇がしばしば公共の安全の確保、道徳性の奨励、公共の福祉の配分、個人の健康の増進という名目の下に強制的に行われ、そして、それらの名目が国家権力の行き過ぎに対する伝統的な制限を欺く口実に役立

(68)　小川・前掲注(63)216頁参照。
(69)　小川・前掲注(63)220頁参照。

つことがあるという事実である⁽⁷⁰⁾。ここに、治療イコール人道的なものであるという公式に立って強制的な治療的処遇を施すことの危険性が存在する。

　このような理由から、われわれは、「受刑者の矯正・社会復帰のための処遇」と言う場合、それは、「犯罪者の人格や行動傾向を治療すること」ではなく、「健全な市民として許容される行動様式の習熟を助けること」という枠内で思慮さるべきであると考える⁽⁷¹⁾。したがって、治療共同体的構想を受刑者処遇制度に取り入れる場合にも、こうした枠付けは必要であろう。

V　結　び

　国家は、健全な社会秩序を維持し、社会を防衛しなければならないという義務と責任を負っている。それ故、このような考慮からして当該犯罪行為が刑務所に拘禁するのに価すると考えられた以上は、国家は、まず第一に、当該犯罪行為者に対して、他律的強制的な支配に服せしめて刑務所に拘禁されたことの意味を感銘的に体得させなければならないであろう。しかし、また、こういう基本的な枠組のなかで、国家は、受刑者の人間的な生活を確保すると同時に、受刑者の矯正・社会復帰ということを考えなければならないであろう。なぜなら、受刑者とは、刑務所に拘禁するのに価する「犯罪を犯した者」であると同時に、社会の構成員としての人間、すなわち社会的実存的な人間であるということを刑務所制度の上に生かさなければならないから

---

(70)　K. N. Nicholas, The Right To Be Different:Deviance and Enforced Therapy (1971), at 379.
(71)　この場合、問題となるのは、第一に人格や性格や行動傾向の偏倚ないし異常が、健全な市民として許容される行動様式の習熟の妨げとなっている者である。このような者に対しては、やはり、「偏倚」ないし「異常性」の治療が処遇活動の前面に出てこなければならないであろう。しかし、この場合にも、それが刑罰という枠内（とくに懲役刑の場合）でなされるときには刑務作業が大きな障害になるし、また、法改正が行われたところで、単に治療のみを目的とした刑罰内容の構成は妥当ではなかろう。
　　　第二に問題となるのは、健全な市民として許容される行動様式の習熟を助ける必要のない者である。例えば、所謂ホワイトカラー犯罪や政治犯等の確信犯に対しては、積極的な処遇を試みる必要性は余りなく、専ら「ひまな時間」をふさぎ、拘禁生活から来る心身の低格化を防止することが試みられるべきであろう。

である。いかに刑務所に強制的に収容され、他律的な支配に服せしめること
が受刑者の矯正・社会復帰を追求する上での障害になろうとも、国家そして
刑務所は、その困難な状況のなかにおいて、受刑者の矯正・社会復帰のため
の営みを、試行錯誤を繰り返しながら続けていくことになると思われる[72]。

　ところで、今日の矯正実務界は、「ヒューマニズムの時代」から「技術論
の時代」へ、更に「技術論の時代」から「組織論の時代」へと移りつつある
と言われ[73]、刑務所の相反する二つの目的を考慮に入れた刑務所組織に関す
る真摯な論議が交わされている[74]。本稿では、そうした中でたびたび主張さ
れている治療共同体の概念を明らかにし、それの受刑者処遇制度における位
置付けを考えてきた。もとより、治療共同体的試みは刑務所に負わされた二
律背反的な二つの任務からみれば一面的なものである。しかし、刑務所が困
難な状況のなかでなおかつ受刑者の矯正・社会復帰のための営みを遂行しよ
うとするならば、それは、必ずや避けて通ることのできない問題であると思
われる。

　将来において、治療共同体的構想がどういう形をとって現実化されるかに
ついての明確な青写真を持たない。しかし、恐らくは、治療共同体的構想は
受刑者に応じて異なったものとなるであろう。大きく分ければ、慣習犯罪者
のように精神病質的な性格偏椅な者であって高度に専門的な治療的処遇を必

---

(72)　最近、刑務所の目的は一般予防と威嚇的改善であって、受刑者の社会復帰のための
　　処遇を断念しようという主張がなされている。例えば、クロスは、「社会復帰のための
　　刑罰改革は、ほとんど効果をあげていないのである。だから改善刑主義がなしうる現実
　　主義的アプローチはもっぱら、改善目的を犯人の悪化防止におくこと、いいかえると刑
　　務所は治療や訓練の施設というより冷凍倉庫のようなものとして考えるべきだから、自
　　由刑は可能なかぎり回避される必要がある」と述べている。Rupert Cross,
　　PUNISHMENT, PRISON AND THE PUBLIC（1971）（紹介・大谷實・刑法雑誌20巻1
　　号〈1975年〉153頁）確かに、自由刑の回避論は歴史の流れの大極からは首肯しうるで
　　あろうが、だからと言って、現在および近い将来において刑務所に収容される受刑者に
　　対し、社会復帰のための配慮をする必要がないということにはならないと思う。なお、
　　施設内処遇についてのペシミズムとオプティミズムを論評したものとして、平野竜一「矯
　　正におけるオプティミズムとペシミズム」刑政86巻7号（1975年）参照。
(73)　森岡寿夫「矯正職員論」刑政87巻4号（1976年）参照。
(74)　例えば、柳下竹治「矯正における組織論」、藤田弘人「ラインとスタッフ」、花田馨
　　「組織の実験的試み」以上刑政86巻5号（1975年）参照。

V 結 び

要とするグループと然らざるグループとでは、治療共同体的組織編成はその理念と機能とにおいて異なったものとして考えられよう。前者においては、異常性の「治療」が前面に出て、ある程度純粋な形での治療共同体的組織編成が考慮されるかも知れない。後者の場合には、「治療」ではなく、「健全な市民として許容される行動様式の習熟を助けること」という枠内で、治療共同体的組織編成は考えられねばならないであろう。したがって、厳密に言うならば、「治療」共同体という誤解を招き易い名称ではなく、「問題解決」共同体とか「共生」共同体という名称のもとに、治療共同体的構想の各要素が取り入れられなければならないであろうと思われる。

第 2 章

再社会化行刑に関する考察

Ⅰ　序
Ⅱ　再社会化行刑の理論的基盤
Ⅲ　再社会化目的と拘禁および処遇
Ⅳ　再社会化行刑の問題点
Ⅴ　むすび

Ⅰ　序

　1976年の西ドイツ新行刑法典は、その第3条第3項において、「行刑は、受刑者が自由な生活に復帰することを援助するように形成されなければならない」と規定した。また、昭和51年に我国の法務省が打ち出した「監獄法改正の構想」は、第16番において、「受刑者の処遇は、受刑者を矯正し、一般社会生活への復帰を図ることを目的として、できる限り個々の受刑者に適した方法により行うものとする」と述べている。
　このように、最近の行刑立法においては、行刑の究極的目標を受刑者の再社会化ないしは社会復帰に置こうとしているようである。しかし、「再社会化」とか「社会復帰」という概念の基盤となっている考え方は何であるのか、「再社会化」目的は拘禁の緩和化に対してどのような関係に立つのか、「再社会化」という目的の下においてなされる受刑者の処遇方法はどのような形をとるのか、さらには、また、アメリカ合衆国の幾つかの州や北欧諸国などの矯正活動が進んでいるとされている国々において近時再社会化行刑に対して厳しい批判がなされているようであるが、これらの批判に対して、再社会化行刑はどのように応答するのか等々、再社会化行刑を考えるに当たっては避けることのできない様々な問題が山積しているように思われる。そこ

で、本論文では、このような問題に対して、既に発表されている幾つかの論文を手掛かりに論点を整理し、ついでに若干の私見を述べてみようと思う。

II 再社会化行刑の理論的基盤

1 社会化（Sozialisation）の理論

トーマス・ヴュルテンベルガー（Thomas Würtenberger）に依れば、「受刑者の復帰に向かってなされるすべての努力は、人間はその生存の間、多かれ少なかれ、社会化という特徴のある過程に服しているという事実を前提としている」[1]とされる。このように、再社会化行刑の理論的基盤としては、まず第一に、社会化の理論が考えられる。

この「社会化」という概念は、社会心理学における行動理論上の概念であって、人間の各発達段階における社会的・文化的適応を説明するために用いられるものである。ペーター・ルンデ（Peter Runde）は言う。「『社会・人格的発展』の概念は、個人の年代的な発展において内在化する行動様式、行動傾向、動機等の成立過程を指示するものである。社会的行動の成立過程は、個人にとっては、学習過程──社会学的にいえば──社会化過程をあらわす。すでに他者が生活している世界において、個人に方向づけの基礎（Orientierungsbasis）を伝達するこの学習過程は、それ自体社会的に構成されている。我々の社会は、『客観的な』社会的現実の媒介を特定の諸制度に委ねている。すなわち、第一次の基本的な社会化を家族にまかせ、能率により特殊化された第二次の社会化を学校や職業教育のための諸制度や職業にまかせている」[2]と。このように、社会化の理論においては、個人は幼児期──青少年期──壮年期──老年期という人間の各発達段階を通じて常に社会生活に関係しており、従って、個人は孤立的に観察されるのではなく、グ

（1） Thomas Würtenberger, Akzente des künftigen Strafvollsgesetzes, Juristenzeitung, 1970, No. 14, S. 453. また、Vgl. ders., Kriminalpolitik im sozialen Rechtsstaat, 1970, S. 205.
（2） ペーター・ルンデ／森本益之訳「科学的問題および社会政策的問題としての社会復帰」アルトゥール・カウフマン編／宮澤浩一＝中山研一共訳編『行刑改革の諸問題』（1976年、成文堂）153～154頁。

ループとのその社会的結合において観察されねばならないという人間像がその根底に存する。

ところで、この社会化の理論に依れば、多くの犯罪者は、社会の共同世界（Mitwelt）の関係が破壊されており、人生の各段階における社会への統合の過程が必ずしも完全には成功していない者としてみなされる[3]。すなわち、社会化の過程における適応の失敗が、多数の犯罪者の生活や態度の著しい特徴になっているとするのである。かくして、社会化の理論は、「犯罪は社会化の過程における適応の失敗である」という犯罪原因に関する一定の見解へと通じ、それ故、行刑においては、受刑者の以前の社会化の過程における欠陥が排除されなければならない（再社会化、ないしは、補充的社会化）という主張と結びつくことになる[4]。

2　社会国家（Sozialstaat）の理論

1で見てきたように、再社会化行刑は、事実的・経験科学的視点からの社会化の理論によって基礎付けられるわけであるが、それはまた、社会国家観という価値的・規範的視点からの理論によっても支持される。

社会国家の理論もまた、社会化の理論と同じく、人間を「より大きな社会関係の宿命的で密接なかかわり合いの中において」観察する。すなわち、社会国家の理論に依れば、人間の人格の真の展開は、個人の社会への関与、お

（3）　T. Würtenberger, Kriminalpolitik im sozialen Rechsstaat, S. 205f. なお、シューラー・シュプリンゴルム（Horst Schüler-Springorum）は、社会化の過程における失敗例としての犯罪者群のなかから、所謂「葛藤犯（Konflikttäter）」、「激情犯（Affekttäter）」および素質的に条件付けられた犯罪者例えば性犯罪者などを除外する。Vgl. ders., Was stimmt nicht mit Strafvollzug?, 1970, S. 42.
（4）　Vgl. Horst Schüler-Springorum, Strafvollzug im Übergang, 1969, S. 166ff.
　　ところで、こうした意味での「再社会化」という用語に対しては、若干の疑問が提出されている。それに依れば、行刑において問題となるのは、犯罪者の以前の社会性の状態を回復することではなく、むしろ、以前の人格発達の段階においてその社会的教育が失敗した人間を初めて社会的な態度へと導くことである。それ故、一般に使われている「再社会化」という用語の代りに、単に「社会化（Sozialisation）」とか補充的社会化という用語が用いられるべきであろうとされる。Vgl. Michel Marx, Resozialisierung; Zielkonflikt; Entwurf eines Strafvollzugsgesetzes, in:Reinhart Maurach, Ethel Behrendt (hrsg.), Wahlfach Examinatorium WEX3 Strafvollzug;1973, S. 82f.

よび、個人の生活維持における国家の協力がなければ不可能であるとされる[5]。そして、こうした社会国家においては、全ての人間の生活は、「社会的連帯責任（sozialen Solidarität）」の理念によって規制されており、このことは、社会および国家が個人の社会的生存に対して責任を持ち、同様にまた、個人がすべての者の運命に対して共同して責任を持たねばならないことを要求する[6]。かくして、社会国家は、今日の社会において危険に曝されている者や社会的弱者に対して保護と援助の手を差し出すわけであるが、これらの者の中には、多数の犯罪者が属するとされている[7]。

ところで、こうした社会国家の下では、国家と受刑者との関係はどのように理解されているのであろうか。ここでは、そのことを、ヴュルテンベルガーの見解を紹介することによって明らかにしよう[8]。

ヴュルテンベルガーは言う。「まず第一に、法治国家原理は、行刑によって惹き起こされる受刑者の基本権の侵害が法律によって確定された限界内に留まることを要求する。所謂受刑者の『防止的地位（Abwehrstatus）』が将来行刑法のなかにしっかりと根をおろすならば、学問および実務において非常に長い間支配的であった国家と受刑者間の『特別権力関係』という観念は終りを見る。このことは、まさに社会国家原理を考慮することによって、国家と受刑者間の法律関係が新たに規制されねばならないことを意味する。先述した『防止的地位』と並んで、いまや、受刑者の『社会統合的地位（sozialer Integrationsstatus）』が入り込んでこなければならない」と[9]。

このように、ヴュルテンベルガーは、受刑者の法的地位に関しては、19世紀の市民法治国家原理に由来する「防止的地位」と、20世紀の社会国家原理

（5） Vgl. T. Würtenberger, Kriminalpolitik im sozialen Rechtsstaat, S. 202.
（6） Vgl. T. Würtenberger, a. a. O. S. 202.
（7） Vgl. T. Würtenberger, a. a. O. S. 203.
（8） ヴュルテンベルガーの行刑に関する論文の幾つかは、我国でも既に紹介されている。例えば、中山研一訳「社会的法治国家における行刑」アルトゥール・カウフマン編／宮澤＝中山共訳編・前掲注(2)、中義勝＝垣口克彦〔紹介〕「将来の行刑の力点」関大法学論集21巻第5号（1972年）、中義勝＝山中敬一〔紹介〕「社会的法治国家の精神におけるドイツ行刑の改革」などである。
（9） T. Würtenberger, Strafvollzug und sozialer Rechtsstaat, in:R. Maurch, E. Behrendt (hrsg.), Wahlfach Examinatorium WEX3 Strafvollzug, 1973, S. 53f.

から生じる「社会統合的地位」とが相互に密接に関連しあって、それを構成するとする⑽。そして、両者の具体的な関係については、「まず第一に防止的地位に関して、1972年3月14日の連邦憲法裁判所の判決に依れば、行刑における受刑者の基本権の制限は、『それが基本法の価値秩序により保障される共同社会に関係する目的（gemeinschaftsbezogene Zweck）の達成に不可欠な場合』にのみ問題になるのである。ところで、この『共同社会に関係する目的』とは、まずもって、社会国家の理念によって要求される『再社会化』という意味での受刑者の『社会統合的地位』である」⑾と説明する。かくして、社会国家の理念に由来する社会統合的地位を確定することが問題となるわけであるが、その際に重要なことは、受刑者と国家との権利義務が相関関係に立っているということである。社会国家の理念は、まず、国家に対して、「受刑者が自由な生活に復帰するのを援助するように行刑を形成する義務」⑿を要求するが、このような義務に基づく国家の社会的給付のカタログとしては、人間にふさわしい処遇、社会的な援助と世話、有意義な作業と賃金の提供、社会保険の保障などが挙げられる。他方、社会国家の理念は、受刑者に対して、「行刑に対する協力義務」⒀を要求する。この積極的な協力は、受刑者による社会的共同責任（sozialer Mitverantwortung）の承認を意味するものであるが、それは、単に、既になされた犯罪行為およびその社会

---

(10) ヴュルテンベルガーは、Freiheit und Zwang im Strafvollzugという論文の中で、「防止的地位」と「社会統合的地位」とを以下のように説明している。
　国家権力との関係において、基本法上に規定された受刑者の自由の保障と保護とが問題である場合には、所謂受刑者の「防止的地位」について語られる。そして、その本質および射程距離は、19世紀に由来する市民的法治国家の伝統から明らかになる。それに依れば、受刑者といえども、確証される法的根拠なしに、憲法および法律によって保障される彼の自由の領域において侵害されることは許されないのである。
　他方、追求せられる再社会化行刑に関連して国家の受刑者に対する社会的な援助および保護の義務が問題の場合には、社会統合的地位について論じられる。そして、それは、20世紀の社会国家理念の力強い影響下において、一層しっかりとした輪郭と一層深い意味を獲得する。T. Würtenberger, Freiheit und Zwang im Strafvollzug, in:R. Maurach, E. Behrendt（hrsg.）, Wahlfach Examinatorium WEX3 Strafvollzug, 1973, S. 59f.
(11) T. Würtenberger, Strafvollzug und sozialer Rechtsstaat, S. 54.
(12) T. Würtenberger, a. a. O. S. 54.
(13) T. Würtenberger, a. a. O. S. 54. および、西ドイツ新行刑法4条第1項参照。

的に有害な結果に対する正当な補償だけでなく、近代的な行刑制度という手段を用いて獲得しようと努力されるすべての有効な社会統合のための基礎を提示するものでもある[14]。

　以上、再社会化行刑の理論的基盤を探ってみたが、次に、社会化の理論および社会国家の理論によって基礎付けられる再社会化とは何を意味するのか、あるいは、もう少し具体的に言うならば、再社会化の指標は何であるのかということに若干触れておく必要がある[15]。

　一般的に、再社会化の指標は、「刑法と衝突することのない生活」であるとされている[16]。その趣旨は、恐らく、国家社会に有用な人材、ないしは、道徳的にみて立派な人格者の育成とまではいかなくとも、内面的および外面的な自主性をもって社会生活を営むことのできる人間、「社会的責任をもって生活する能力」を有する人間へと受刑者を導くことであろうと思われる。しかし、他方において、このような内面的および外面的な自主性をもって社会生活を営むことのできる人間、「社会的責任をもって生活する能力」を有する人間というのは、国家社会に対して批判的な眼を持つことは認められても、決して社会変革を企てることまでも許容されるわけではないであろう。

III　再社会化目的と拘禁および処遇

1　拘禁の緩和化と再社会化目的

　「拘禁」すなわち「一般社会生活の場からの強制的な隔離」は、歴史的にみるならば、それ自体が目的ではなく、受刑者の改善目的のためになされたものであったとされている[17]。しかし、現実の諸々の要因の前にこのような理想は二の次にされ、刑務所とは、まずもって、受刑者を一般社会生活の場から完全に隔離するところであると考えられるに至った。かくして、外壁と

---

(14)　T. Würtenberger, a. a. O. S. 55.
(15)　再社会化の指標については、IVの2で再論するので、参照せられたい。
(16)　Horst Schüler-Springorum, Was stimmt nicht mit dem Strafvollzug?, S. 46.
(17)　小川太郎「拘禁と矯正」同『自由刑の展開──保護観察を基点とした保安処分──』（1973年、一粒社）287頁参照。

鉄格子と錠とは刑務所の三大要件であるとみなされ[18]、受刑者と外部との交通は遮断された。また、刑務所内部の生活においても、受刑者は行動の自由や自己決定権を奪われ、刑務所規則と看守による継続的な監視の前に強制的で他律的な生活を余儀なくされたのである。

　しかし、こうした強制的なシステムによる受刑者の拘禁生活に対しては、様々な弊害が指摘された。その主な点を挙げてみると、体力の減退、感覚の麻痺、情緒の不安定、人間の内面の空洞化、価値意識の麻痺、精神力の沈滞、無為による自発性の欠除等の心身の低格化、および受刑者集団内に形成されるインフォーマル・グループからの悪影響、すなわち、犯罪者の社会に適応することによって犯罪を学習し、かえって犯罪性を進めるというおそれ、さらには、一般社会生活の場から絶縁されることの結果、社会生活の諸々の基盤が破壊され、悪質な犯罪者であるという烙印が押されてしまうこと等である。そして、これら諸々の弊害についての認識は、行刑担当者に、刑務所の拘禁作用の在り方について熟考を促し、従来の厳格な拘禁作用を緩和する試みを行なわしめた。そうした試みのなかから生まれてきたのが、開放施設・外部通勤制・帰休制等の開放的処遇制度であり、休日拘禁や週末拘禁の断続的な拘禁制度であった。しかし、困難なことに、そこには、「一般社会生活の場から受刑者を強制的に隔離すること」という従来の拘禁観念でもっては把握し切れない現象が現出した。開放施設の場合はやはり継続的な「施設」拘禁であるし、また、休日拘禁や週末拘禁の場合は断続的な拘禁とは言うものの、休日あるいは週末に施設に拘禁されている期間のみを自由刑の執行と考え、休日や週末以外の期間は自由刑の執行期日に算入されないの

---

(18)　ところで、これら刑務所の三大要件のうち外壁と鉄格子については、刑法はもとより、監獄法および同施行規則にも何ら規定がない。ただ、刑務所設備に関する一般的基準とされている刑務所建築準則（昭和3年行甲978行刑局長通達）が、外壁については第16条・第17条で、鉄格子については第90条で規定しているが、その通達自体が、「将来ノ新築改築移築ニ付テハ予算ノ他在来建物トノ関係等特別事情無之限リ可成右ニ依リ施行致度」と述べているように、必ずしも、刑務所が外壁と鉄格子とを持たねばならないことを要求するものではない。三大要件とされるもののうち、わずかに錠については、監獄法施行規則第42条第1項および行刑累進処遇令第31条の規定が、外門・監房・居房等に施錠しなければならないことを原則的に要請している。

であるから[19]、それらを従来の拘禁観念で把えることは可能であろう。ところが、外部通勤制の場合の、昼間の外部社会における就業や、帰休制の場合の、社会的に相当な理由に基づき数日間にわたって施設を離れるということにおいては、施設を離れている期間をも自由刑の執行としてみなすのが一般であるから[20]、最早、それらを従来の拘禁観念の枠内で把握することは極めて困難となる。かくして、外部通勤制や帰休制を自由刑の執行形態とみなす限り、当然、従来の拘禁観念は変更を余儀なくされることになるわけである[21]。

　以上、簡単に、拘禁の緩和化のプロセスを辿ってみたが、ところで、これら一連のプロセスを押し進めてきた理念的な原動力には、二つのものが存在したということに注意しなければならないように思われる。その一つは、本稿のテーマである受刑者の再社会化目的であり、他の一つは、受刑者に対して人間としてふさわしい処遇を行なわなければならないという人道的な配慮

･･･
(19)　森下教授は週末拘禁について以下のように述べておられる。「ポトヴァンは大体一ヵ月以下の自由刑に限るのが妥当であろうとする。したがって、週末拘禁制を採ったばあい、一五週末が一応の限度だということになる」と。（森下忠『刑法改正と刑事政策』〈1964年、一粒社〉30頁）このことは、裏を返せば、週末以外の施設に拘禁されない期間は自由刑の執行期日に算入されないということを意味すると考えられる。
(20)　例えば、スウェーデン行刑法第38条第2項は、帰休制について、「収容者が離所の許可にもとづいて刑務所外にいた期間は、行刑局が何らかの理由により、これと異なる判定をした場合のほか、これを服役期間に算入する」と規定する。
(21)　拘禁の確保の形態をみるならば、第一に、外壁・鉄格子・錠等の物理的設備による拘禁の確保、第二に、看守による継続的な監視という人的強制力による拘禁の確保、第三に、規律違反の場合の懲罰や刑法典における逃走罪の処罰による規範的な強制力による拘禁の確保が考えられる。ところで、開放施設の場合、原則的には第一のものは欠落し、第二のものもかなりの程度後退しなければならないことが期待され、専ら第三の規範的な強制力によってのみ拘禁が確保されることになる。しかし、この場合、開放的ではあっても一定の施設に身体の自由が継続的に拘束される点、また、人的強制力による拘禁の確保が大幅に後退しなければならないとは言うものの、現実には刑務所職員との継続的な接触が受刑者の逃走に対する心理的抑制力となりうる点などの理由から、それを従来の拘禁観念の下に把握することは可能であろう。他方、外部通勤制や帰休制となると、第一のものも、第二のものも完全に欠落し、唯一第三のものによってのみ拘禁が確保される。したがって、最早、「一般社会生活の場からの強制的な隔離」という拘禁観念は維持しえない。そこでの拘禁の実質は、受刑者の所在が明確であることによって行刑機関の間接的な支配下にあるということ、そして、彼の居・食・住にわたる生活の本拠が一定の刑務所に指定されているということ以外には考えられなくなる。

である。もとより、この両者は相携わって拘禁の緩和化を促進してきたのであるが、ここで指摘しておきたいことは、両者が拘禁の緩和化に対して、論理的には異なる帰結を生ぜしめるのではないかという点である。

　Ⅱで述べたように、再社会化目的の理論的基盤である社会化の理論および社会国家の理論は、人間を孤立的に観察するのではなく、人間を社会との結合において観察しようとする。したがって、これらの理論によって支えられる再社会化行刑は、「受刑者がやがて復帰する社会」をいつでも念頭に置かねばならなくなる。そして、それを念頭に置いた処では、一般社会生活の場から絶縁されることの結果、受刑者の社会生活の諸々の基盤が破壊され、悪質な犯罪者であるという烙印が押される点に批判の眼が向けられ、「人を拘禁しておいて自由のための訓練はできない」という考え方が支配的にならざるを得ない。かくて、従来の刑務所における拘禁の確保の要請を、再社会化目的のためにできるだけ緩和させようとする試みが結果する。しかし、そこにおける拘禁の緩和化は、唯一再社会化目的によってのみ正当化され、合理化されるものである。例えば、開放的処遇の対象者の選択において、それはすべての受刑者に許容されるのではなく、再社会化目的を追求する上で開放的処遇に付した方が合理的であると考えられる者だけに特権的に認められる。そして、その「合理性」判断の際に重要な役割を演じるのは、「再社会化の可能性」についての予測である。すなわち、重大で悪質な犯罪を犯した者であっても、このような可能性が高いと判定される者は開放的処遇に付されるであろうし、逆に、軽微な犯罪を犯した者であっても、再社会化の可能性が低いと判定されれば、その者に対しては開放的処遇は許されないであろう。

　他方、受刑者に対して人間としてふさわしい処遇を行なわなければならないという人道的な配慮においては、拘禁生活から生じる受刑者の心身の低格化現象に批判の眼が向けられ、かような現象の原因をすべての受刑者から取り除こうという目的から拘禁を緩和しようとする試みがなされる。そこでは、再社会化目的追求上生じるところの、受刑者間における拘禁方法の差異という不平等は当然疑問視されるものとなる。開放的処遇は、すべての受刑者に平等に許可されなければならない、もしこのことが許されないのであれ

ば、せめて、対象者選択の基準を「再社会化の可能性」という主観的操作の入り易いものではなく、刑の種類・刑期・罪質等の形式的なものに置くべきである、という主張も、そこから出てくるであろう。

このように、再社会化目的からなされる拘禁の緩和化と人道的な配慮からするそれとでは、異なった帰結が導き出されるように思われる。そして、特に、再社会化目的の追求は、論理的には、人道的な配慮からなされる拘禁の緩和化に対して抑止的に働きうるものであるということを十分に認識しておかねばならないと考える。

2　再社会化目的と処遇方法

ここで処遇方法というのは、グループ・ワーク、ケース・ワーク、グループ・セラピー、グループ・カウンセリング、個別カウンセリング等の社会福祉あるいは臨床心理学・精神医学における個別的な処遇技術ではなく、もっと大きく把えたところの、刑務作業、職業訓練、学科教育等の教育的処遇方法や治療的処遇方法のことである。そして、これらの処遇方法が再社会化目的との関連で、どのように関係付けられ、またどのように理解されるべきであるかということをここでは探索する。従来、処遇方法ということでは、刑務作業そして宗教教誨が大きな比重を占め、例外的に、刑務作業の枠内で行なわれる職業訓練や自由時間内に行なわれる学科教育が理解されてきた。しかし、とりわけ社会化の理論（学習過程を重視する）によって基礎付けられる再社会化目的からみるならば、それは不徹底であったように感じられる。そこで、まず最初に、社会化の理論に基づいてかなり徹底した再社会化のための処遇を主張する、西ドイツ行刑法対案の起草者の一人であるロルフ・ペーター・カリエス（Rolf-Peter Calliess）の所説を紹介し、次いで若干の私見を述べてみたい。

カリエスによれば、行刑において問題なのは、コミュニケーションの機会と参加の機会の改造であり、社会における参加の実現の樹立を目指す学習過程の導入である[22]。なぜなら、受刑者は、最早社会の外に立つ「アウト・ロー」ではなく、市民であり、社会の構成員であり続けなければならないからである[23]。かくして、行刑目標達成のための手段として圧倒的に作業に依

Ⅲ　再社会化目的と拘禁および処遇

存し、教育的措置（AusbildungsmaBnahmen）を作業や自由時間の領域に付設していた古い行刑観念は批判され、再社会化のための処遇を行なおうとする行刑においては、「教育と治療が独立した意義をもち、したがって、それらは社会化の手段として『作業』や『自由時間』と並んで規定されなければならない」[24]とされる。

　このような基礎に立って、西ドイツ行刑法対案第84条は刑務作業を規定するが、作業時間を1日5時間二交替制にする。それによって、伝統的に作業と自由時間との二段階に分けられていた日程は、作業、教育および治療、ならびに自由時間という三つの段階となる。そして、この三段階モデルは、教育・治療のために必要な時間的余裕を作り出すと同時に、施設工場の質的改善のための諸前提を作り出すとされる[25]。

　次いで、教育と治療との関係については、「受刑者の社会におけるコミュニケーションの機会と参加の機会を改造するためには、教育において遂行される認知的学習過程（kognitive Lernprozesse）だけでは十分でなく」[26]、それは、「情緒的・社会的水準（emotionalsozialen Ebene）での治療的援助による補充を必要とする」[27]とし、また、逆に、「治療的処遇も教育的措置による補充を必要とする」[28]と主張される。

　最後に、自由時間の構成に関しては、被収容者は、「自分の自由時間の構成の際に、施設による助言と援助を受けなければならない。しかし、自由時間の領域は、社会の他の構成員と同じように被収容者の自由な構成に委ねられる」とし、このような理解における自由の領域は、教育・治療および作業における学習者にとって、「再検査（Gegenprobe）」および応用領域として役

(22)　Rolf-Peter Calliess, Ausbildung und Therapie—Zur Konkretisierung eines Anspruchs auf Resozialisierung;in:Jürgen Baumann（hrsg.）,Die Reform des Strafvollzuges—Programm nach den Vorstellungen des AlternativEntwurfs zu einem Strafvollzugsgesetz, 1974, S. 55.
(23)　Vgl. Rolf-Peter Calliess, a. a. O. S. 55.
(24)　Vgl. Rolf-Peter Calliess, a. a. O. S. 60.
(25)　Vgl. Rolf-Peter Calliess, a. a. O. S. 60.
(26)　Rolf-Peter Calliess, a. a. O. S. 62.
(27)　Rolf-Peter Calliess, a. a. O. S. 62.
(28)　Rolf-Peter Calliess, a. a. O. S. 62f.

に立つとされる[29]。

　以上、カリエスの所説を簡単に紹介したが、次に、若干の私見を述べよう。ここで問題にしたいことは、第一に、刑務作業と他の処遇方法とをどう調和させるかであり、第二に、成人教育の在り方である。

　現在、処遇方法としては刑務作業だけが刑罰内容として規定され、一日の日課がそれに多く費やされている。そしてこの現実が、受刑者の再社会化のために有効であると考えられる他の処遇方法の導入を阻害しているということは否定できない。しかし、他方、このような刑務作業にも、他の処遇方法によっては達成され得ない重要な役割が存在するということも忘れてはならないであろう。第一に、刑務所の自給自足の原則の要請に従って国家経済の支出を償うという役割、第二に、処遇方法として受刑者を無為から遠ざけ、規則正しい労働習慣を培わせようとする役割がそれである。もし、これらの役割を重視し、その上で他の処遇方法の導入を阻害させまいとするならば、一方において、従来通り刑務作業を刑罰内容として受刑者に強制し、他方において、刑務作業に費やされる多くの時間を短縮し、その分を他の教育的および治療的処遇に振り向けることが必要であろう。

　ところで、このように労働を義務として強制しうるとする見解に対しては、神聖な労働基本権を侵害するものであるとする反対意見が存在する。これに依れば、そもそも、受刑者は、刑罰内容としては自由を拘束されるだけであって、その他の点では自由人と同様に労働の権利を有しなければならない、したがって、刑務作業を自由労働と同質のものとして構成する必要がある、とする。確かに、受刑者の「人格の尊厳」という視点からみるならば、労働を強制することは許容し得ないであろう。しかし、また、「人格の尊厳」を重視するのであれば、受刑者に課せられる作業の種類を彼の能力にふさわしいものとし、かつ、彼をして自由社会で生計を得さしめるものにするという実質的な細かな配慮があれば十分であるとも考えられる。そして、刑務作業を自由労働と同質のものとした場合には、先述した刑務作業に負わされている役割が見失なわれてしまうのではないか、という危惧を抱かざるを得な

(29)　Rolf-Peter Calliess, a. a. O. S. 61.

い。

　第二の成人教育との関係では、「現在では、成人教育とは『職業教育』を意味する。それは、現代工業社会の要請に従っている。かかる時流に従うなら、刑務所においては、教育のみならず自由時間の大部分も、この職業教育の要請に捧げられるであろう」[30]と言われている。このような主張に対しては、教育学の分野からの反論がある。すなわち、「労働及び職業による社会適応には、『人間の集団的均等化』あるいは『個性の没却』が認められる」[31]と。

　古来より、「恒産恒心」と言われている。しかし、他方、「これ人はパンのみにて生くるものにあらず」とも言われている。人間存在を支えている物質的側面と精神的側面。もとより処遇と言うからには、こうした二つの側面を持つ人間存在を対象とすべきであろう。再社会化行刑においては、刑務作業、就中職業訓練が最重視されるべきものであるが、そのことは、その他の教育的および治療的処遇方法を排斥すべきものではないであろう。ただ、ここで問題としなければならないことは、受刑者を処遇の客体とみて、強制的な教育的および治療的処遇を施すことが、事実的視点からみた処遇効果という点からも、あるいは、また、価値的視点からみた人格の尊厳ということからも是認され得るものであるかは疑問であるということである[32]。

IV　再社会化行刑の問題点

　再社会化行刑に対して疑問を提示する批評は多い。皮肉なことに、それは、とくに、アメリカ合衆国や北欧諸国などの矯正活動が進んでいるとされている国においてみられる。ここでは、再社会化行刑の疑問点を事実的視点からみたものと価値的視点からみたものとに分けて考察してみよう。

----

(30)　ヴュルテンベルガー・前掲注(8)「社会的法治国家の精神におけるドイツ行刑の改革」107頁。
(31)　ヴュルテンベルガー・前掲注(8)「社会的法治国家の精神におけるドイツ行刑の改革」107頁。
(32)　なお、再社会化のための処遇の強制に対する法的な安全装置については、IVの2の(2)を参照せられたい。

1 事実的視点からみた再社会化行刑の問題点

再社会化行刑を事実的視点からみた場合に問題となることは、第一に、行動変容仮説に対する疑問であり、第二に、再社会化行刑に対する世論の抵抗と社会国家における再社会化行刑が占める政策序列順位である。

(1) 行動変容仮説に対する疑問

行動変容仮説に対する疑問は、再社会化行刑の対象者と処遇技術の有効性との二つに対して向けられる。対象者に関しては、「25歳以上の人間は、最早教育し直すことができない」[33]ということが言われている。その理由は、第一に、25歳以上の人間の人格構造は固まっており、彼にとって決定的な傾向が変容されることは極めて困難だからであり、第二に、すべての成人は既に形成された自己認識と自己意識とを有しており、彼らに対して根本から変容されるべきだということを納得させることは非常にむずかしいからである[34]、とされる。他方、処遇技術の有効性に関しては、「調査方法がますます精密化するにつれて、また、統制された実験計画が頻繁に使用されるにつれて、真にすばらしく成功した（処遇に関する——筆者補足）事例の目録は、実際にはかなり乏しいものであるように思われる」[35]と言われているように、再社会化のための処遇技術の非有効性が指摘されている。

果して、人間の基本的な人格構造は不変であり、それ故、一定の人格構造に根差した「悪しき」行動様式を「良き」行動様式へと変化せしめようとする努力は所詮無益なことであるのか。また、一歩譲って、仮に人格構造そして「悪しき」行動様式を良い方向へ変化せしめることが可能だとしても、果して、それを現実化せしめるだけの有効な処遇技術や豊富な物的・人的資源があるのか。もし、これらの疑問に対して予め否定的な回答が用意されているとしたならば、再社会化行刑はそもそもの事実的な出発点を失なってしまうことになるであろう。そしてまた、悪いことに、累犯統計を見るならば、

---

(33) Peter Waldmann, Zielkonflikte in einer Strafanstalt, 1968, S. 25.
(34) Vgl. P. Waldmann, a. a. O. S. 25. なお、受刑者の矯正・社会復帰への動機付けの稀弱性については、本書第１部第１章10頁以下を参照せられたい。
(35) Inkeri Anttila, Punishment versus Treatment—Is There a Third Alternative?, Crime & Penolgy, 1972, vol. 12, at 288.

実際、このような疑問はますます支持されるようにも思われてくる。しかし、われわれは、ここで矯正の歴史を振り返ってみる必要があろう。そこには、一人の受刑者を改善更生させようと努力する刑務官や民間篤志家の熱意ある姿、また、それに応えようと自ら改善更生に励む受刑者の必死の姿があり、そして、まさに「生まれ変わった」受刑者、更生した受刑者の実例が散らばっているのではないだろうか。われわれは、こうした矯正の歴史から、そもそも行動変容の可能性に対する信念のない処には、受刑者を再社会化させるという発想は生まれ出てこなかった、ということを改めて認識しておかねばならない。

(2) **再社会化行刑に対する世論の抵抗と社会国家において再社会化行刑が占める政策序列順位**

社会国家は、諸々の福祉・社会保障を要求される。疾病対策、老人対策、失業対策、公害被害者対策、貧困対策、犯罪被害者対策等がそれであるが、これらの対策の対象者と再社会化行刑の対象者である受刑者とでは、均しく社会の少数者でありながら、その間には大きな質的相違があるように思われる。前者は、多くの場合、個人自らが招いた失敗の報いを受ける者であるというよりも、むしろ、自らの意志と行為とによっては如何ともなしがたい「社会全体」の悪調整の被害者であろう。これに対して、後者は、確かに「一億総前科者」とか、「犯罪の原因は社会の中に存する」と言われるように「社会全体」の悪調整の被害者であるともみなされうるが、まず第一に、他者の重大な生活利益を侵害した加害者、したがって、自ら招いた失敗の報いを受ける者としての側面が前景に出てくる。それ故、社会構成員の眼は、前者に対しては同情的であっても、後者に対しては冷淡であることを免れえない。また、世論は、前者の援助・保護に対しては積極的ないしは少なくとも同情的であっても、後者の援助・保護には批判的、ないしは少なくとも消極的である。このように、受刑者は、多くの場合、同情に価しない少数者として社会において扱われざるを得ないようである。

ところで、このような世論および社会構成員の受刑者観は、社会国家の理念の下に国が行なう受刑者の再社会化の試みに対して、大きな抵抗となって現われてくる。例えば、刑務作業、就中職業訓練は再社会化行刑の処遇方法

として最重視されるべきものではあるが、社会全体の経済状勢が悪化し、失業問題が由々しき事態に至る場合には、中小企業の生活の基盤をおびやかす「民業圧迫」として世論から大きな抵抗を受ける。このような抵抗の存在は、また、一般に再社会化行刑の実践的帰結であるとされている開放的処遇の歴史からも窺い知ることができよう。開放的処遇の先駆とされる19世紀中期のアイルランド制における中間刑務所制度の導入の契機となったのは、それを指導したウォルター・クロフトン（Walter Crofton）の情熱もさることながら、むしろ、当時のアイルランドの人口減少と労働力に対する需要の増大という客観的な社会的・経済的状勢であった(36)。さらに、我国においては第二次世界大戦下に拘禁の開放化が大いに促進されたと言われているが、これもまた、戦時下における一般社会の労働力の不足、そして、受刑者労働力に対する需要の増大という国家経済の必要性の所産であった(37)。これら開放的処遇の歴史は、再社会化行刑に対する世論の抵抗の存在を裏面から証明しているように思われる。すなわち、以上の例が示すように、受刑者の再社会化のための試みが社会全体の利益と一致する場合には、世論の抵抗は退いて、再社会化の試みは促進されてはいくが、それが社会全体にとって何らかの実質的な利益をもたらすということの裏付けがない場合には、世論の抵抗が前面に出て、再社会化の試みは後退していく、という事実をわれわれはそこから知ることができよう。

　国がどんなに社会国家の理念を標榜し、受刑者の社会復帰のための処遇を社会福祉政策の一環として位置付けようとも、受刑者と他の社会福祉政策の対象者との間には質的な相違があり、世論の反応も受刑者に対しては冷淡であるという事実、それ故、国は社会福祉政策を遂行していく上で、受刑者の

---

(36) 木村博士は、当時のアイルランドの状況を次のように述べておられる。「アイルランド制が採用せられた時代は、アイルランドではヨーロッパの歴史上稀に見る恐慌の終期に在った。飢饉・悪疫が蔓延し、海外移住・大土地の新所有者への移転・新救貧法の制定が行なわれた。かくて、1845年から1861年までの間にアイルランドの人口は三分の一に激減した。そして、この期間の終り頃に至って労働の需要は豊富となり、賃銀は一〇割騰ったのである」と。木村亀二「累進制度の成立と発展」同『刑事政策の基礎理論』（1942年、岩波書店）283〜284頁。
(37) 小川太郎「戦時および戦後の矯正」同・前掲注(17)参照。

再社会化のことよりも、他の対象者の福祉を優先的に考えざるを得ないという事実が、一方において存在する。また、他方においては、再社会化行刑には一般社会の人々の理解ある協力が不可欠であるという事実がある。このような困難な状況の中で、再社会化行刑は社会構成員や世論の抵抗に対してどのように対処すべきであるのか。このことは、再社会化行刑にとって、今後の大きな課題であるように思われる。必要な協力を得るべく地道な説得活動を繰り返していくべきなのか。しかし、とは言うものの、再社会化行刑は、ある場面では世論を無視して、あるいは無視とはいかないまでも、世論を強引に引っ張っていかざるを得ないのではないか。説得、指導、そして世論の抵抗、こうした紆余曲折の道を再社会化行刑は辿らざるを得ないものであるように思われる。

2　価値的視点からみた再社会化行刑の問題点

価値的視点からの疑問は、再社会化の理論的基盤である社会化の理論と社会国家の理論に対して向けられる。

(1)　社会化の理論の問題点

一般的に、社会化の理論は、事実的な視点から人間の適応・不適応行動を説明するものであり、価値から自由なものと考えられている。しかしながら、この理論は一般社会において妥当している道徳的ならびに法的規範、ないし指導的な文化的価値の存在を前提とした価値判断を当然含んでいなければならない[38]。というのは、もしそうでないとするならば、非行少年グループや暴力団関係犯罪者も彼らなりに独自の社会に適応しているのであって、社会化の過程における適応の失敗とは言いがたいからである。彼らの行動が不適応であるとされているのは、彼らが適応している「特殊」社会が大多数の者の適応している「一般」社会にとって危険を及ぼすような有害なものであり、したがってまた、彼らの属する「特殊」社会の価値観が「一般」社会のそれから逸脱しているからである。すなわち、彼らは一定の精神的・社会

---

(38)　例えば、ペーター・ルンデは、「社会復帰は、一定の社会的に定義された行動様式に関係をもった規範目録（Normbestand）と個人との衝突という状況により根拠づけられる社会的な行為を意味する」と述べている。ペーター・ルンデ・前掲注(2)148～149頁。

的・文化的な健全さという価値を基準にして、「不適応」と判断されている訳である[39]。

このように、社会化の理論が一般社会において妥当している道徳的ならびに法的規範、ないし指導的な文化的価値の存在を前提とした価値判断を含んでいるものだとするならば、それに基礎を置く再社会化行刑に対して、次の問題が提起されよう。すなわち、第一に、再社会化行刑はその指標をどこに置かねばならないか、第二に、一般社会における指導的な文化的価値が絶対的に正しいとは言えず、従ってまた、社会は人が犯罪に陥ったことに対して全く責任がないとは言えないような場合に、再社会化行刑はどう対処するのか、第三に、指導的な文化的価値の存在を否定し、自己の確信する文化的価値の故に犯罪を犯した者に対して、再社会化行刑はいかに対処すべきであるのか、という問題である。

第一の問題に関しては、IIの終りで述べたように、今日の通説的見解によれば、再社会化行刑はその指標を「刑法と衝突することのない生活」に置く。その意味するところは、すでにリストが述べたように、「市民的な、必ずしも道義的であることを要しない改善」ということであろう。すなわち、再社会化行刑は、一方の極で、道徳的に立派な人格者や国家社会に有用な人材の育成を、他方の極で、社会改革家の養成を求めるものではなく、国家社

(39) かようにして、再社会化行刑においては、犯罪者は社会化のプロセスにおける失敗者としてみなされ、彼の精神的・社会的・文化的健全さを回復・増進するために処遇が施される。しかし、このような「精神的・社会的.文化的な健全さ」の基準は、身体的健康の基準などとは異なって、極めて主観的かつ恣意的であることを免れないであろう。この点に関連して、T・S・スザッツ（T. S. Szasz）とバーバラ・ウットン（Barbara Wooton）は以下のように述べている。スザッツは言う。「もし人々が健康という価値は強制を正当化しうるが、道徳的・政治的価値は強制を正当化しないと信じているならば、他者に強制を施したいと思っている人は、道徳的価値の範ちゅうを犠牲にして健康という価値の範ちゅうを拡大しようとする」と。T. S. Szasz, Law, Liberty and Psychiatry: An Inquiry into the Social Uses of Mental Health Practices, 1963, at 5. 6. また、バーバラ・ウットンは次のように言っている。「18世紀には、精神病者と犯罪者との間に明確な区別が設けられていなかった。精神病者は多かれ少なかれ犯罪者として扱われていた。——中略——今日では、全く異なった理由から、二つの階層の区別は再び混乱してしまっている。すなわち、精神病者を犯罪者として処遇する代りに、今日では、犯罪者を精神病者あるいは少なくとも精神異常者としてみなしている」と。Barbara Wooton, Social Science and Social Pathology, 1959, at 203.

会に対する批判の眼を持ちつつ、内面的および外面的自主性をもって社会生活を営むことのできる人間、ないしは、「社会的責任をもって生活する能力」を有する人間の育成を目指さなければならない。こうした再社会化の指標は、第二の問題からも導かれよう。なぜなら、一般社会における指導的な文化的価値が絶対的に正しいとは言えず、却って、その中にこそ犯罪を産み出す源泉が存するような場合、従ってまた、社会は人が犯罪に陥ったことに対して全く責任がないとは言えないような場合には、再社会化行刑は、個人的なセラピーにつきるものであってはならず、それと同時に、その内部に当然社会批判と社会改革とを包含しなければならないからである[40]。かくして、また、このような指標は、第三の問題に関して、再社会化行刑が謙抑的なものであらねばならないことを要求すると思われる。価値の多様化が叫ばれ、絶対的価値の存在が疑問視されている今日、特定の価値観を一方的に強要することは「洗脳」以外の何ものでもありえないように思われるからである[41]。

(2) 社会国家の理論の問題点

社会国家の理論においては、国家は受刑者を援助し、保護することを義務付けられ、他方、受刑者は自らの社会的欠損を補償し、社会的共同責任を遂行するために、行刑の形成に積極的に協力する義務を課せられる。しかしながら、このような図式は、国家と受刑者との現実の力関係や受刑者の置かれている極めて他律的で制限的な状況を考慮するならば、国家が受刑者に対して一方的でかつ強制的な処遇権のみを有し、受刑者は国家が要求する法的義務をひたすら履行せねばならないという一方交通的な図式へと容易に転化しうるように思われる。しかも、このような図式は、しばしば処遇イコール人道的、あるいは再社会化のための処遇は受刑者の福祉に役立つという公式によって正当化され、遂には、国家刑罰権に対して加えられる法的な安全装置の無視へと至るであろう[42]。

このように考えるならば、再社会化のための処遇に関しても、一定の法的

---

(40) ペーター・ルンデ・前掲注(2)158～159頁および161頁参照。
(41) 須々木主一「自由刑の意義と種類」森下忠＝須々木主一編『刑事政策』〔法学演習講座(18)〕(1975年、法学書院) 126頁参照。

な安全装置を設けて置く必要があろう。一つの方策としては、教育および治療的処遇、さらには開放的処遇について、受刑者の同意を要件とすることが考えられる。恐らく、このような同意は、受刑者を単に処遇の客体として操作しようとするあり得べき処遇の強制に対して保護的機能を持つばかりでなく、同時に、受刑者を処遇の主体として把え、再社会化のための処遇に対し積極的な協力を求めるための前提ともなろう。ただし、こうした同意に対しても若干の配慮が施されねばならない。第一に、受刑者の同意が得られたからと言って、いかなる処置をも受刑者に施しうるわけではない。たとえば、去勢手術とかロボトミーなどは許容しえないであろう[42]。第二に、受刑者の同意が必要だとしても、それを得るためには受刑者に対して説得をしなければならないような状況が現出する場合には、その説得には若干の強制的要素が伴なわざるを得ないであろう[44]。また、第三に、同意が単なる擬制に終らずに、受刑者の内面からの自発的なものであり得るためには、処遇を受けることを「成績良好」と結び付け、その成績によって仮釈放を早めたりするような体制を抑制する必要があろう。

V 結 び

個々の刑事政策制度は、現実の犯罪対処活動の場において相互に有機的に関連し合って機能している。したがって、一つの制度だけを取り出して、それをスタティックに考察するという態度は極力避けられねばならないであろう[45]。このことは、自由刑制度の構成、そして受刑者処遇の在り方を考える場合にも同様に当て嵌まるように思われる。

Ⅲで述べたように、19世紀以来、自由刑制度については、拘禁生活の受刑者に及ぼす悪影響に対して厳しい批判の眼が向けられ、その悪影響を回避す

---

(42) この点に関しては、K. N. Nicholas, The Right To Be Different:Deviance and Enforced Therapy, 1973, at 379. およびInkeri Anttila, supra note, (3), at 288参照。
(43) 平野龍一「刑務所の将来」刑政86巻8号（1975年）39頁参照。
(44) 平野・前掲注(43)39頁参照。
(45) 須々木主一『刑事政策』〔法学基本問題双書(20)〕（1969年、成文堂）19～20頁参照。

V 結　び

るための改善策が講じられてきた。このような改善策の追求は、自由刑制度の内部において拘禁を緩和するという試みに止まらず、更に一歩進んで、自由刑に取って代わるべき諸制度の確立にまで及んだ。かくして、現在では、罰金刑や単純執行猶予ならびに保護観察付執行猶予が犯罪者に対する処分として確固たる地位を占めるに至っている。いま、これらの制度と関連させながら自由刑の実刑処分（刑務所収容）の実際上の運用をみると、次のことが分かる。

　1　量的にみるならば、確定裁判を受けた人員中罰金刑の言渡しを受けた者の比率は、昭和34年には65.6％であったが、昭和37年以降は常に95％を超えているし、また、第一審で懲役・禁錮を言渡された者のうち執行猶予を受けた者の比率は年々増加し、昭和49年では58.8％を占めており、他方、これらに対して、新入受刑者数は昭和23年をピークに漸次減少傾向が窺える(46)。

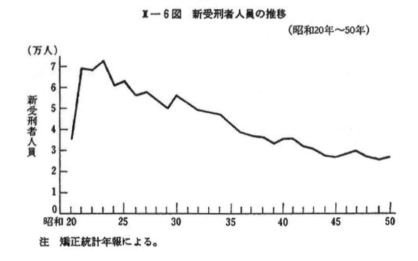

図1

Ⅱ－6図　新受刑者人員の推移

（昭和20年～50年）

注　矯正統計年報による。

----

(46)　確定裁判を受けた人員中罰金刑の言渡しを受けた者の比率については、次に掲げる表1を、また第一審で懲役禁錮を言渡された者のうち執行猶予を受けた者の比率については、表2を、そして、新入受刑者数の推移については、図1を参照せられたい。

47

第2章　再社会化行刑に関する考察

表1

確定裁判を受けた人員中罰金刑の言渡しを受けた者の比率

年次（昭和）	総数(A)	罰金(B)	$\frac{B}{A} \times 100$
34	1,725,761	1,132,225	(65.6)
35	2,139,433	1,443,999	(67.5)
36	2,428,443	2,205,210	(90.8)
37	3,479,135	3,352,180	(96.4)
38	3,745,288	3,627,157	(96.8)
39	3,987,021	3,880,551	(97.3)
40	4,616,389	4,510,896	(97.7)
41	4,248,089	4,149,588	(97.7)
42	4,530,945	4,442,014	(98.0)
43	3,097,111	3,010,515	(97.2)
44	1,645,014	1,567,357	(95.3)
45	1,665,308	1,590,826	(95.5)
46	1,804,546	1,727,702	(95.7)
47	2,034,709	1,951,263	(95.9)
48	2,114,930	2,028,150	(95.9)
49	2,129,081	2,040,673	(95.8)
50	2,216,145	2,123,818	(95.8)

（犯罪白書より作成）

表2

第一審で懲役禁錮を言渡された者のうち執行猶予を受けた者の比率

年次（昭和）	有期懲役禁錮(A)	執行猶予(B)	$\frac{B}{A} \times 100$
28	94,788	43,342	(45.7)
29	96,234	45,256	(47.0)
30	107,322	49,406	(46.0)
31	101,967	48,789	(47.8)
32	94,752	45,268	(47.8)
33	92,150	43,238	(46.9)
34	92,132	44,571	(48.4)
35	88,424	44,573	(50.4)
36	83,205	43,417	(51.8)
37	80,417	41,417	(51.5)
38	75,456	38,807	(51.4)
39	73,435	38,972	(53.1)
40	79,169	42,332	(53.5)
41	78,644	42,030	(53.4)
42	72,129	40,143	(55.7)
43	71,411	40,173	(56.3)
44	66,257	37,694	(56.9)
45	66,655	38,304	(57.5)
46	69,363	40,292	(58.1)
47	74,137	43,878	(59.2)
48	69,515	41,163	(59.2)
49	66,086	38,842	(58.8)

（犯罪白書より作成）

　2　こうした現象を質的に考察するならば、比較的軽微な犯罪を犯した者や改善容易であると思料される犯罪者は次第に刑務所収容を免れ、重大で悪質な犯罪を犯した者や改善困難であると考えられる者だけが刑務所に収容されつつあるように思われる[47]。

V 結　び

　ところで、このような事実を念頭に置いたとき、われわれは、刑務所に収容されている犯罪者の中には、真に「再社会化」のための福祉的措置を講じる必要がありまたそれを相当とする者が果たして存在するのかという疑念を抱かざるを得ない。そして、刑務所の中にかなり多く存在すると思われる重大で悪質な犯罪を犯した者や改善困難であると考えられる者に対しては、基本的には、「再社会化」のための福祉的措置を講じることよりも、むしろ、刑務所に拘禁されたことの意味を感銘的に体得させるべく、厳しい形で、社会生活の共存の理を教え込むことの方が重要ではないか、とも考える。しかし、他方において、真に「再社会化」のための福祉的措置を講ずべき犯罪者の多くは既に選び出されて刑務所収容を免れていると思われるものの、刑務所に収容されている犯罪者の中にも、「再社会化」のための福祉的措置を真に必要としかつ相当とする者が存在していることも事実であろう。さらに、重大で悪質な犯罪を犯した者や改善困難であると考えられる者もまた、いずれは社会に復帰し、「善良な市民」の一員として社会生活を送らねばならない以上、彼らに対しても、究極的には、「再社会化」のための福祉的な配慮を払わなければならないであろうと思われる。

　再社会化行刑に対しては、受刑者の再社会化とは結局個人に対する体制順応の強制（表現は悪いかも知れないが、いわば「飼い馴らし」であるとも言える。）であって、このようなものとしての再社会化行刑も所詮は社会防衛の見地に立って行なわれる、という批判が向けられるかも知れない。あるいは、また、再社会化行刑は、受刑者を甘やかすものとして、一般国民の顰蹙を買う羽目に陥るかも知れない。いずれにせよ、再社会化行刑は極めて困難な状況に立たされることになるように思われる。

---

(47)　『昭和51年版 犯罪白書』の刑法犯通常第一審主要罪名別執行猶予率をみると、殺人は29.4％、強盗は34.4％、強制わいせつ、強姦致死傷は38.4％というように、重大で悪質な犯罪を犯した者についてはその執行猶予率が低いことが分かる。このことは逆からみれば、重大で悪質な犯罪を犯した者は刑務所に収容される率が高いことを意味するであろう。
　　また、昭和47年に受刑者分類規程が施行されてからのＢ級の比率をみると、昭和47年42.0％、48年44.3％、49年47.1％、50年49.7％である。このことは、刑務所に収容される者のうち改善困難な者が今後ますます増えてくるのではないかということを予想させる。

第2章 再社会化行刑に関する考察

　このように見てくると、いきおい、再社会化行刑に対してペシミスティックにならざるを得ないが、現在わが国の矯正に望まれることは、平野教授が述べておられるように、「ペシミズムをとおりぬけた、いわば新しいオプティミズム」[48]ではないだろうか。

---

(48)　平野教授は言う。「わが国では、どちらかといえば、まだドイツに近いといえよう。社会福祉的配慮は、一般社会では、やっとスタートを切ったくらいのところである。それにもかかわらず、刑罰制度の内部での弱者への配慮もまた、かならずしも十分とは言えない。──中略──おそらく、われわれは、ドイツにおとらずオプティミスティックであってちょうどいいくらいなのであろう。しかし同時に、北欧諸国などにひろがりつつあるペシミズムをも、直視する必要はある。このペシミズムをとおりぬけた、いわば新しいオプティミズムが、これからのわが国の矯正には望まれることになるだろうと思われる」と。平野竜一「矯正におけるオプティミズムとペシミズム」刑政86巻7号（1975年）29頁。

第 3 章

改善・社会復帰行刑の将来
——アメリカ合衆国と日本の場合——

Ⅰ 序
Ⅱ アメリカ合衆国における改善・社会復帰行刑批判
Ⅲ わが国における改善・社会復帰行刑に関する議論
Ⅳ 消極的処遇目的と積極的処遇目的——結びに代えて——

Ⅰ 序

　本論文では、改善・社会復帰行刑をめぐるアメリカ合衆国とわが国の議論状況のちがいを探り、わが国の改善・社会復帰行刑の在るべき姿を検討してみたい。

　そもそも、政治的・経済的・社会的な土台が異なれば、犯罪現象も、またそれに対処する仕方も異なることは当然予想される。合衆国では、現在、所謂「応報理念への復帰」を旗印に、従来の改善・社会復帰理念一辺到の刑事司法（とくに量刑政策と行刑政策）の在り方に対してかなりの批判が提起されているようである。こうした現象は、一つの「動」に対する「反動」とも言えるものであって、それなりの背景があるものと想像される。この背景を探り、「応報理念への復帰」の主張内容を検討することが、本論文の一つの課題となる。これに対して、わが国では、現在進行中の監獄法改正を契機に行刑の在り方を繞る論議が数多く出されているが、そこでは、行刑目的を受刑者の改善・社会復帰に据え、それを前向きの姿勢で推進して行こうとする立場が主流を占めているように思われる。確かに、こうしたわが国の情勢下においても、改善・社会復帰行刑に対する痛烈な批判が一部から提出されているが、現在および近い将来においてわが国が採るべき道は、やはり、改善・

第3章　改善・社会復帰行刑の将来——アメリカ合衆国と日本の場合——

社会復帰行刑を推進する方向にあると考えられる。ただ、改善・社会復帰行刑に対する批判をどのような形で吸収していくかということが、真摯に検討されねばならない。この点の検討が、本論文のもう一つの課題である。

II　アメリカ合衆国における改善・社会復帰行刑批判

1　1960年代後半以前の批判

　アメリカ合衆国では、例えば1870年に出されたアメリカ刑務所連合の原理宣言（Declaration of Principles of the American Prison Association）が、刑務所の目的は最早犯罪者を処罰することではなく、宗教教誨・心理的カウンセリング・職業訓練および医学的治療によって犯罪者の犯罪傾向を治療することであるとしたごとく、かなり早くから、改善・社会復帰理念が自由刑の主要目的として、すなわち拘禁を正当化し、受刑者に対する国の処遇を方向付ける目標として明確に自覚されていたようである。また、実際にも、改善・社会復帰理念を具体化するための根幹的な制度として、判決前調査制度・不定期刑宣告制度・分類処遇制度・パロール制度が導入され、さらに、受刑者の改善・社会復帰のための具体的な処遇技術がかなり大胆に開発実施されてきた[1]。ところで、こうしたことの根底には、(1)、犯罪者は身体的・精神的・社会的にみていわば「病気」に罹っており、彼の犯した犯罪はその病気の現われであること、(2)、したがって、犯罪を防止しかつ犯罪者の福祉を達成するためには、犯罪者を処罰するよりも、むしろ犯罪の原因（病気の原因）を科学的に探究し、それを除去すべく適切な治療的措置を施すことが必要である、という医学類似の仮説とそれを実現可能にするところの行動科学的知見に対するかなりの信頼があったと考えられる。かくして、具体的に、犯罪原因の早期でかつ正確な診断を行うための判決前調査制度、それに基づいて適切な治療期間を設定するための不定期刑宣告制度、刑務所収容後の個別的

（1）　もっとも、アメリカ合衆国と一口で言っても州によって矯正事情は大分異なるであろうから、ここで述べたことを余り一般化することはできないかも知れない。しかし、幾つかの州、とりわけカリフォルニア州などでは、かなり大胆に受刑者を改善・社会復帰させるための試みが企てられてきたと言われている。

処遇計画の立案と実施、そして「治癒した(再び犯罪を犯す危険性の無くなった)」犯罪者に対するパロール委員会による釈放決定とその後に続くアフター・ケア、という診断―処遇―健全な予後の一連のプロセスがもたらされたのであろう[2]。

しかしながら、自由刑における改善・社会復帰理念優位の傾向は、1950年代後半に至って、漸く、批判の眼が注がれるようになった。その先鞭をつけたのは、アレン(Francis A. Allen)が1959年に出した「刑事司法、法的価値と社会復帰理念」という論文[3]であったと思われる。彼は、この論文の中で、改善・社会復帰理念の隆盛の下に展開される刑事司法制度に対して二つの警告を発し、その反省を求めた。第一は、改善・社会復帰理念の下においては、科学的関心が犯罪者にばかり集中し、「犯罪とは何か」という犯罪の定義に関する問題や犯罪抑止のメカニズムの解明などの重要なテーマに科学のメスが向けられて来なかった点、すなわち、改善・社会復帰理念の隆盛下における科学的関心の狭隘化に対する警告であった。第二の警告は、改善・社会復帰理念の下に行われる犯罪者処遇の現実の姿に対して向けられたものである。それは次の二点に集約されるであろう。一つは、改善・社会復帰の実現を可能にする行動科学上の知識、たとえば有効な処遇技術や再犯予測技術などが果して現時点において存在するのか、仮に存在するとして現実の拘禁施設における人的・物的資源からみてそれらを利用することが可能なのか、という疑問(実現可能性の視点からの改善・社会復帰処遇への疑問)であり、他の一つは、こうした実現可能性の乏しい現状において繰り広げられる改善・社会復帰処遇が、実際には、不定期刑の下で不当に長期の拘禁をもたらし、刑事司法において最も尊重されるべき「個人の自由」という価値を侵害しているという批判(人権保障・人間の尊厳の尊重という相当性の視点からの疑問)であった。ところが、アレンの批判、とりわけ改善・社会復帰処遇に対する

---

(2) see. Donal E. J. Macnamara, The Medical Model in Corrections, Criminology vol. 14, No. 4 (1977) at 439. 440.
(3) Francis A. Allen, Criminal Justice, Legal Values and the Rehabilitation Ideal, The Journal of Criminal Law, Criminology and Police Science, vol. 50, No. 3 (1959) pp. 226-232.

第3章　改善・社会復帰行刑の将来——アメリカ合衆国と日本の場合——

　実現可能性と相当性の視点からの批判は、少年の保護手続では実を結んだようであるが、少なくとも受刑者処遇の場面においては直ぐに大勢を占めるに至らなかったように思われる。

　改善・社会復帰理念を自由刑の主要目的、すなわち拘禁を正当化し、受刑者に対する国の処遇を方向付ける目標とすることに対して一勢砲火のごとくに批判的見解が提出されるようになったのは、1960年代後半から70年代にかけてのことである。では、この十年ばかりの間に、アメリカ合衆国の行刑にどのような状況の変化が生じたのであろうか。

　まず始めに考えられることは、受刑者に対する改善・社会復帰の有効性に関する評価研究の実施と、それによって得られた処遇の有効性への懐疑的・否定的な回答であろう[4]。なかでも、マーティンソン（Robert Martinson）等が1969年に完成した評価研究[5]は、その規模が大きかっただけに多くの人たちにかなりの衝撃を及ぼしたようである。この評価研究は、1945年から67年までの間に実施された231の社会復帰プログラムを評価したものであるが、その結果をマーティンソンは、「これまでに報告された社会復帰の試みは、ほとんど例外なく、累犯に対して評価しうる程の効果を及ぼしてこなかった」[6]と述べている。次に考えられることは、1960年代から70年代にかけての犯罪率の劇的な増大であろう[7]。もっとも、犯罪の増大の原因を改善・社会復帰処遇の非有効性に帰し、それでもって、改善・社会復帰行刑を批判す

（4）　この点を理由として挙げる論者は多い。例えば、John P. Conrad, Corrections and Simple Justice, The Journal of Criminal Law & Criminology, vol. 64, No. 23（1973）at 209., Seymour L. Halleck and Ann D. Witte, Is Rehabilitation Dead?, Crime and Delinquency, vol. 23, No. 4（1977）at 373.
（5）　Douglas Lipton, Robert Martinson & Judith Wilks, The Effectiveness of Correctional Treatment—A Survey of treatment Evaluation Studies（1975）, なお、一連の評価研究の紹介については、柳本正春「改善思想への反省と刑事施設機能の再考（上）」犯罪と非行32号（1977年）が詳しい。
（6）　Robert Martinson, What Works?—Questions and Answers about Prison Reform, The Public Interest, Spring（1974）at 25.
（7）　この点を強調するのは、Seymour L. Halleck and Ann D. Witte, supra note(4), at 372, 373. それによると、合衆国の犯罪率は、1960年から72年までに毎年平均3.5％ずつ上昇し、特に、強盗の6％、50ドル以上の窃盗の6.5％というように、特に財産犯の増加が著しいとされる。

るのはいささか短絡的である。むしろ、それはアメリカ合衆国が抱えている複雑な社会的矛盾の反映とみるべきかも知れない。しかし、社会の一般の人々にとってみれば、自分たちの納めた血税の多くを注入して改善・社会復帰の処遇策が推進されてきたのにも拘らず、犯罪が減少するどころかえって増加したという事実は、改善・社会復帰処遇の効果に対し疑惑の念を抱かしめ、改善・社会復帰行刑に批判の眼を向けさせるのに十分であったと考えられる。さらに第三に、1960年代後半から人種問題や政治問題が激化し、それが刑務所の場に波及したことも、改善・社会復帰行刑に対する批判が増大したことの背景として考えられるであろう[8]。すなわち、政治犯抑圧のために行われた不定期刑下における異常に長期の拘禁と薬物療法や行動変容技法の使用、釈放決定手続における人種差別など、こうした問題が受刑者の権利闘争を過熱化させ、人々の心に改善・社会復帰行刑に対する不満を募らせる結果に至ったことは想像に難くない。

　以上、簡単に、1960年代後半以後における改善・社会復帰行刑批判の背景を探ってみたが、これらの中でも、とりわけ改善・社会復帰行刑の犯罪防止効果に対する疑い（合理性の視点からの改善・社会復帰行刑への疑問）は、それが単なる推測的なものでなく科学的な検証による裏付けがあっただけに、科学主義に基礎を置いた改善・社会復帰行刑に大きな衝撃を与えたと言えるであろう。

2　1960年代後半以後の批判

　1960年代後半以後の文献をみると、自由刑の主要目的を改善・社会復帰理念に求めることに対して、かなり多数の批判的見解が提出されている[9]。これらの批判的見解の主張内容を一口で言うならば、「応報理念への復帰」と

（8）　この点につき、辻本義男「アメリカにおける受刑者組合の発展」犯罪と非行36号（1978年）参照。
（9）　例えば、Noval Morris, The Future of Imprisonment (1974), James Q. Wilson, Thinking About Crime (1975), Andrew von Hirsch, Doing Justice:The Choice of Punishments (1976), David Fogel, We are the Living Proof:The Justice Model for Corrections (1975), Ernest van den Haag, Punishing Criminals:Concerning a very old and Paniful Question (1975) などである。

第3章 改善・社会復帰行刑の将来——アメリカ合衆国と日本の場合——

いう言葉で表現できるであろう。それは、具体的には、まず、量刑の基準として再犯の危険性や改善・社会後帰の必要性というメルクマールを排除し、「犯罪行為の重大性に応じた刑罰」つまり応報の理念を前面に押し出すこと、次いで、そのことの当然の帰結として不定期刑宣告制度を廃止し、釈放手続におけるパロール委員会の裁量権限の幅を狭め、その代わりに定期刑制度を採用すること、そして最後に、改善・社会復帰のための処遇を自由刑の刑罰内容から排除し、受刑者に対するその強制的賦課を断念すること、を内容とする[10]。

ところで、われわれの関心事からすると、「応報理念への復帰」の最後の主張内容、すなわち改善・社会復帰のための処遇を自由刑の刑罰内容から排除して受刑者に対する強制的賦課を断念するということが、第一に、何を根拠とするのか、第二に、その主張は改善・社会復帰のための試みを行刑の場から完全に閉め出すことを意味するのか否か、ということが問題となる。

第一の根拠の点については、多くの論者は一致して二つのことを挙げる。一つは、受刑者が自ら欲しない処遇を強制したところで、改善・社会復帰の効果は挙がらないという点(合理性の視点からの改善・社会復帰行刑に対する疑問)であり、他は、処遇を強制することが、処遇技術次第では、受刑者の内面的価値に対する不当な侵害を招くことになるという点(相当性の視点からの改善・社会復帰行刑に対する疑問)である。しかし、主に強調されているのは、どちらかと言うと後者の方であるように思われる。これも、行動変容技術や薬物療法などが政治犯等の抑圧のために乱用されたことが原因であるかも知れない。

つぎに、第二の問題点については、行刑の場から改善・社会復帰のための試みを完全に排除せよと主張する者はないものの、その存続の強調の仕方、必要性の強調の度合に応じて大きく二つに分れると思われる。第一の見解は、いわば、改善・社会復帰処遇消極的存置論とでも言えるものである。す

---

(10) 現に、こうした主張を受けて不定期刑制度を廃止した州が幾つか出ている。この点については、河野和子「米国における不定期刑法改正の動向」刑政87巻第8号(1976年)、および小川太郎「カリフォルニア州における不定期刑の廃止」ジュリスト644号(1977年)に詳しく紹介されている。

なわち、改善・社会復帰の試みは、国が強制的に行おうと、あるいは受刑者の同意に基づいて行おうと、その処遇効果は余り期待できないし、またそもそも改善・社会復帰を必要とする受刑者はそれ程多くないという認識の下に、行刑の場における改善・社会復帰の積極的な追求に対し根本的な疑問を呈する見解である。例えば、ハーグ（Ernest van den Haag）は、後で紹介するモリスの主張、すなわち「強制的な治療」を「支援された変容」に置き換えようとする見解に対しても、その処遇効果は疑問であるとし、改善・社会復帰の試みが余り効果がないというこれまでの証拠からすれば、最早改善・社会復帰を行刑の主目的として追求すべきではなく、それに代わって応報・抑止・無害化が優位を占めるべきだと主張する[11]。第二の見解は、いわば改善・社会復帰処遇積極的存置論とでも言うべきものである。例えば、モリス（Noval Morris）は、受刑者の中には無職・未熟練労働・義務教育未修了・心理的不安・社会的孤立という欠陥を持った者が存在し、従って、これらの欠陥を治すために受刑者を援助することは人道的でもあり同時に社会の最善利益にも合致すること、および、受刑者の破壊された生活の改造を援助する可能性がないならば、刑務所職員の仕事は全く魅力のないものになってしまうが故に、受刑者の面倒をみたいという職員の気持のはけ口を封じることは得策でないことを理由として、改善・社会復帰の試みが必要なことを強調する[12]。そして、改善・社会復帰の試みが存続する道として、彼は処遇強制に代えて、受刑者が自ら進んで改善・社会復帰しようとする努力を国が促進・援助する体制（「強制的な治療」から「支援された変容」へ）を提案する。この点につき、彼は次のように述べている。「われわれは受刑者に対して処遇プログラムに参加するよう説得し、誘惑し、おだてあげ、処遇参加が受刑者とわれわれにもたらす利益を告知するための試みを行うことができる。しかし、もしわれわれがこうした説得を自由にできるものとするならば、受刑者がわれわれの助言を拒否したからといって服役期間や刑務所の生活条件の点で被害を被らないように、われわれは保障しなければならない」[13]と。すな

---

(11) see, Ernest van den Haag, supra note(9), pp. 188–191.
(12) Noval Morris, supra note(9), at 12, 13.
(13) Ibid., at 20.

第3章　改善・社会復帰行刑の将来——アメリカ合衆国と日本の場合——

わち、ここに示されたことから分るように、モリスが提示する改善・社会復帰の試みの存続する道は、(1)、改善・社会復帰処遇を受刑者の発意に完全に委ねてしまうというのではなく、助言・説得活動という形での受刑者に対する国の働きかけを認めること、(2)、受刑者は国の助言・説得を拒否できること、(3)、受刑者の拒否に対しては、国が釈放時期の遅延や生活条件の悪化、特権の剥奪という不利益を受刑者に科しえないとすることによって、改善・社会復帰処遇から一切の強制の契機を排除すること、をその骨子とする。また、同じく積極的存置論に属するものとして、ハラックとウィット（Seymour L. Halleck, Ann D. Witte）の見解がある。彼らはまず改善・社会復帰処遇には二つのモデル、すなわちメディカル・モデルとエコノミック・モデルがあるとする。前者は、犯罪者を病人、逸脱者あるいは欠陥者とみなし、集団療法・個別療法を通じて彼らのパーソナリティを変容させ、それによって犯罪行動に影響を及ぼそうとするモデルであり、後者は、犯罪者を望ましい合法的な機会の欠けている者とみなし、金銭と職業を提供することによって彼らを犯罪から逸そうとするモデルである[14]。この二つの改善・社会復帰のモデルを提示した後、彼らは、これまでの改善・社会復帰処遇の有効性に関する否定的な評価は、パーソナリティに余り問題のない受刑者にまで前者のモデルが適用されたことなどの結果であって、改善・社会復帰の成否は、これら二つのモデルを犯罪者のニードに応じて適切に使い分けることにあるとして、今後も改善・社会復帰の試みが存続すべきことを主張する。

　もっとも、以上述べたように、消極的存置論とか積極的存置論と言っても、それは極めて相対的なものであり、処遇強制否定という制約の中で改善・社会復帰の試みを追求しなければならないという大前提からみれば、両者とも改善・社会復帰処遇消極的存置論ということになるであろう。このような趣旨からすれば、ハーグのように、行刑の主目的は応報・抑止・無害化であるといった方が素直であるかも知れない。しかし、彼の言う応報・抑止・無害化ということが具体的に何を意味するのかは、余り明瞭でない。もし、それが旧来の苛酷な刑務所生活条件への復帰を意味するのであれば、か

(14)　Seymour L. Halleck and Ann D. Witte, supra note(4)at 374.

Ⅱ　アメリカ合衆国における改善・社会復帰行刑批判

なり疑問である。他方、ここで積極的存置論として掲げた見解も、もし受刑者が国の側からの処遇参加の説得活動に同意しなければ、改善・社会復帰のための試みを断念せざるを得ないのであるから、その場合に、国は何を目的にして受刑者に対処すればよいのかということが検討されなければならないであろう。このように考えると、スティールとジャコブス（Eric H. Steele, James B. Jacobs）が示唆しているように(15)、「慈愛に満ちた無視 benign neglect」とか「慈愛に満ちた貯蔵庫 benign warehousing」を標語に、自由刑の刑罰内容を単なる施設拘禁にのみ止め、受刑者が拡大された自由を享受しつつ全拘禁期間を快適にかつ安全に過ごすことのできる刑務所が、アメリカ合衆国における近い将来の刑務所の姿であるのかも知れない。

特　　徴	階層的刑務所制度	分化的な刑務所制度	自主的刑務所制度
犯罪者に関する仮説	自由意思、功利主義、抑止。	決定論（社会学的、心理学的・神経学的欠陥ないしは技能の欠陥。）処遇可能。	処罰不可能。変容し得ない、ないしは、自発的にのみ変容しうる。諸資源の優先順位は低い。
個々の施設	警備の程度が施設間の主要な差異。	各々の施設において異なるところの特殊化され専門化せられたプログラム。	非統制的で小規模な共同体。
システムの目標	警備。逃走のないこと。内部の秩序。非常に明白な刑罰。	人間を変える諸資源の最適な利用。	効果的な保管。
システムの手段	嚇しと刺激。すなわち施設内部あるいは施設間における被収容者の移送。	専門的な諸資源の集中と協働（調整）。	追放と孤立。すなわち小規模で安定した管理可能な共同体。

(15)　Eric H. Steel and James B Jacobs, A Theory of Prison Systems, Crime & Delinquency, vol. 21, No. 2, (1975).
　この論文は、刑務所制度の三つの「理念型」すなわち階層的（hierarchical）、分化的（differentiated）、自主的（autonomous）な刑務所制度を描き、ここに掲げた順序が刑務所の歴史的な推移を示しているかも知れないとしている。なお、それぞれの刑務所制度の特徴は、彼らの示すところによれば上の表のとおりである。

特　　　徴	階層的刑務所制度	分化的な刑務所制度	自主的刑務所制度
資源の割り当て	武器と保安職員が強調され、プログラムは強調されない。	専門家と特殊化した諸資源が強調され、プログラムの重複はない。	システムからの資源はほとんどない。すなわち所長のイニシアティブによる、外部の諸資源の導入。
コスト	中	高	低
システムにおける対象者の経過	遵守行動に基づいた規則的な累進。	個々人のニードに基礎を置いた速やかな移動。	移動はない。
システムのユニット間の相互作用	高度に機能的な相互依存。	分業。すなわち特殊化された諸資源の相互補充。	全くなし。
中央当局	温和でリアクティブ。諸資源を供給し、施設間の争いを審判する。	強力でプロアクティブ。診断し、プランを立て、諸資源の利用を調整する。	弱くて非活動。極端な乱用に対する全般的な抑制。
統制集団	拘禁職員（cf. 軍隊モデル）。	専門職員、心理学者、医師、ソーシャル・ワーカー。	受刑者およびカリスマ的な行政官。
利益集団とその哲学	警察、地方検察官、立法者、刑罰的な哲学。	改良家、刑余者、専門家集団、人道主義的哲学。	納税者、立法者、反処遇の学者、社会福祉の哲学。
利　　　点	よき統制、逃亡および反乱に対して安全。負債の返還を要求することの充足（応報と抑止）。	低い累犯率、人道的、諸資源の合理的利用。	安価。被収容者の責任と尊厳。
欠　　　点	受刑者および職員に対し心理的に、ときには身体的にダメージを与える。高度の緊張と暴動。	高価。一層多くの逃走を許容すること。処遇の有効性は疑問。応報と抑止を無視する。	内部の統制がほとんどないこと。乱用が自由。

Ⅲ　わが国における改善・社会復帰行刑に関する議論状況

1　わが国では、現在進行中の監獄法改正を契機に、行刑をどのように構成すべきかという点をめぐって数多くの議論が既に出されている。そこで

III　わが国における改善・社会復帰行刑に関する議論状況

は、改善・社会復帰理念を国の積極的な行刑目的に据え、受刑者を改善・社会復帰へ赴かせるためには刑事施設自体の構造、刑事施設と外部社会との関係、施設内における刑務所職員と受刑者との人間関係、基本的な処遇方針、具体的な処遇技術等をどのように整備したらよいかという議論、すなわちどちらかと言うと受刑者の改善・社会復帰の将来に対して楽観的とも言える議論が主流をなしているように思われる。こうした傾向は、改善・社会復帰処遇に対する懐疑論（「応報理念への復帰」）が主流となりつつあるアメリカ合衆国と比べると、極めて対照的である。恐らく、こうしたわが国とアメリカ合衆国との間の議論状況の相異には、それ相応の理由があるであろう。

その理由としてまず第一に考えられることは、わが国では、学説における刑罰論の主流が一貫して応報刑論の側に在ったという事実である[16]。そして、このことが、法実務においても、犯罪行為の重大性に応じた一定量の刑罰つまり定期刑の保持となって結果し、受刑者に対する改善・社会復帰の試みもこの定期刑の枠内で行われねばならないという形で、それのありうべきゆきすぎが一応チェックされてきたと言える。これに引き換え、合衆国では、応報の理念を取り払ってしまい、改善・社会復帰理念一辺倒の発想から採用された不定期刑制度の枠内で、改善・社会復帰の試みが遂行されてきた。こうした状況下では、たとえ軽微な犯罪を犯した者であっても改善・社会復帰のメドが立っていないとか、再犯の危険性が高いということを理由に拘禁が不当に延長されたとしても不思議ではない。現に、こうした事実が生じ、そのことが「応報理念への復帰」の主張者たちの批判の的であったことは、既に述べたとおりである。第二の理由として考えられることは、わが国の行刑実務では、改善・社会復帰を目指した積極的な処遇策が合衆国の一部の州ほどには大胆に実施されてこなかったという事実である[17]。戦後、科学的な分類処遇制度を導入すべく、昭和24年に受刑者分類調査要綱、そして昭和47年に受刑者分類規程が作られたが、依然として「分類あって処遇なし」という批判がなされたりもする。また、交通事犯を収容する施設やA級受刑者収容施

---

(16) 応報刑論者と教育刑論者との激しい論争を通じて現在の通説的地位を占めるに至っている主張が、一般に相対的応報刑論という名称で呼ばれ、相対的教育刑論という呼称を冠せられていないということは、このことを端的に示している。

第3章　改善・社会復帰行刑の将来――アメリカ合衆国と日本の場合――

設などでは、かなり積極的な改善・社会復帰処遇策が導入、実施されているが、B級受刑者収容施設などでは、相変わらず保安と規律重視の体制が敷かれており、「現在はむしろ、余り手をかけずとも自力更生できる群に多くの手をかけ、逆に、専門家の手をかなり煩わさなくては立ち直りにくい群を素人の手に委ねているのではないだろうか」[18]という言葉さえ聞く。このような状態であるから、したがって合衆国のように処遇に関する評価研究によって改善・社会復帰懐疑論が生じることもない。恐らく、まだ、わが国の行刑実務の場には、改善・社会復帰処遇策の実験的実施とその追跡調査とが試行錯誤を繰り返しながら行われる余地がかなり残されているのだろう。

しかしながら、こうした改善・社会復帰推進論に対しては、自由刑純化の立場から、「自由刑執行方法の緩和がある程度進み、また、社会復帰目的がその目的実現の為の諸方策を具体的に用意し始めた現時点において、犯罪者の矯正改善を自由刑の目的として掲げ、その完遂を目指すことは、刑罰内容縮限化の方向を阻害するものとして、あるいは犯罪行為を理由に新たな負担を個人に課そうとするものとして、批判の対象にならざるを得なくなるのではないでしょうか」[19]といった痛烈な批判を浴びせる見解が出されている。また、更に、こうした批判を受けて、いわゆる教化改善型積極行刑と人権擁護型消極行刑を止揚しようとする見解も出されている。前者は吉岡助教授の見解であり、後者は石原教授の見解である。ここでは、この二つの見解を検討しながら、私の意見を述べてみようと思う。

2　吉岡助教授は、理論的には自由刑純化論を根拠とし、また歴史の流れ

---

(17)　このことは、ある意味で、応報観念が強調されすぎたことに一つの原因があるかも知れない。応報観念には、動と反動との平等性あるいは犯罪行為と刑罰との等価性という側面（応報観念の形式的側面）と、反動の内容としての苦痛・害悪性という側面（応報観念の内容的側面）との二つがあると思われるが、ここで後者の側面を強調し、積極的な害悪付与を志向すれば、改善・社会復帰行刑の推進の歯止めになる可能性があるからである。

(18)　小沢禧一「受刑者分類処遇の現状と問題点」小川太郎博士古稀祝賀『刑事政策の現代的課題』（1977年、有斐閣）241頁。

(19)　吉岡一男「自由刑の新展開」内藤謙＝西原春夫編『刑法を学ぶ――基本テーマの解説とゼミナール』（1973年、有斐閣）317、318頁。

III　わが国における改善・社会復帰行刑に関する議論状況

が自由刑の刑罰内容緩和化の方向にあることを是認しつつ、自由刑の刑罰内容すなわち自由刑として国が受刑者から奪うことのできる自由を、「行刑当局の監視下にあること」あるいは「行刑施設に生活の本拠があること」という意味での施設拘禁だけに限定する。そして、刑務所内の生活においては、受刑者の行動の自由と意思決定の自由を認め、刑罰内容から解放された「自由」労働を通じて得た賃金でもって受刑者が自らの責任において自己の生活を維持する体制を作り出し、国の側からの受刑者に対する取扱いという意味での処遇は、専ら一般社会並みの福祉的な援助の提供に止めるべきことを主張する[20]。かくして、従来改善・社会復帰のための処遇策として捉えられていた各種セラピー、心理療法、行動療法も、刑罰内容および行刑目的から切り離し、受刑者の自発性に基づく国からの援助活動としてのみ許容するに止める[21]。

　ところで、こうした主張の背景には、改善・社会復帰理念を行刑目的として掲げ、それを国が受刑者に積極的に働きかけることに対する強い不信感が在るように思われる。その理由を吉岡助教授はいくつか挙げておられるが、およそ次のようになるであろう。第一に、改善・社会復帰理念を行刑目的に据え、国が受刑者に対し積極的に働きかけることは、受刑者の人権制限の正当化事由として働く可能性があり、また処遇服従義務という新たな刑罰内容を付加することになるなど、歴史的な刑罰内容縮限化の方向に逆行するという批判である[22]。第二は、現時点では、改善・社会復帰のための有効な処遇技術が存在せず、また、最終的には再犯防止を目的とする改善・社会復帰が、受刑者の福祉に役立つと言ってみたところで受刑者にどれだけの説得力を持つか疑問であること、すなわち、改善・社会復帰行刑の処遇効果とりわけ再犯防止効果に対する懐疑である[23]。そして第三に、改善・社会復帰理念を行刑目的として積極的に推進する場合には、臨床家を「犯罪防止を通して

---

(20)　吉岡一男「監獄法の改正と処遇理念」法学論叢95巻5号（1974年）9頁。
(21)　吉岡・前掲注(20)12頁。
(22)　吉岡・前掲注(20)15頁。
(23)　吉岡・前掲注(20)16頁、および「犯罪の研究と刑罰制度」法学論叢93巻6号（1973年）
　　　10頁。

第3章　改善・社会復帰行刑の将来——アメリカ合衆国と日本の場合——

の社会防衛者としての立場と、臨床家としての個人の側に立つ立場」というジレンマに陥れ、結局は、個人救済的治療目的（個々人の福祉）も達成されなくなるという批判である[24]。

　順序は逆になるが、まず第二、第三の点から検討してみよう。吉岡助教授は改善・社会復帰理念を行刑目的として国が積極的に働きかけてみても、およそ再犯防止効果がなく、また個人救済的治療効果も挙がらないとするが、こうした批判は、アメリカ合衆国の一部の州や北欧諸国のように、積極的に試行錯誤を繰り返しながら改善・社会復帰行刑を推進したにも拘らず効果が挙がらなかったというのであれば、現実的な重みを持つであろう。しかし、先にも述べたように、わが国では、行刑実務がまだそこのところまで行き着いていないようである。効果の点については、もう少し、改善・社会復帰処遇の実験的実施とそれの追跡評価を試行錯誤してみてから、結論を出すべきであるように思われる。ただこの場合重要なことは、吉岡助教授が警告しておられるように、社会防衛一元論から推進される改善・社会復帰行刑に対する疑問である。ここで、改善・社会復帰行刑は犯罪者の福祉をはかることによって社会防衛目的を追求するものである、と言い放つだけでは、何ら事の解決にならない。改善・社会復帰行刑を推進する場合には、受刑者に対する処遇効果の点からも、具体的にどのような形で社会防衛目的と個々人の福祉目的という二つの目的の妥協点を見出すかが検討されねばならないであろう[25]。次に、第一の点についてであるが、吉岡助教授は、改善・社会復帰理念が持つ受刑者の人権および自由制限機能のみを強調し過ぎる嫌いがあるように思われる。確かに、そのようなマイナス機能は存在するであろうが、現在受刑者に対して許されている自由の範囲を考慮に入れるならば、むしろ、政策的には、改善・社会復帰理念が持つ受刑者の人権および自由拡張機能をこそ強調すべきであろう[26]。また、刑務所当局が開放施設の建設や専門職員の増強に当たって予算編成当局や国民を説得する場合、改善・社会復帰理念の再犯防止的機能を強調することは現実的な説得力を有するように思われ

----

(24)　吉岡・前掲注(20)12頁および17頁以下。
(25)　この点に関する私の見解については、Ⅲの3およびⅣを参照せられたい。

る。このような理由からも、わが国の現状では、改善・社会復帰理念を行刑目的に据え、それを推進していくことが得策であろう。ただ、この場合に問題になることは、改善・社会復帰行刑のありうべき人権および自由制限機能をいかにしてチェックするかということである[27]。

3 石原教授は、吉岡助教授の改善・社会復帰行刑に対する批判の正当性を認めつつ、他方で、その主張からは「刑事政策や行刑の改革への積極的な姿勢は引き出されず、それをつきつめていけば、あるいは個人主義的自由主義的ニヒリズムに行きつくのではないか」[28]として、改善・社会復帰理念を行刑の目的に据え、国が受刑者に対して積極的に働きかけようとする教化改善型積極行刑と、国からの処遇干渉を極力排除し、受刑者の自由と主体性を尊重する人権擁護型消極行刑という二つの行刑パターンの止揚を意図される。具体的には、自由刑を拘禁関係と処遇関係に分け、後者においては前者と異なる規制原理が働くべきだと主張される。すなわち「『自由刑の執行の内容』であって、自由を拘束している間を利用して、受刑者の再社会化をはかるための、もろもろの処置、対策を意味する」[29]処遇関係においては、拘禁関係を規制するところの法律を媒介とする権利義務の関係によってではなく、人間を媒介とする助言・説得――同意・納得の関係によって規制されるべきだとされる。

以上のように、改善・社会復帰のための処遇は「人間関係を媒介とする助

---

(26) 吉岡助教授は、「犯罪者処遇策として今日名高い開放処遇、外部通勤、中間処遇、さらには社会内処遇といったものも、その実質は犯人処遇の緩和にすぎず、犯罪者の改善矯正を直接目指した処遇による裏づけは乏しい」とし、むしろ犯罪問題の正しい理解、犯罪行為者を人道的に取り扱う寛容な態度の出現等がこのような処遇策を生み出したのではないかと主張する（吉岡・前掲注(20)15頁参照）。しかし、より素直な理解としては、改善・社会復帰理念と、受刑者に対して人間として相応しい処遇を行わなければならないという人道的な配慮との両者が相携わって拘禁の緩和化を促進してきたと言うべきではないだろうか。なお、この点については、本書32頁以下を参照せられたい。
(27) この点についての一応の解決策は、Ⅲの**3**およびⅣに示されるであろう。
(28) 石原明「受刑者の法的地位考察の方法論――将来の行刑のために――」刑法雑誌21巻1号（1976年）17、18頁。
(29) 石原・前掲注(28)8頁。

第3章　改善・社会復帰行刑の将来——アメリカ合衆国と日本の場合——

言・説得——同意・納得の関係」によって規制されるべきだとする石原教授の見解は、事実的視点からみた処遇効果という点（合理性の基準）からも、あるいは、価値的視点からみた人間の尊厳・主体性の尊重という点（相当性の基準）からも、一応正当であると思われる[30]。しかし、次の幾つかの点で疑問が生じてくる。

　第一に、「人間関係を媒介とする助言・説得——同意・納得の関係」は、当然、国に対して、直接的な物理的強制力の行使による処遇参加強制や、処遇拒否を懲罰の対象として処遇拒否者に特定の利益剥奪・不利益付与（間接的な強制力行使による処遇強制）を行うことを禁じる趣旨であると思われるが[31]、たとえば、処遇参加と「成績良好」を結合させ、その成績によって仮釈放を早めたり、あるいは処遇参加者に特定の利益を付与するという形での間接的な強制力の行使による処遇強制までも否定するのか、という疑問である。もし、こうした間接的な強制力の行使を国に許容した場合には、受刑者は真の自発性に基づいて処遇参加をしなくなり、国の側も改善・社会復帰よりもむしろ施設の規律秩序維持を重視する結果になる可能性がある。他方、それを否定した場合には、受刑者は改善・社会復帰へ向けての努力目標を喪失し、また国の側においても、受刑者に改善・社会復帰を促すための有力な便法を失うことになるかも知れない。折しも、監獄法改正構想によって段階的処遇および優遇の導入が企図されている現在、この点を明確にしておく必要があると考える。私は、以前このような間接的な強制力の行使による処遇強制を否定したが、現在ではむしろこれを肯定したいと考えている[32]。もし、このような強制力まで否定したら、改善・社会復帰行刑は暗礁に乗り上げてしまうと思われるからである。

　第二の疑問は、石原教授が「受刑者自らも参加して処遇計画をたてた以上、受刑者はそれに従うのは当然であり、それは主体的な自己拘束であって、施設の側からの一方的な義務づけではない」[33]と述べておられる点である。この文章の趣旨からすれば、一度国の提示した処遇プログラムに同意し

---

(30)　なお、この点については、本書39頁および45、46頁を参照せられたい。
(31)　石原・前掲注(28)18頁参照。

た受刑者には、当該プログラム実施上の規則に服する義務が生じることは当然であろう。しかし、一度同意した受刑者が当該プログラムからの辞退を申し出た場合に、国がいかに対処すべきかは判然としない。恐らく、石原教授の立場からすればこの場合にも、国は処遇継続の説得をすべきことになると思われる[34]。とは言うものの、それでもなおかつ頑なに辞退を主張する者に、辞退を認めるべきか否かが問題になる。このようなケースに一般的に妥当する基準は出てこないのかもしれない[35]。当該プログラムの性質上処遇を継続させることが却って処遇効果を損ねるおそれのある場合には、辞退を認めざるを得ないのではないかと思われる。

　第三に問題となることは、国が受刑者の改善・社会復帰のために使用しうる処遇技術の許容範囲である。例えば、ロボトミー・去勢・嫌悪療法などの処遇技術については、受刑者の同意を条件に実施を是認することは疑問が多い。「助言・説得──同意・納得の関係」で処遇関係を貫く場合にも、このような処遇技術に関しては国の側の自己抑制が必要であろう。いかなる処

----

(32)　本書46頁。なお、こうした形での間接的な強制力の行使を認める限り、改正刑法草案第35条第3項のごとく、「矯正に必要な処遇」を自由刑の刑罰内容として認めておいた方が良いと思われる。

　　ところで、一般によく、「処遇強制」という言葉が用いられるが、「強制」ということでいかなる形態の強制力行使を想定しているのか明らかでない場合が多い。本文で述べたように、処遇を行うに際して国が強制力を行使する形態としては、
　①　直接的な物理的強制力の行使（例えば監獄法改正構想第17番の強制医療のような場合）
　②　間接的な強制力の行使
　　㋑　処遇拒否を懲罰の対象として、処遇拒否者に対し特定の利益剥奪・不利益付与処分を科す形態
　　㋺　処遇同意者に対して特定の利益を付与する形態
　があると考えられる。「処遇を強制できる」とか、あるいは「処遇を強制できない」と言う場合には、このうちのどれを是認し、どれを否定するのかということを明らかにする必要があるだろう。

(33)　石原・前掲注(28)18、19頁。

(34)　石原教授は、この点につき、「時には、その手段を変更する必要が生じるであろう。そうした場合にも、施設は常に受刑者と話し合って、その都度、問題点を明確にして適切にそれに対処して行く」としている（石原・前掲注(28)12頁）。

(35)　このようなケースの一応の目安となるのは、請願作業の場合である。監獄法施行規則第64条は、就業者の恣意を封じるため、正当な理由のない中止・廃止・変更を認めない。

第3章　改善・社会復帰行刑の将来――アメリカ合衆国と日本の場合――

技術の使用を抑制すべきかの一般基準を設定することは極めて困難であるが、この点に、改善・社会復帰行刑が、専ら社会防衛一元論の下に行われるか、あるいは受刑者の福祉をも念頭に置いたところで行われるかのもう一つの分水嶺があるように思われる。このことに関連して、監獄法改正構想が、精神病質者に対する治療的処遇について自己抑制の姿勢を示したことは評価されてよいであろう[36]。

　第四の疑問は、石原教授が処遇関係を「『自由刑の執行』であって、自由を拘束している間を利用して、受刑者の再社会化をはかるためのもろもろの処置・対策」として把えている点である。一般に、「処遇」という用語は、再社会化ないし改善・社会復帰を目的とした国の受刑者に対する取り扱いという意味で使用されているが、他方、「死刑囚の処遇」、「未決拘禁者の処遇」という用語法に表われているごとく、「改善・社会復帰」、「再社会化」とは余り縁のない対象者に対しても「処遇」という用語が使用される。確かに、拘禁目的が異なれば処遇目的も相異するのは当然であるが、強制的に国家施設に収容される者に対して最低限共通した処遇目的があるのではなかろうか。ジョン・ハワードの監獄改良運動の指針は、「人をして勤勉ならしめよ、さすれば人は正直になるだろう」という標語だけではなかったはずである。被拘禁者を人間として取り扱うこと、被拘禁者の心身の健康の悪化防止のための措置を講じることが、この標語の前提として存在していた。また、正木博士が改善・教育刑論の立場に立脚しつつ、他方でフロイデンタールの

---

(36)　監獄法改正構想細目説明によれば、構想は、以下の理由から精神病質者に対する積極的な治療的処遇の実施を抑制する。すなわち、「精神に障害を有する者すべてについて積極的にこれを実施するということには重大な疑問がある。――中略――精神障害の大きな部分を占める精神病質については、現在の医学上、その診断及び治療につき一般に承認された方法はいまだに確立されていないのであり、したがって、これに何らかの精神的作用ないし影響を及ぼすべき処置を施すことは、事の性質上受刑者の人間的権利又は自由に対し、脅威を与えるおそれが少なくない。すなわち、いわゆる精神病質者に対し積極的に治療的処遇を行うことは、今日の段階ではまだ適当とはいい得ないのである」と。なお、犯罪者治療の法的限界を論述したものに、吉田敏雄「犯罪者治療の諸理論――アメリカの事例を中心に――」、また、わが国の矯正施設における人格改善技法の実施状況に触れたものに、佐伯克「矯正処遇技術体系における行為法の位置づけについて」がある。（いずれも、前掲注(18)小川太郎博士古稀祝賀『刑事政策の現代的課題』所収)。

「自由刑純化論」を唱えたのも、受刑者に対する国の最低限の処遇目的が、受刑者を人間として取り扱うことおよび心身の悪化を防止することに在ると思慮したからだと思われる。このように考えるならば、処遇関係において、専ら再社会化ないしは改善・社会復帰目的のみを強調することは、いささか疑問である。むしろ、処遇を「国の受刑者に対する取り扱い」という意味に解して、その究極的目標として受刑者の改善・社会復帰を追求しつつ、当面の国の行動目標として、受刑者を人間として取り扱うことおよび受刑者の悪化防止という理念を強調すべきではないかと考える。

Ⅳ　消極的処遇目的と積極的処遇目的──結びに代えて──

「健全な市民として許容される行動様式の習得」あるいは「犯罪を繰り返すことなく、自律心と責任感をもって社会生活を送ることのできる人間の育成」[37]を指標として、国は、全拘禁期間にわたって、強制的に刑務所に収容された受刑者の改善・社会復帰をはかるべきであると考える。しかし、目的が正当だからと言って、それを達成するプロセスにおける手段・方法が正当化される訳ではなかろう。そのための手段・方法もまた正当なものでなければならないはずである。わが国では、受刑者の改善・社会復帰の試みが定期刑の枠内で遂行されねばならないという形で、一応規範的・価値的視点からのチェックが改善・社会復帰行刑に対してなされてはいるものの、以上に述べた意味において、処遇を「助言・説得──同意・納得」という基本原理の下に推進していくことは、受刑者の主体性・人間の尊厳を尊重するという相当性の視点からも、また処遇効果を高めるという合理性の視点からも正当であると言うべきであろう。しかしながら、相当性の視点および合理性の視点からみて正当性が疑わしいと推定される処遇技術については、補充性の視点から、国の側の自己抑制的態度が望まれる。さらに、ハラックとウィットが指摘したように、改善・社会復帰行刑においては、メディカル・モデルに立ったパーソナリティ変容を過度に強調することなく、これと、エコノミッ

---

(37)　この点については、本書20頁以下および本書43頁以下を参照せられたい。

第3章　改善・社会復帰行刑の将来——アメリカ合衆国と日本の場合——

ク・モデルに立脚した技能変容とを受刑者のニーズに応じて適切に使い分けることが必要であろう。

　ところで、このように一応正当性が推認される手段・方法によって改善・社会復帰目的が追求されるにしても、その目的の過度の強調の下に、受刑者を人間に相応しく取扱うこと、および受刑者の悪化を防止するという、あるいは消極的とも言える処遇目的を忘失することは避けられねばならない。「健全な市民として許容される行動様式の習得」、「犯罪を繰り返すことなく、自律心と責任感をもって社会生活を送ることのできる人間の育成」という改善・社会復帰行刑の指標からみれば、その必要性が極めて乏しいと思慮される受刑者、あるいは、たとえ助言・説得活動に止まるにせよ、改善・社会復帰の名の下に国からの干渉を極力差し控えねばならない一部の受刑者が存在するであろう[38]。こうした受刑者に対しては、むしろ、消極的な処遇目的をこそ強調すべきであると思われる。他方、その指標からみて改善・社会復帰の必要性が高いと思慮される受刑者に対しては、改善・社会復帰という、いわば積極的な処遇目的を追求することは正当であると思われるが、この場合にも、国は、最低限度、消極的な処遇目的を達成すべく努力することが望ましい。

　消極的な処遇目的の指標として一応の目安になるのは、自由刑純化論の主張[39]であると思われる。第一に、給養・保健・医療面はもとより[40]、作業の

(38)　この点については、須々木主一「自由刑の意義と種類」森下忠＝須々木主一編『刑事政策』〔法学演習講座18〕（1976年、法学書院）とくに125頁以下参照。
(39)　正木亮『新監獄学』（1941年、有斐閣）148頁以下参照。なお、フロイデンタールについては、宮澤浩一「刑事政策家としてのフロイデンタール㊀㊁」法学研究43巻8号、9号（1970年）および、小川太郎仮訳「フロイデンタール・囚人の国法上の地位」亜細亜法学8巻1号（1972年）参照。
(40)　ところで、給養・保健・医療面の処遇においても、国の働きかけが便宜供与的か強制的かという問題が生じうる。すなわち、例えば、食事・入浴・運動・健康診査等の場面において、これらの機会を国が提供することは当然としても、これらを強制的に行うべきか、あるいは機会だけ提供して後は受刑者の自由に委ねるべきかという問題である。この場合にも、やはり、原則的には「助言・説得——同意・納得の関係」をもって国は対処すべきであり、拒否を理由に懲罰を科すべきではないと思う。ただ、心身の健康を害する高度の危険性がある場合や、衛生上他者に迷惑を及ぼすような場合には、直接的な物理力の行使も止むを得ないであろう。

Ⅳ 消極的処遇目的と積極的処遇目的———結びに代えて———

安全・悩みごとの相談・余暇時間の過ごし方などにおいて、受刑者の精神的・肉体的悪化を防止しなければならないであろう。第二に、受刑者の社会的関係の悪化の防止、とりわけ家族との面会・通信を原則的に自由なものにするなど、その絆の維持に努めるべきであろう。第三に、受刑者の人間としての尊厳を尊重しなければならないであろう。これには、例えば、裸体検身を金属探知機による検査に代えたり、番号で受刑者を呼ぶことを止めることなどが考えられよう。もっとも、消極的処遇目的の指標は以上のことに尽きるものではない。国は、拘禁生活の全般にわたって、受刑者に対し、人間に相応しい取扱いをし、生物的・社会的存在としての人間の悪化防止に努めるべきであると考える。

　恐らく、多くの論者は、改善・社会復帰という積極的な処遇目的を強調するとき、その中に、人間に相応しい取り扱いおよび悪化の防止という消極的な処遇目的を当然包括せしめていると思われる。事実、また、「受刑者の悪化を防止することは、改善と同じ性質をもつはずであり、また、改善と悪化の防止は、ほんらい同一の方法によって達成されるのである」[41]と言われているように、積極的な処遇目的と消極的な処遇目的とは互いに相反するものではなく、本来的には一つの連続した方向において理解されるべきものであろう。しかしながら、積極的な処遇目的のみを強調するところでは、受刑者の体制順応とか社会組み入れという社会防衛的側面ばかりが目だち、往々にして、消極的な処遇目的が忘失され易いという危険がなきにしもあらずである。

---

(41)　大谷實「〈紹介〉RUPERT CROSS, PUNISHMENT, PRISON AND THE PUBLIC, 1971」『刑法改正とイギリス刑事法』（1975年、成文堂）199頁。
　　なお、消極的な処遇目的・積極的な処遇目的という用語は、当然、消極行刑・積極行刑という用語とは視点が異なる。前者は、国が受刑者を取り扱う場合の行動目標に視点を置いた区別であるが、他方、後者は、国が受刑者を取り扱う場合の働きかけの態様に視点を置いた区別、すなわち、国からの受刑者に対する働きかけが便宜供与的か強制的かという点での区別であると思われる。

第 4 章

受刑者の改善・社会復帰義務と責任・危険性との関係序説

Ⅰ 問題の所在
Ⅱ 応報モデルと特別予防モデル
Ⅲ 改善・社会復帰処遇と責任との連結
Ⅳ 結　　び

Ⅰ　問題の所在

1　自由刑は、自由という法益を犯罪者から剥奪・制限する刑罰である。しかし、もとより、すべての自由が剥奪・制限される訳ではない。では、自由刑として剥奪・制限される自由の限界はどこにあるのか。

現行法では、懲役・禁錮・拘留の三者の自由刑の刑罰内容は、それぞれ刑法第12条・第13条・第15条に規定されている。そこでは、懲役に固有の刑罰内容たる「定役」を別論とすれば、三者の自由刑に共通の刑罰内容は「拘置（拘禁）」であるとされる。すなわち、すくなくとも生活の本拠が一般社会生活の場から刑務所へと強制的に移されるという意味での「移住の自由の剥奪」[1]が、自由刑の本質的かつ不可欠な刑罰内容であると言えよう。しかしながら、現在受刑者が刑務所内において制限される自由は、これに止まらない。第一に、拘禁すなわち「移住の自由の剥奪」の確保の必要性、第二に、刑務所社会の構成員（受刑者・刑務官）の安全・衛生を確保することの必要性、第三に、刑務所施設の人的・物的資源の制約に由来する管理運営上の必要性、第四に、特別予防すなわち「改善・社会復帰」・「特別威嚇」・「排害」の必要性などを正当化事由として、国は受刑者の自由を制限している。

ところで、自由刑として剥奪・制限される自由の限界は、理念的に考えた

第4章　受刑者の改善・社会復帰義務と責任・危険性との関係序説

ばあい、応報理念に支配される行刑モデルをとるか、あるいは特別予防理念を追求する行刑モデルをとるかによって異なってこよう。さらにまた、後者のモデルにおいても、それを実現するための手段ないし下位目的である「改善・社会復帰モデル」と「特別威嚇モデル」と「排害モデル」とでは帰結を異にするであろう。もっとも、前記第二・第三の事由に基づく自由の制限は、いずれのモデルにおいても、正当化されうる。それは、特別権力関係論の是非問題と関連して別個に検討すべき事柄である[2]。したがって、この点は除外して、本稿では、自由の剥奪・制限における応報モデルと特別予防モデルとの帰結のちがいを検討してみたい。

もとより、わが国では相対的応報刑論の名の下に応報モデルと特別予防モデルとの対立は影を潜めた感がある。しかし、最近、アメリカや北欧などで特別予防とりわけ改善・社会復帰行刑への疑問が提示され、応報理念への復帰、あるいは威嚇・排害行刑の重視が叫けばれ始めている状況において[3]、改めてこの点を検討することは無意味でないであろう。また、それは、次に述べる課題検討のための準備作業的性格を有するものである。

──────────────

（1）　拘禁概念は、狭義では、このように捉えることができると思われる。ただ、この意味での拘禁を確保するためには、様々な方法が考えられる。外壁・鉄格子・錠などの物理的設備による拘禁の確保と逃走を処罰する法の威嚇・強制力による拘禁の確保（たとえば、伝統的な閉鎖刑務所のばあい）、あるいは単に後者だけによる拘禁の確保（たとえば、開放施設・外部通勤・帰休のばあい）である。しかし、拘禁確保の要請は、物理的・法的なものに止まらない。その要請は、刑務所内における受刑者の取扱いにまで波及している。すなわち、拘禁確保のための保安と規律の作用に服するという形で受刑者の行動の自由が剥奪・制限されたり、また、接見、信書、新聞・図書・ラジオ等の閲読・聴取の自由も拘禁確保の視点から制約される。このような拘禁確保の見地からなされる刑務所内の取扱いをも包括する意図から、拘禁概念を広く捉えることも可能であろう。しかし、本稿では、狭義の拘禁とそれを確保するためになされる受刑者の取り扱いとを一応分けて考える。なお、この点については、拙稿「受刑者の権利・義務」（重松一義編著『監獄法演習』〈1980年、新有堂〉）参照。
（2）　いまだ不十分であるが、この点を検討したものとして、拙稿・前掲注(1)参照。なお特別権力関係論については、室井力「受刑者の収容関係と特別権力関係理論」刑政74巻5号（1963年）、池田政章「刑務所収容者と特別権力関係」田中二郎＝雄川一郎編『行政法演習Ⅰ』（1963年、有斐閣）、松島諄吉「在監関係について──伝統的な『特別権力関係理論』への批判的一考察」磯崎辰五郎先生喜寿記念『現代法における「法の支配」』（1979年、法律文化社）などの論文がある。
（3）　この点については、本書第1部第3章参照。

2 わが国の行刑を考えるばあい、現状においてはやはり、以下に述べる理由から、改善・社会復帰を行刑目的として推進すべきであると思われる。第一に、受刑者が建前上は規範にしたがって自らの行動を統制しうるとされている点、また責任非難を現実化した刑罰が本質的に害悪を内容としている点を考えると、行為責任刑の名の下に許容されうる特別予防の方法は、特別威嚇すなわち害悪・不利益の直接付与あるいは間接的呈示によって犯罪者の恐怖心ないしは規範意識を刺激し、それを通じて犯罪を抑制させるという方法に限定されるであろう。しかし、現実には、特別威嚇の方法だけで再犯防止ができる受刑者はそれ程多くなく、改善・社会復帰処遇を必要とする受刑者も少なからず存在する。第二に、わが国の行刑実務では、改善・社会復帰を目的とした積極的な処遇策が合衆国の一部の州ほどには大胆に実施されてこなかった。従って、わが国の行刑実務の現場では、改善・社会復帰処遇等の実験的実施とその追跡調査とが試行錯誤を繰り返しながら行なわれる余地がかなり残されている。第三に、行刑目的から改善・社会復帰をとり去ったばあい、刑務官に残された業務は、逃走の防止と保安と消極的処遇[4]というある意味では無味乾燥なものに限定され、延いては刑務所社会全体が沈潜した雰囲気に支配される可能性がある。第四に、わが国においては、一般社会の人々も、少なからず受刑者の改善・社会復帰に自由刑の存在意義を認めている感がある[5]。しかし、これらのことは、改善・社会復帰を行刑の目的とすることの事実的な理由である。改善・社会復帰を行刑目的とするばあい、それは理論的にどのように基礎付けられるかが、別途に考察される必要があろう。「責任なければ刑罰なし」といわれるように、「責任」の存在は形罰賦科を正当化するための少なくとも必要条件とされる。しかしながら、刑罰賦科を正当化する十分条件として何を設定するかが、ここでは重要である。刑罰賦科を正当化する必要条件としての「責任」のほかに十分条件として「犯罪的危険性」（再犯の可能性）の存在を設定すれば、改善・社会復帰処遇は後者を根拠に行なわれることになろう。他方、責任を刑罰賦科を正当化する必

（4） 消極的処遇については、本書第1部第3章のⅣ参照。
（5） この点については、たとえば、那須宗一編著『犯罪統制の近代化』（昭和51年、ぎょうせい）226〜229頁参照。

第4章　受刑者の改善・社会復帰義務と責任・危険性との関係序説

要でかつ十分な条件としつつ、改善・社会復帰を行刑の目的とするならば、責任と改善・社会復帰処遇とを連結すべく理論構成をすることになろう。この点をいわゆる相対的応報刑論と呼ばれる理論がどのように解決しているかを探ることが、本稿のもう一つの課題である。

II　応報モデルと特別予防モデル

ここでは、具体的に、応報理念と特別予防理念とが、第一に移住の自由の剥奪期間すなわち拘禁期間（自由刑の刑期）の設定基準として、第二に処遇[6]において受刑者の自由を制限する際の正当化事由として、どのような相違を結果するかが検討される。

1　応報モデル

応報モデルによれば、自由刑もまた、他の刑罰同様、単に「犯罪を犯したという理由」で科される害悪である。しかし、単なる復讐とは異なる。応報モデルは、他方において、無制約の害悪付与を許容するものでない。それは、刑罰的害悪が犯罪行為と等価交換関係にあることを要求する（正しい応報の原理）[7]。しかも、この等価交換関係は、タリオの法のように、単に犯罪行為の結果の大小との均衡を意味しない。近代刑法の責任主義の下では、犯罪者が素質や環境によって決定されない自由な意思に基づいて当該犯罪行為を選択したこと（自由意思の存在）、したがって、それを根拠に当該犯罪行為につき犯罪者を道義的ないし倫理的に非難できること（個別行為責任の存在）を前提とし、その上で、刑罰が当該犯罪行為に対する責任非難の程度と等価交換関係にあることが要求される（責任に応じた正しい応報原理）。

このように、応報モデルは責任に応じた正しい応報の原理を充足してはじ

---

(6)「処遇」概念は、狭義・広義に用いられる。前者では「改善・社会復帰を目指した治療的・教育的・福祉的措置」を、後者では、「犯罪者に対する国の取り扱い一般」を意味する。ここでは、処遇を広義に用いる。なお、この点につき、本書68・69頁参照。
(7)「犯罪と刑罰との等価交換関係」を論じるものとして、たとえば、パシュカーニス／稲子恒夫訳『法の一般理論とマルクス主義』（1958年、日本評論新社）第7章とくに192頁以下参照。

めて、刑罰的害悪を許容するものである。しかし、裏を返せば、このことは、責任に応じた正しい応報の原理に合致していさえすれば、単に「犯罪を犯したという理由」だけで刑罰賦科が正当化されうることを意味する。この意味で、応報モデルでは、端的に、道義的ないし倫理的な個別行為責任が刑罰賦科を正当化する必要かつ十分条件として認められていると言えよう。

ところで、ここで問題とすべきことは、自由刑の害悪内容として受刑者から剥奪・制限される自由がどの範囲のものであれば、応報モデルとして許容されるかという点である。

まず、拘禁すなわち移住の自由が剥奪される期間（自由刑の刑期）であるが、それは当該犯罪行為に対する責任非難の程度と等価的に比例した形で算出されよう[8]。その際、責任に応じた正しい応報の原理における等価交換関係の要請は、刑期が「定期」であることを要求する。なぜなら、等価交換関係とは、犯罪行為に対する責任と刑罰とが少なくとも形式的に「一対一応」の関係として一義的に決定されることを意味するからである。もっとも、刑期の実質的確定、すなわち、責任非難に応じた刑期を法定刑そして処断刑の枠内で具体的に「何年何月」という形で一義的に確定することは、責任に応じた正しい応報原理における等価交換関係によっては、およそ困難である[9]。ただ、このばあい、等価交換関係のバック・ボーンとされる等分的正義を根拠として、他の犯罪行為に対する責任非難との比較の下に「等しきものには等しい刑期」「等しからざるものにはその軽重に応じて異なった刑期」が結果するにすぎない[10]。かくして、形式的には定期として言い渡さざるを得ない以上、つき詰めて言えば、正しい応報の原理を基準とする刑期す

---

(8)　ここでは、主として犯罪行為の結果の大小が重視されるが、それもいわば責任非難に還元される限りで刑罰と等価的な比例関係を有することになる。
(9)　この点の指摘は、すでにリストによって行われている。Franz von Liszt, Strafrechtliche Vorträge und Aufsätze, Bd. 1., (1970), S. 151f. これの邦訳として、安平政吉『リストの「マールブルヒ刑法綱領」研究』（1953年、文雅堂）168頁以下および西村克彦訳「フランツ・フォン・リスト『刑法における目的思想』(二)」青山法学論集14巻4号（1975年）81頁以下。なおまた、大谷實『人格責任論の研究』（1972年、慶應通信）14・15頁参照。
(10)　応報の等分的正義の批判については、木村亀二「応報刑と教育刑」同『刑法の基本概念』（1954年、有斐閣）70頁以下に詳しい。

第4章　受刑者の改善・社会復帰義務と責任・危険性との関係序説

なわち「移住の自由の剥奪」期間の実質的確定には、多少なりとも、虚構的要素が不可避的に付き纏うことになる。そして、応報モデルがこの虚構性を蔽い隠し、刑期設定の正当性を担保するためには、犯罪者と被害者・一般人の有する等分的正義感を刑期設定に正確に反映させるしかない[11]。しかし、犯罪者と被害者・一般人とが抱いている等分的正義感の相違、それ故、刑期設定の要求水準のちがいを調整することは至難である。そこでは、勢い後者の側を優先した刑期設定が行なわれざるを得ないであろう[12]。

つぎに、処遇における受刑者の自由制限の範囲の問題に移ろう。ここにおいて、応報モデルが特別予防を目的とした受刑者に対する働きかけを拒否することは明白である。このことは、応報モデルが単に「犯罪を犯したという理由」だけで刑罰賦科を正当化することの当然の帰結であろう。したがって、「改善・社会復帰」であれ、「特別威嚇」・「排害」であれ、およそ特別予防を目的とした受刑者への働きかけに伴なう受刑者の自由の制限[13]は、一切、許容されない。カントは、これを、「人格はすべて自己目的であって他者の目的達成のための手段となってはならない」という人格の尊厳の視点からの要請であるとした。しかし、応報モデルにおける特別予防目的の追求は、別の視点からも断念せざるを得ない。すでに述べたように、応報モデルは当該犯罪行為に対する倫理的な責任非難（個別行為責任）を前提とし、さらに責任非難は素質や環境によって決定されないいわば無原因の自由意思の存在を予定している。すなわち、そこには、自由意思→倫理的な個別行為責任→応

(11)　以上のことは、比喩として適切さを欠くかも知れないが、需要者側と供給者側の要求の均衡をとりながら最終的には商品価格を一定額に特定するという商品価格決定のシステムと類似した側面があろう。
(12)　このように、被害者・一般人の等分的正義感を優先した応報刑は、一般予防（威嚇）と親和性を有する――もっとも、このばあいの一般予防（威嚇）とは、中世の死刑執行公開のように人びとの恐怖心を利用するものでなく、人びとの規範意識に訴えかけるものである――。しかし応報モデルは、後述する特別予防同様、一般予防（威嚇）の意図的追求も拒否するものである。なお、応報と一般予防との親和性につき、井上正治「現代における刑罰思想」平野竜一編『現代法と刑罰』〔岩波講座現代法11〕（1965年、岩波書店）201頁、および小野清一郎「刑罰の本質について」同『刑罰の本質について、その他』（1955年、有斐閣）30頁参照。
(13)　「改善・社会復帰」・「威嚇」・「排害」の必要性を正当化事由とする受刑者の自由の制限については、Ⅱの2で述べる。

報刑といった一連の図式がある。そこで、このばあい、自由意思が何ものにも決定されない意思であるとする以上、それに対して責任非難を加え刑罰を科したところで、意思には何の影響も与えないことになる[14]。要するに、応報モデルがその大前提として無原因の自由意思を予定する限りは、経験科学的視点からみても特別予防目的追求はそもそもの出発点を失なっているわけである。

　以上は、処遇において応報モデルが許容しえない自由制限の範囲である。では、応報モデルが許容する自由の制限は何であろうか。応報モデルにおいて少なくとも許容される自由の制限は、拘禁すなわち「移住の自由の剥奪」の確保を理由とするものであろう。すなわち、拘禁確保を理由とする所内規律遵守事項に服させるという形で行動の自由を制限することや、通信、接見、新聞・ラジオの閲読・聴取などのいわゆる外部交通の自由を拘禁確保の必要性から制限することは、応報モデルの下では一応許容されよう。しかし、これらの自由制限の具体的基準として、①拘禁を害する「明白かつ現在の危険」ないしは「明白な危険」が予想されるばあいにのみ制限できるとするか、②拘禁を害する相当の具体的蓋然性があるばあいにのみ制限できるとするか、あるいは逆に、③拘禁を害さないことが明白であれば制限できないとするかという点については、応報理念とは別個に、そして具体的に制限される当該自由との関係において個別的に検討する必要がある。なお、最後に、受刑者の衣・食・住にわたる生活条件の水準をどこに置けば、「責任に応じた正しい応報原理」に合致するかという問題が生じうる。確かに、応報モデルでは自由刑も害悪・苦痛であり、その意味で害悪・苦痛を与えるべく生活条件の水準低下が要求される可能性がある。しかし、自由刑の害悪は自由の剥奪・制限を内容とするものであって、生活条件を苦痛として構成することをその本来的内容とするものではない。むしろ、国家支弁の原則が採用され、生活条件の水準設定にその観点からの制約がある現状では、応報理念は、生命刑的・身体刑的・名誉刑的要素の介入を防止する形で、生活条件の

---

(14)　この点につき、木村亀二著＝阿部純二増補『刑法総論［増補版］』（1978年、有斐閣）64頁、平野龍一『刑法の基礎』（1966年、有斐閣）71頁、同『刑法　総論Ⅰ』（1972年、有斐閣）21頁参照。

第4章　受刑者の改善・社会復帰義務と責任・危険性との関係序説

最低限の水準を確保するものとしての役割を果たしうる。

2　特別予防モデル

　特別予防モデルによれば、自由刑は「犯罪者が再び犯罪を犯さないために」科される一種の予防的措置である。このモデルは、犯罪を専ら経験科学的に観察し、そしてそれを因果法則的に説明しようとする。したがって、そこでは、何ものにも決定されない自由意思は「純粋な幻想」として退けられ、犯罪は生物学的素質ないし心理学的傾向という個体的因子と自然的・社会的な環境的因子との必然的産物だとされる。このようなものとして犯罪を捉える以上、それに対して単に応報としての刑罰を科しただけでは、社会防衛は果たされないことになる。有効な社会防衛のためには、犯罪の原因を採り、それを除去する手段を講じる必要がある。そして、刑罰もまたこのような手段の一つとして犯罪的危険性（再犯可能性）[15]を有する者に対処するとされるわけである。ところで、こうした特別予防モデルにおいても、刑罰賦科の前提として責任（社会的責任・性格責任）が措定されることがある。しかし、犯罪行為、それ故それを選択した意思が素質と環境によって決定し尽されるとする以上、そこでの責任には、最早、刑法上の本来的意味での責任、すなわち、規範的視点からの否定的価値判断たる「倫理的非難」の意味を含みえないはずである。それは、専ら経験科学的視点からみた行為者の犯罪的危険性（再犯可能性）に関する事実判断を根拠として、そのような危険性を有する者が「強制的な予防的措置を受けるべき地位」を意味するにすぎない。この点、牧野博士は徹底し、「社会的責任という名称は、しかし責任という語を用いる点において誤解を免れないものであり、われわれは、むし

---

(15)　フュリは、まだ犯罪を犯していない者が新たに犯罪を犯す危険性を「社会的危険性」と称し、他方すでに犯罪を犯した者が再び犯罪を犯す危険性を「犯罪的危険性」と名付け、前者を警察処分、後者を司法処分の対象とした。（この点につき、木村亀二『刑事政策の基礎理論』〈1942年、岩波書店〉186・187頁参照）もっとも、特別予防モデルを徹底すれば、この区別は不必要であろう。現に少年法では保護処分の対象として「虞犯少年」を置く。しかし、予防的措置の不利益処分的性格、および危険性判断に関する経験科学の未発達の状況を考慮すれば、予防的措置を科するばあいには、「犯罪を犯したこと」を前提とすべきことになる。

ろ責任という観念及び用語は、刑法論上、之を捨てることが、事理の理解を平明ならしめる上において適当であろう、とおもう」[16]とされる。結局、特別予防モデルでは、行為者の犯罪的危険性（再犯可能性）が刑罰賦科を正当化する必要かつ十分条件となっていると言えよう。

ところで、特別予防モデルには、すでにリストが指摘したように、その目的達成の手段として、「改善・(社会復帰)」・「威嚇」・「排害」の三つの異なった方法がある[17]。したがって、自由刑における自由剝奪・制限の限界画定基準として特別予防理念を考察するためにはこれら三つの実現手段（下位目的）ごとに検討する必要があるので、先ず、それぞれの概念を明らかにしておこう。

最初に、改善・社会復帰であるが、この用語には多様な意味が含まれる。第一は、改善・社会復帰の目的についてである。改善・社会復帰が特別予防目的の手段である以上、目的として再犯防止が当然要求されるが、そのばあいであっても、指標とすべき人間像として、①道徳的に立派な人格者あるいは国家に有用な人間、②社会的責任感をもって自立した社会生活を送ることのできる人間、③単に自立した社会生活を送ることのできる人間の三つが区別される[18]。戦前のわが国では、国家倫理の強調の下にどちらかというと①に比重がおかれていた。その反動からか、あるいは価値観の多様化の影響からか、最近は倫理的色彩を取り去った③が強調されがちである。しかし、倫理には、国家的色彩の強い倫理以外に、人間が社会生活をしていく上で最小限要求される社会倫理がある。人と人とが関わり合う一般社会の縮図としての行刑の場において、こうした社会倫理を考慮に入れずに改善・社会復帰が本当に実現できるのか。このような疑問からは、おそらく、②が主張されることになろう。

(16) 牧野英一『刑法総論』（1948年、有斐閣）282頁。
(17) Vgl. Franz von Liszt, a. a. O., S. 163. および安平・前掲注(9)192・193頁、西村・前掲注(9)91頁。
(18) 改善・社会復帰の立場からはその指標とすべき人間像として、単に「犯罪を犯さない人間」を想定することは困難であろう。犯罪を犯しさえしなければ廃人と化してもよいというのでは、改善とは言えず、むしろ改悪である。その意味で、改善・社会復帰では、「犯罪を犯さずに自立した社会生活を送ることのできる人間」とすることが、最低限の要請であろう。

第4章　受刑者の改善・社会復帰義務と責任・危険性との関係序説

　第二に、改善・社会復帰は、その指標を達成する手段・方法の点で、つぎのものが区別される。①犯罪の原因を心の深層に潜むコンプレックスや葛藤に求め、それを解消することに改善・社会復帰処遇の重点を置く方法（「心の病い」モデル）。②犯罪を学習されたものとして捉え、誤まって学習された望ましくない行動傾向（犯罪傾向）を新たな条件付け学習によって望ましい方向へと変える方法（「学習」モデル）[19]。③犯罪者を合法的な機会の欠けている者とみなし、職業や社会生活に必要な知識を与える方法（「福祉・教育」モデル）。このうち③の方法については大方の賛同がえられるであろう。しかし、①は人格に直接働きかけ、ばあいによっては価値観の変容を要求するものだけに、これをすべての受刑者に実施することに対しては、かなりの抵抗が予想される。これに対し、②は、直接人格に働きかけず行動そのものを問題にする点で、①の方法におけるような危惧は生じない。その代り、②の方法において負の強化因子（苦痛・不利益）を付与することによる望ましくない行動傾向（犯罪傾向）の消去の側面だけが重視されるならば、次の威嚇による特別予防（特別威嚇）と一線を画することが困難となる。その意味で、②を改善・社会復帰の方法とするばあいには、むしろ正の強化因子（報酬・利益）を付与することによる望ましい行動（最低限犯罪を犯さずに社会生活を送れるようになること）の形成に主眼が置かれることになる。

　特別威嚇とは、苦痛・不利益の直接付与ないしは間接的な呈示によって犯罪者の恐怖心あるいは規範意識を刺激し、それを通して犯罪を抑制する方法である。自由刑においては拘禁（移住の自由の剥奪）自体が特別威嚇機能をもつ。しかし、後述するように、特別威嚇の追求は、それに止まらず、処遇における直接的・間接的な自由の制限へと発展する可能性を有する。最後に、排害とは、犯罪を犯す機会を物理的に剥奪することによって犯罪を抑制する方法である。このばあいにも、特別威嚇同様、拘禁による社会生活の場

---

(19)　「心の病い」モデル、「学習」モデルについては、佐藤晴夫＝森下忠編『犯罪者の処遇』（1976年、有斐閣）第10章参照。なお、この区別は、心理療法と行動療法の区別に関連するものと思われる。心理療法と行動療法のちがいについては、ハロルド・R・ビーチ／藤野武訳『人間行動の変容』（1974年、誠信書房）2頁以下、および祐宗省三＝春木豊＝小林重雄編著『行動療法入門』（1972年、川島書店）7頁以下で説明されている。

からの隔離が排害機能を果たす。否、むしろ、保安処分としてのみ構成されうる性的常習犯に対する去勢や攻撃的な常習暴力犯に対するロボトミーなどを除外すれば、自由刑における排害の方法としては拘禁による社会生活の場からの隔離が唯一のものであると言える。

では、これらの特別予防モデルにおける受刑者の自由の剝奪・制限の限界はどこにあるだろうか。

第一に、移住の自由が剝奪される期間（刑期）の問題である。特別予防モデルでは、基本的に、犯罪的危険性（再犯可能性）の除去に要する日数が刑期として設定される。だが実際には、危険性の除去に要する日数は、その具体的除去策である「改善・社会復帰」・「特別威嚇」・「排害」の有効性によって異なる。「改善・社会復帰」のばあい、危険性を確実に除去しうる有効な処遇技法の存在は現在のところ不明であり、それを行刑の場において追求すべく試行錯誤を繰り返さねばならない状況である。したがって、宣告刑の段階で刑期を設定すること（定期・不定期を問わず）は、困難となる。そこでは、むしろ、行刑当局に刑期設定権限を委ね、再犯可能性が除去された段階で釈放する制度を採用せざるを得ない。その意味で、結果的には、刑期は不定期となる。同様のことは、「特別威嚇」にも言える。特別威嚇の効果については、一般に刑期が長期である程効果があると考えられがちである。しかし、短期自由刑の威嚇効果が見直されている今日、その真偽のほどは確定困難であると言ってよい。また、処遇における苦痛・不利益の直接付与あるいは間接的呈示による特別威嚇効果も「罰」の効用が見直されているとはいえ、現在のところ立証は困難である[20]。やはり、ここでも、威嚇効果の立証は試行錯誤による処遇を待たなければならない。以上の二つに比べ、「排害」は専ら拘禁に依存するだけにその効果は現実的かつ明白であるが、それでもなお犯罪的危険性の除去に要する期間を宣告刑の段階で設定することはむづかしい。結局、「改善・社会復帰」・「威嚇」・「排害」のいずれのモデルをとろうと、特別予防モデルでは、宣告刑の段階で刑期を設定することは不可能

---

(20)　「罰」の効用につき、F. A. ローガン、A. R. ワグナー／富田達彦訳『報酬と罰──動機づけの学習心理学──』（1975年、清水弘文堂）参照。

に近く、その設定権限を行刑当局の手に委ねるという制度が採用されよう。そして、この制度の下では、移住の自由の剥奪期間（刑期）は有効な犯罪的危険性除去策の開発状況に応じて、伸縮されることになろう。ばあいによっては、応報モデルにおける刑期と比べ相対的に短かい刑期が結果することもありうるが、現在の危険性除去策の開発状況では、むしろ逆の結果が生じる可能性が大であると思われる。

　第二に、処遇における自由制限の範囲の問題である。まず改善・社会復帰モデルにおける自由制限の範囲であるが、ここでは、拘禁と改善・社会復帰追求とが対抗関係にあるという点に注意をしなければならない。「人を拘禁しておいて自由のための訓練はできない」という指摘は、拘禁否定論・社会内処遇移行論に通じる。にも拘らず、改善・社会復帰にとって施設拘禁が意味をもつとすれば、それは施設拘禁における集団処遇と集中的・継続的処遇の実施の可能性に求められよう。もっとも、このような理由から施設拘禁が存在意義を与えられるばあいであっても、拘禁確保の要請は大幅に後退する。そして、施設拘禁は最早罰としてではなく、改善・社会復帰の有効性を担保する処遇の場の確保として位置づけられることになる。外壁・鉄格子・錠などの物理的設備は緩和され、ばあいによっては施設逃走の処罰さえもが不問に付される可能性が生じる[21]。また、通信、接見、新聞・ラジオ等の閲読・聴取の自由を拘禁確保の必要性から制限することも否定されよう。このように、改善・社会復帰は自由制限を解除する側面を有するが、しかし反面、それは自由制限を正当化する根拠としても働く可能性がある。例えば、改善・社会復帰に有害なことを理由として外部交通の自由が制限され、あるいは、改善・社会復帰処遇の一方法としての厳格な規律遵守の要求という形で行動の自由が制限されうる。さらに、改善・社会復帰の有効性の追求は、受刑者に対する処遇強制を正当化することにもなる。このばあい、処遇の直接的強制すなわち受刑者の同意なしに無理矢理処遇を実施することは、効果の面から疑問視されるかもしれない。しかし、これ以外にも、処遇強制の形

---

(21)　開放処遇における逃走不処罰論につき、長谷川永「開放処遇について」小川太郎編『矯正論集』（1968年、矯正協会）563頁参照。

態として、①改善・社会復帰処遇の拒否者や成績不良者に対する特定の不利益・苦痛の直接的付与ないしは間接的呈示という形で行なわれる処遇の間接的強制、②改善・社会復帰処遇の参加者や成績良好者に対する特定の利益付与（たとえば、仮釈放の許可やその他の優遇措置）という形で行われる処遇の間接的強制を想定しうる。とくに既述の「学習」モデルとりわけ条件づけ学習にとっては、まさにこのような間接的強制は本質的なものと言える[22]。そして、これらの直接的・間接的な処遇強制は、結果的には、受刑者の行動の自由の直接的・間接的な制限を意味するということを銘記する必要がある。

特別威嚇モデルにおいては、既述のとおり、拘禁自体が特別威嚇機能をもつものの、特別威嚇効果の追求はそれを超えてさらに展開する可能性がある。衣・食・住にわたる生活条件の痛苦的構成、厳格な規律とその違反行為に対する厳しい懲罰、外部交通の自由の剥奪・制限という具合に、専ら特別威嚇の必要性を正当化事由として、受刑者の自由は制限されうる。もっとも、特別威嚇モデルも特別予防目的の手段である以上、当然、再犯防止効果の有無が内在的な制約として働く。このような意味で、結局、特別威嚇の必要性からの自由の制限が正当であるか否かは改善・社会復帰同様、再犯防止効果の有無に左右されるであろう。最後に、排害モデルでは拘禁による社会生活の場からの隔離が唯一の方法であるが、このばあいにも拘禁確保を理由とする自由制限の範囲を拡大することによって、排害効果を最大限にまで高めようとする試みがなされる可能性がある。その最大限のものとしては、閉鎖施設収容とそこからの逃走を防止するための厳格な規律維持、刑務官による恒常的監視体制、外部交通の自由の大幅な制限（ばあいによっては完全な剥奪）が想定できる。そして、排害の効果は現実的かつ明白なだけに、改善社会復帰や特別威嚇に比べ以上の自由の制限は容易に正当化されうるものである。

---

(22) わが国の行刑累進処遇令の基本的構想は、「学習」モデルそのものではないにしても、少なくとも原理的にはそれと類似したものと言えるだろう。また、アメリカ合衆国の代用貨幣制度はまさにオペラント条件づけ理論に基づくものだとされている。代用貨幣制度につき、佐藤＝森下編・前掲注(19)112頁以下、および吉田敏雄「犯罪者治療の諸理論」小川太郎博士古希祝賀『刑事政策の現代的課題』（1977年、有斐閣）412・413頁参照。

III 改善・社会復帰処遇と責任との連結

　以上において、自由刑として剥奪・制限しうる自由の範囲が、自由意思論→個別行為責任→応報刑という図式で捉えられる応報モデルと決定論→犯罪的危険性→特別予防刑という図式で捉えられる特別予防モデルとで異なることが示された。しかし、すでに述べたとおり、こうした誇張化された極端な対立構造は現在のわが国の学説の採るところではない。わが国では、いわゆる相対的応報刑の名の下に、自由刑の目的すなわち拘禁を正当化し処遇を方向付ける目的として、特別予防とりわけ改善・社会復帰を認める方向で学説形成がなされてきたように思われる。その際、「責任なければ刑罰なし」という責任主義、すなわち規範的視点からの否定的価値判断である「非難」という意味での責任を少なくとも刑罪賦科を正当化するための必要条件とすることが大前提であった。問題はこの責任主義の原則と特別予防目的とりわけ改善・社会復帰とをどのように調和させるかである。ここでは、主として団藤博士と平野教授の見解を検討しながら、二人の見解がどのようにして両者を調和させているかを探りたい。

　ところで、現在、監獄法改正において、IIの2で述べた「改善・社会復帰処遇の強制」の是非が一つの問題点とされている。そして、そこでは、改善・社会復帰が自由刑の刑罰内容を増大させるものとして、それを行刑目的から払拭する見解[23]、あるいはこうした批判を受けて、改善・社会復帰を行刑目的としながらも、処遇強制の契機を一切除去すべく「人間関係を媒介とする助言・説得──同意・納得の関係」で改善・社会復帰処遇を推進すべしとする見解[24]が提出されている。したがってここでは、前記の検討課題と関連して、団藤説・平野説において、第一に、こうした改善・社会復帰処遇の強制に関する問題がどのように考えられているのか、第二に、そこにおいて処遇強制を認めることは「改善・社会復帰処遇に強制的に服する法的な義

---

(23)　吉岡一男「監獄法の改正と処遇理念」法学論叢95巻5号（1974年）、および「犯罪の研究と刑罰制度」法学論叢93巻6号（1973年）参照。
(24)　石原明「受刑者の法的地位考察の方法論──将来の行刑のために──」刑法雑誌21巻1号（1976年）参照。

務」を受刑者に科すことになると思われるが、そのばあいこの法的義務の根拠を何に求めるのかという点についても探ってみたい。

1 団藤説の検討

団藤博士は、責任を規範的(道義的)視点からの否定的価値判断である非難として捉えつつ、その責任非難の対象を個別行為にとどめず、その背後にある行為者人格にまで拡張される。この人格責任論のねらいは広範囲に及ぶものであるが[25]、ここでの関心事である刑罰論との関係について、博士は次のように述べられる。すなわち、「人格責任論は、過去における人格形成および行為の責任を論じるものであると同時に、本来の責任をこえて──いわばその延長線上に──犯罪後の人格形成、そうしてさらには将来にわたる人格形成をも考えることによって、犯罪論と刑罰論とを結びつけ、進んでは展望的な刑罰理論を考えようとするものである」とされ、具体的には、「犯罪についての非難可能性の大きさ(人格形成責任をも考慮して)が科されるべき刑の最大限を画するのであるが、その範囲内で、動的に考えることを要する。刑罰は過去に対する関係では非難の意味をもたねばならず、そこから罪刑の均衡ということがみちびかれるのであるが、受刑者はこれによる反省を通して、社会に適応するように改善されなければならない。その意味で、刑罰は、将来に対する関係では受刑者の改善を目的とする。」[26]とされる。ここから窺えるように、刑罰論との関係における人格責任論のねらいは、犯罪行為を犯すような反規範的な人格態度を「主体的に」形成したことを根拠に非難し、そして、この非難に相応した刑罰をかような反規範的人格態度にまで及ぼすことによって、行刑に改善・社会復帰目的を導入しようとする点にあると思われる。この点では、前述の特別予防モデルが行為者の犯罪的危険性を基礎として行刑における改善・社会復帰処遇の導入をはかったのとは対照的である。博士の見解は、改善・社会復帰処遇の理論的基礎を責任に求め

---

(25) 人格責任論の適用領域については、団藤重光「人格責任の理論」法哲学四季報2号『刑事責任の本質』(1949年)130頁以下にその概略が述べられている。
(26) 団藤重光「あたらしい社会防衛論と人格責任論」木村博士還暦祝賀『刑事法学の基本問題(上)』(1958年、有斐閣)645・646頁。

第4章　受刑者の改善・社会復帰義務と責任・危険性との関係序説

るべく、いわば（人格）責任の中に特別予防目的とりわけ改善・社会復帰目的を包摂するものであると言えるだろう[27]。

では、博士は、改善・社会復帰の処遇強制とそれに服する義務について、どのように考えられているだろうか。この点に関する明確な記述はないが、先程の引用文で「社会に適応するように改善されなければならない。（傍点筆者）」としている点、あるいは他の箇所で「──しかも矯正施設において社会復帰に役立つような処遇をうける権利と義務を有する（傍点筆者）」[28]と述べておられることから推測すれば、これを認めておられるようである。そして、このばあい、「改善・社会復帰処遇に強制的に服する法的義務」は、当然、責任に由来することになると思われる。しかしながら、他方で、博士は、「受刑中における人格形成についても、主体的な面をみとめなければならないのは、もちろんである。処遇の上で、なるべく本人の自発的改善の努力を助長するようにしなければならないのは、いうまでもない（傍点筆者）」[29]とされる。もっとも、改善・社会復帰処遇において受刑者の主体性を認めることは単に処遇効果を上げるための一方策とも考えられる。だが、博士は、主体性尊重をさらに一歩進めて、「社会復帰に役立つような処遇を受ける権利（傍点筆者）」にまで高められる。

ところで、団藤博士のこうした目論見が果して成功しているかは疑問である。博士の人格責任論の背景には、人格は素質・環境によって決定されつつその範囲内で主体的にみずからをコントロールしうるという相対的自由意思論がある。そして、そこで言われるところの「主体的なコントロール」すなわち自由意思とは、「無原因・自発的意思」を指しているもののようである[30]。だとすると、Ⅱの1で述べたように、このような「無原因の意思」に非難そして刑罰を加えたところで何の効果も得られないことになり、したがって改善・社会復帰処遇はそもそもの事実的出発点を失う。そこでは、改

---

(27) もっとも、博士は先の引用文において、「本来の責任をこえて──いわばその延長線上に──」と述べられているように、行刑における人格責任の追求は本来の責任を基礎とはするが、本来の責任そのものではないと考えておられるようでもある。
(28) 団藤『刑法綱要総論［改訂版］』（1979年、創文社）531頁。
(29) 団藤・前掲注(26)646頁。

善・社会復帰処遇といっても、国からの働きかけによらない、専ら受刑者の主体的な努力による改善・社会復帰しか考えられない。ただし、この点の疑問は、博士のいわれる自由意思が「無原因の意思」だと仮定したばあいの、いわば条件付きのものであって、断定的なことは言えない[31]。しかし、もう一つの疑問が生じる。それは、「決定された面は、すなわち因果的な法則性のみとめられる面であるから、その法則性の認識を刑事政策的なコントロールに役立てるべきである。──中略──決定される面があればこそ、刑そのものも決定因子の重要なひとつとして、人格形成的に作用し、矯正的な働きをもつことができる」[32]としている点に関連する。博士の人格責任は、み・ず・か・ら・を・コ・ン・ト・ロ・ー・ル・し・え・た人格形成行為に向けられていたはずであり、したがって、刑罰の対象もまた、み・ず・か・ら・を・コ・ン・ト・ロ・ー・ル・し・え・た人格形成行為にとどまり、人格全体に及ぶべきではないと思われる。そうだとすれば、引用文のごとく、決定された面に対する人格への矯正的働きかけは、最早、責任

---

(30) 団藤博士が木村亀二博士の自由意思に関する叙述を評して、「博士は、『自由意思の概念は刑法の基本原理として必要ではない』ことを主張されるが、そこに自由意思として考えられているのは『無原因・自発的意思』のことであり、『意思は歴史的因果律の下に立ち個性を有し、心理的・生物学的等自然的原因によって決定せられるが、常に且つ全面的に自然法則の下に立つものでなく、ある程度において法則からの自由を有し、自然的原因を支配し決定しうるものである』と説かれる。かような博士の立場は、近代派を出発点としながらも、いまや、わたくしの人格責任論の立場にきわめて近い距離にあるものと理解してよいであろう」としている点から推測すると、博士の言われる「自由意思」とは「無原因・自発的意思」を意味しているように考えられる。団藤「刑法における自由意思の問題」尾高朝雄教授追悼論文集『自由の法理』(1963年、有斐閣) 227頁参照。なお団藤博士の自由意思をこのように理解されているものとして、たとえば、平野龍一『刑法の基礎』(1966年、東京大学出版会) 4・5頁、および大谷實『刑事責任の基礎』(1968年、成文堂) 23頁以下参照。

(31) 博士が、後述する平野教授のいわゆる「やわらかな決定論」と自己の相対的自由意思論との異同につき「これは、人間行動の法則性をみとめるとともに、細部にいたるまでの決定を否認する点で、いわゆる『ソフトな決定論』と共通であるが、人格の主体性をみとめる点でこれと異る」としていることからすると、博士のいわれる自由意思は「無原因の意思」を意味するのではなく、意思決定の「主体的」な側面、すなわち平野教授のたとえでいうと、「Aという事象がBという事象を決定し、Bという事象がCという事象を決定する」という言葉の後者の側面を指しているようにも思われる。団藤・前掲注(28)33頁注(二)参照。

(32) 団藤・前掲注(30)225・226頁。

を基礎としたものでなく、むしろ犯罪者の犯罪的危険性を基礎としたものとなろう。しかしながら、博士はこのように考えておられず、決定された面に対する矯正的働きかけの基礎も依然として責任に求められているようである。ここで仮に、教授の言われるように、みずからを主体的にコントロールしえた有責な人格形成行為を契機として人格全体に責任非難が及びうるとしても、しかし、なお根本的な疑問が残らざるを得ない。たびたび指摘されるように、果して有責な人格形成行為とそうでない行為とを立証することが可能かという疑問である(33)。もしこの立証が不可能だとすれば、団藤博士の人格責任論は、当初の意図に反して、犯罪を犯すような反規範的な人格であるという理由だけで、換言すれば犯罪的危険性があるというだけで人格の矯正が正当化されるとする見解と変わらないものになろう。またそこでは、博士が強調される刑の最大限を画するという責任の刑罰抑制機能、それ故、改善・社会復帰処遇に対する抑制機能さえも働きえなくなるであろう。

改善・社会復帰処遇は犯罪者の人格に対する働きかけを必要とし、究極的にはその変容を要求するものと思われる。このような処遇を基礎付けるものとして、人格責任の理論は極めて魅力的である。さらにまた、博士が改善・社会復帰処遇における受刑者の主体性を単に処遇効果の面から認めるばかりでなく、さらに進んで、それを「人間の主体的な尊厳性」の確保の視点から「社会復帰に役立つような処遇を受ける権利」にまで高められた点は、重要であると言わなければならない(34)。しかし、以上に述べた疑問が解消し切れないとすると、結局、人格責任を基礎として行刑に改善・社会復帰処遇を導入することは困難であると思われる。

2 平野説の検討

平野教授は、いわゆる「やわらかな決定論」を基礎とした性格論的責任論

---

(33) この点につき平野・前掲注(30)36頁、滝川春夫＝宮内裕＝平場安治共著『刑法理論学総論』(1950年、有斐閣) 161頁、植松正『刑法概論Ⅰ総論』(1966年、勁草書房) 166頁以下、青柳文雄『刑法通論Ⅰ総論』(1965年、泉文堂) 40頁、佐伯千仭『刑法講義総論〔三訂版〕』(1977年、有斐閣) 231頁、西原春夫『刑法総論』(1977年、成文堂) 398・399頁、藤木英雄『刑法総論講義』(1975年、弘文堂) 83・84頁参照。
(34) 団藤「受刑者の権利保護」刑政48巻12号 (1973年) 参照。

ないしは実質的行為責任論を採ることによって、非難という意味での責任と一般予防・特別予防との連結をはかられる。

教授のいわれるやわらかな決定論は、一方において精神ないし心理が物質ないし生理によって一方的に決定されることを否定し[35]、他方において、精神と心理が法則性を超越した無原因のものであることを否認する[36]。しかし、やわらかな決定論においてもなお、「自由」を想定することが可能であるとする。教授によれば、精神ないし心理が一定の法則性の下にあるという意味では決定されているが、人間が自由であるか否かは、決定されているか否かによるのではなく、何によって決定されているかの問題である。すなわち、犯罪が人格の生理的な層ではなく意味の層あるいは規範心理の層によって決定されていたばあい、それ故、刑法上の責任非難そしてそれを現実化した苦痛としての刑罰によって犯罪抑止へと動機づけられる可能性があるばあいに、自由であるとされる[37]。そして、こうした自由を根拠として、教授は性格論的責任論ないしは実質的行為責任論を展開する。そこでは、責任非難を「より強い合法的な規範意識をもつ『べき』であった」という判断の告知、そして「このような行為をするな」という命令として捉え[38]、「犯罪を行なおうとする強い動機をもっているときは、それだけ重い刑罰が必要であろうし、犯罪的な動機をもつ可能性のある性格であるならば、それだけ重い刑罰が妥当だ」[39]とされる。換言すれば、行為が規範心理的人格の層に相当であれば、その行為について重い責任を問いうるとされるわけである。

平野教授の以上の見解に対しては、それが本来の責任非難つまり過去の行為に対するいわば回顧的な責任非難であるのか、という疑問が提起されている[40]。すなわち、本来の責任であれば、団藤博士のように人格を有責に形成しえたか否かという他行為可能性ないしは他者存在形成の可能性の有無が問われなければならない。また、刑罰も過去の行為に対する回顧的な責任非難

---

(35) 平野・前掲注(30)17頁参照。
(36) 平野・前掲注(30)3頁〜7頁参照。
(37) 平野・前掲注(30)19頁・40頁参照。
(38) 平野・前掲注(30)24頁・44頁参照。
(39) 平野・前掲注(30)40頁。

第4章　受刑者の改善・社会復帰義務と責任・危険性との関係序説

の大小に相応したものでなければならない。したがって、単に行為が人格の規範心理の層に相当だという理由だけで、それ故また責任非難を現実化した刑罰によって犯罪抑止の可能性があるという理由だけで現在の人格に対して責任を問い、犯罪抑止の可能性が刑罰の種類と量を決めるとすれば、結局、社会的責任論に基づいた特別予防モデルと異なるところがなくなる。こうした批判に対して、教授は、「わたしは人格のうちのいわば規範心理的な部分（福田教授の語に従えば意味の層）に相当である場合に、その行為責任は重いとしたのであって、人格の生理的な部分に相当であればただちに責任が多いとしたわけではない」（傍点筆者）[41]とし、自己の見解があくまでも行為責任であることを強調される一方、「犯罪防止の効果があれば、どのような刑罰でも正当化されるのではなく、犯罪の軽重に応じた刑罰だけが正当化されるであろう」[42]として、予防目的追求にも歯止めを設定される。しかし、そこで言われる「犯罪の軽重に応じた刑罰」ということが、犯罪の軽重したがって違法性の大小によって刑罰の種類と量が決定されるという趣旨か、あるいは犯罪の軽重も責任評価に還元されいわば責任非難の大小を表示するものとして刑罰の種類と量を決定するという趣旨であるかは不明である。後者は、いわゆる来来の回顧的な形式的行為責任が意味するところであろう。そして、もし教授が「犯罪の軽重に応じた刑罰」ということで後者を指しているのだとすると、それと展望的な実質的行為責任との関係が改めて問われねばならないと思われる。

　ところで以上の疑問は、本稿の課題である改善・社会復帰処遇の理論的根拠が責任にあるのか、危険性に求められるのかという問題にとって重要では

---

(40)　中山研一『現代刑法学の課題』（1970年、日本評論社）220・221頁、福田平「現代責任理論の問題点」ジュリスト313号（1965年）62頁、西原・前掲注(33)400頁参照。この他に、平野教授の見解に対して疑問を呈示するものとして、中義勝「刑事責任と自由意思論」刑法雑誌14巻3・4号（1966年）、真鍋毅「戦後刑事責任論の軌跡――道義的責任論の立場から――」および澤登俊雄「戦後刑事責任論の軌跡――「社会的責任論」をめぐって――」刑法雑誌24巻1号（1980年）がある。
(41)　平野・前掲注(30)79頁。
(42)　平野龍一『刑法 総論Ⅰ』（1972年、有斐閣）20に頁。なお、同・前掲注(30)78・79頁参照。

あるが、しかし、仮に平野教授の性格論的責任論ないし実質的行為責任論が本来の責任であることを認めた上でも、なお、もう一つの疑問が残る。教授はやわらかな決定論を基礎として責任非難を展望的に捉え、それと予防目的とを連結されたが、そこで言われる犯罪予防には一般抑止・特別抑止（特別威嚇）の方法によるものばかりでなく、改善・社会復帰処遇によるものも含まれている。この点は、教授が、「抑止刑と社会復帰論との間には原理的な対立はない。両者ともに犯罪の防止を目的とするものであり、ただ一般人の犯罪抑止の効果と犯罪者自身の再犯を防止する効果とが矛盾するときに、これを『どう調整するか』というだけの問題だからである。受刑者の改善更生の原則は、このような、修正的なあるいは補完的な原理として存在する」(43)と述べておられることから明らかであろう。さらに、教授は改善・社会復帰処遇の強制をある程度是認されておられるようであるが(44)、そのばあい処遇強制に服する法的義務の根拠も結局責任に求められるのではないかと思われる。確かに、一般・特別威嚇と改善・社会復帰処遇はともに犯罪防止を目的とする。その意味では原理的な対立はない。しかし、教授のいわれる予防とは、「このような行為をするな」という責任非難（決して「このような人格になってはならない」という責任非難ではない）、そしてそれを現実化した刑罰的害悪による犯罪防止への動機付けという方法であったはずである。換言すれば、いわば行為責任刑と矛盾しない犯罪予防の方法である(45)。したがって、ここでは、改善・社会復帰処遇がこのような行為責任刑と矛盾しない方法であるかが問われる必要がある。すでにⅡの２で述べた改善・社会復帰処遇の方法のうち、「学習」モデル・「福祉・教育」モデルでは行動レベルでの再学習ないし援助が重視されるので、このばあいは一応、行為責任刑と矛盾しない犯罪予防の方法であると言えるかも知れない。しかし、「心の病

---

(43) 平野・前掲注(42)25頁。
(44) 平野龍一『矯正保護法』（1963年、有斐閣）81頁参照。
(45) 一般抑止・特別抑止（特別威嚇）は、苦痛・不利益の直接付与あるいは間接的呈示によって一般人・犯罪者の恐怖心ないしとくに規範意識を刺激し、それを通して犯罪行動の抑制をはかるというもので、いってみれば行動レベルの変容だけで人格への直接的な働きかけを要しない。したがって、この意味では、行為責任刑の枠内における犯罪予防の方法であるともいえよう。

い」モデルのばあいは、人格に直接働きかけ、ときとして価値観の変容それ故人格変容を迫るものだけに、行為責任刑の名において行なわれる犯罪予防の方法とは言いがたい。かくして、もし平野教授が改善・社会復帰処遇ということで前者の方法のみを想定しておられるならば、抑止刑と社会復帰論とは原理的に対立せず、ともに性格論的責任論ないしは実質的行為責任論を基礎とした犯罪予防策であると考えることもできよう。しかしながら、教授は、いわゆる「心の病い」モデルをも念頭に置いているようである(46)。とすれば、教授のいわれる改善・社会復帰処遇が性格論的責任論ないしは実質的行為責任を基礎とした犯罪予防策といいうるか否か疑問となる。さらに、翻って考えてみれば、既述のいかなるモデルであってもおよそ改善・社会復帰処遇において、教授のいわれるような行為の改善だけを目指した処遇が可能であるか、疑わしい。道徳的に立派な人格者あるいは国家に有用な人間の養成とまではいかずとも、少なくとも社会的責任感をもって自立した社会生活を送ることのできる人間を指標として、改善・社会復帰処遇は展開されるべきであろう。その意味では人格の改善がはかられる必要がある。そして、行為の改善も、背後においてこのような人格の改善が伴なわなければ、効を奏しえないと思われる。

　このように考えてみると、改善・社会復帰処遇の基礎を性格論的責任論・実質的行為責任論に求めることも、結局、無理のようである。だからこそ、教授は、不定期刑採用の是非と関連して、「もっとも刑罰に保安刑的な要素をいっさい否定すべきではないだろう。しかしそれは自由刑の実際がもっと改善的になったばあいのことである。一方で責任主義を強調し、他方で不定期刑を認めるのは妥当でないと思われる。(傍点筆者)(47)」と述べられたのではあるまいか。この言葉は、改善・社会復帰処遇が保安刑的なものであって、したがってそれと責任とを連結させることが困難であることの表明のようにも読みとれるのである。

---

(46)　この点につき、平野・前掲注(42)26頁参照。
(47)　平野・前掲注(30)38頁の注(4)。

IV 結 び

　私はかつて、わが国の行刑においては改善・社会復帰処遇を認めるべきであると主張した[48]。そして、その際、一方で、受刑者の主体性・人間の尊厳を尊重するという相当性の視点、および処遇効果を高めるという合理性の視点から、石原教授にならって、処遇を「助言・説得――同意・納得」という基本原理の下に推進していくべきだとした。しかし、他方で、少なくとも、改善・社会復帰処遇の参加者や成績良好者に対する特定の利益付与という形で行われる処遇の間接的強制を認めるべきことを強調した。その理由は、「それを否定した場合には、受刑者は改善・社会復帰へ向けての努力目標を喪失し、また国の側においても、受刑者に改善・社会復帰を促すための有力な便法を失うことになるかも知れない」[49]という点にある。要するに、そこでは、行刑における改善・社会復帰処遇の導入を認めるとともに、そのための処遇強制に服するという法的義務が受刑者に存在することを是認したのであった。

　本稿では、行刑における改善・社会復帰処遇とその強制に服するという受刑者の法的義務とが何に由来するのかを、団藤説・平野説を通して探ることが中心課題であった。団藤説・平野説の共通点は、非難としての責任を刑罰賦科の正当化のための必要条件とするだけでなく、その十分条件としても認め、責任と改善・社会復帰処遇とを連結させようとする点にあると考えられる。しかし、結論を先に言えば、その試みは必ずしも成功しているとは思われない。両説に対しては、刑法上の責任を過去の犯罪行為に対するいわば回顧的な非難という意味での責任（形式的行為責任）にとどめ、それを刑罰賦科の正当化のための必要条件としつつ、別個に十分条件として犯罪者の犯罪的危険性を設定し、後者を根拠に改善・社会復帰処遇とその強制に服する義務を基礎付ける見解も考えうる。しかしながら、この見解にも疑問の余地がある。「犯罪を繰り返すことなく、社会的責任感をもって自立した社会生活

---

(48)　本書第1部第3章
(49)　本書66頁。

を送ることのできる人間」を指標とした改善・社会復帰処遇は、人と人との関わり合いの中でしか生きえないいわば社会的・文化的存在としての人間（受刑者）が社会の人びとに対して有する社会生活上の責任を根底に置いたところで展開されるべきであろう。そして、こうした社会生活上最低限要求される人間としての責任が刑法上の責任と全く無縁のものであるとは考えにくい。改善・社会復帰処遇とその強制に服する法的義務の基礎を危険性に求めるとしても、これら二つの責任の関係をどのようにとらえるかが問われなければならないように思われる。この点について、私はまだ確固たる解答を得られずにいる。この問に対する解答は、団藤説・平野説以外の諸見解の検討とともに、将来の課題としたい。疑問の呈示のまま本稿を閉じることが論文としての適格性に欠けるものであることを承知で、敢えて疑問のまま本稿を一応終りたい。

第 5 章

犯罪者対応策に関する法的規制の在り方

Ⅰ　はじめに
Ⅱ　法治国家原理と犯罪者対応策
Ⅲ　社会国家原理と犯罪者対応策
Ⅳ　わが国における二つの法的規制原理の相克と調整
Ⅴ　おわりに

Ⅰ　はじめに

1　本論文の検討課題を呈示するのに先立って、混乱を回避するために、本論文で使用する「犯罪者対応策」という用語の意味を簡単に説明しておきたい。

犯罪者に対し国は伝統的に刑罰という手段で対応してきたが、近代の責任主義刑法の下で責任能力者は厳密な意味での犯罪者の範疇から外され、刑罰を免れることになった。しかし、これらの者に対しても、再犯防止の見地から国は何らかの対応策を講じることが求められてきた。保安処分の導入がそれである。わが国においても、責任無能力者とされる14歳未満の少年（触法少年）に対し、少年法による「保護処分」が可能である。同様に、心神喪失者に対しては所謂精神保険福祉法による「措置入院」が用意されており、さらに現在国会で審議中の所謂「心神喪失者医療観察法案」では新たに強制的な「入院決定」や「通院決定」の導入が図られている。他方で、責任主義刑法において刑罰を科すことが可能だとされる責任能力者に対しても、再犯防止とりわけ犯罪者の改善・社会復帰という方法による再犯防止の必要から、刑罰に取って代る数多くの非刑罰的対応策が法律によって制度化されてき

第5章 犯罪者対応策に関する法的規制の在り方

た。刑の執行猶予や仮出獄に付随する保護観察、満期出獄者等本人の申出の下に行われる更生緊急保護（犯罪者予防更生法第48条の2以下）、売春防止法が規定する補導処分（売春防止法第17条以下）などである。これらもまた、広い意味での保安処分として理解される。本論文では、刑罰や保安処分を含む所謂刑事処分を犯罪者に対してどのように用いるべきか、つまり「犯罪者に対する刑事処分の在り方を工夫すること」を意味するものとして「犯罪者対応策」という語を用いる[1]。

ところで、この犯罪者対応策と刑事政策との関係についても、若干のことを説明しておく必要があろう。先ず、われわれの理解によれば、刑事政策（広義）とは、「国家的見地から犯罪対策の在り方を工夫すること」を意味する刑事政策（狭義）と、「犯罪対処活動の在り方を工夫すること」を意味する犯罪対策と、「犯罪に対処すべく現象する各種『一連の行動』」を意味する犯罪対処活動、という三つが重層的構造を成す活動体系である[2]。そして、これらの活動の対象は究極的には「犯罪」に向けられるのであるが、この「犯罪」がまた加害行為者の行為・被害者の被害・社会の人びとのリアクション・公権力からのリアクションという構成要素が複合的な構造を形成する現象として理解される必要がある。こうした複合的な犯罪現象の構成要素のうちとりわけ加害行為者に焦点を当てた犯罪対策・刑事政策（狭義）の中心的部分として「犯罪者対応策」がある、と位置付けることができよう。

（1） 本論文では「処遇」という語も用いるが、それは、犯罪者「対応」策という場合の、各種刑事処分を念頭に置いた「対応」という用語とは異なる意味をもつ。「処遇」という用語は、狭義では「改善・社会復帰を目的とする犯罪者の取り扱い」を意味し、この語の英語訳として用いられるtreatmentやドイツ語訳として用いられるBehandlungという語に医療上の用法法があることから窺えるように、本来治療という意味と近似した意味合いを持つ。この点で「処遇」の観念は、「害悪」の賦与を本質的内容とする「刑罰」の観念とは相容れないか、少なくとも親和性が乏しい。したがって、刑罰も含む広義の「処分」とほぼ同義で「処遇」という語を使用することは原義から余りに隔たることになり、好ましくない。

近年医療活動の場で「治療（cure）」と並んで、とくに治療の見込みのない患者に対する終末医療の場面で「看護（care）」の重要性が指摘されているように、犯罪者処遇の場でも「改善・社会復帰を目的とする処遇」とは別に、「犯罪者のさらなる悪化の防止を目的とする処遇」を強調する必要性がある。そこで、本論文で「処遇」という語を用いる場合には、それ本来の意味合いを保持しつつ、目的を明示して使うことにする。

I　はじめに

2　こうした意味での犯罪者対応策に関する法的規制の在り方を、本論文では参考対象とするものであるが、その歴史はごく大まかに概観すると、二つのエポック・メイキングな事柄が注目される。一つは、法治国家原理の登場であり、他の一つは、犯罪実証学派が提言した犯罪者の改善・社会復帰理念の追求を国家論のレベルで基礎付ける社会国家原理の出現である。

18世紀後半から19世紀にかけて登場した法治国家原理は、犯罪者の自由を保障すべく、国家刑罰権に対して法による厳しい制限的・抑制的な規制を課すものであった。法治国家原理のこの役割は、現在もなお、多くの論者により刑事政策の基本原理として掲げられるほどに、その重要性が指摘されるところである[3]。しかし、それは犯罪者の自由保障機能を重視するが故に、国の犯罪者対応策を回顧的・消極的なものに押し止め、犯罪増加に適切な対処ができないとの批判が向けられるようになる。

これに対し、犯罪原因の実証科学的研究の成果を基に合理的な犯罪防止策の追求を企図した犯罪実証学派は、国の犯罪者対応策を「再犯防止」という積極的・展望的な方向へと転換させた。犯罪実証学派が提案した再犯防止策（特別予防策）のうち、「無害化」や「威嚇」を目的とするものは国家的・社会的利益の露骨な追求の故に多くの論者から疎んじられたが、これと対照的に、国家的・社会的利益と犯罪者個人の利益との調和を意図する犯罪者の改

（2）　このように一見煩瑣に思われる刑事政策の概念を設定することの意図について、ここで詳述するゆとりはないが、刑事政策（広義）をこのように刑事政策（狭義）・犯罪対策・犯罪対処活動という三つの重層的構造において把握することによって、「刑事政策」の名においてどのレベルでの事柄が問題にされているのかを明確に意識するとともに、学問的認識・評価と実践的な政治的主張との混同を回避することの重要性を、取り敢えず指摘しておこう。なお、刑事政策の概念および刑事政策学の任務というテーマは須々木主一教授のライフワークの一つであり、一連の著作があるが、ここでは以下のものを挙げておく。「刑事政策学の課題――刑事政策の対象化・客観化の主張として――」早稲田法学47第2号（1971年）、「刑事政策の主体と客体――監獄法改正に関連して――」小川太郎博士古稀祝賀『刑事政策の現代的課題』（1977年、有斐閣）、『刑事政策論の解説（第一分冊）』（1983年、成文堂）、「刑事政策の世界性について――その限界に関する試論的素描(1)、(2)」比較法学22巻2号（1989年）、23巻1号（1990年）。

（3）　Vgl. Hans-Heinlich Jescheck, Lehlbuch des Strafrechts, Allg. Teil, 3. Aufl., 1978, S. 19ff.; Heinz Zipf, Kriminalpolitik, 1980, S. 29ff. および森下忠『刑事政策大綱I』（1985年、成文堂）12、13頁参照。

第5章　犯罪者対応策に関する法的規制の在り方

善・社会復帰理念による特別予防論は、多くの者に好意的に迎えられた。それは一方で刑罰による実現を目指すとともに、他方で刑罰に取って代る新たな処分形式での実現も模索していった。そしてこの改善・社会復帰理念の構想は、やがて登場する社会国家原理によって新たに国家論のレベルから一段と強固な基礎付けを与えられ、その提案の法制度化が加速度的に促進されていった。以上の経緯をふまえたうえで、ⅡとⅢでは、犯罪者対応策に関する二つの法的規制原理の理念的・理論的内容および両者の違いを分析・検討する。

ところで、社会国家原理によって一段と強固な理論的基礎付けを得た改善・社会復帰理念の構想が提唱した改革案の幾つかは、わが国においても実現を見たが、しかし、その実現は理想からは程遠く、部分的で不完全なものであった。その主要な原因は、対立する他方の法的規制原理である法治国家原理、とりわけその構成原理として位置付けられる「責任──応報」原理からの根強い抵抗であった。Ⅳでは、二つの法的規制原理の実践における相克と調整の結果がどのようなものであったかを、主として第二次世界大戦後のわが国に場面を限定して考察する。

Ⅱ　法治国家原理と犯罪者対応策

1　法治国家成立以前の中世の国家は、一般に「法治国家」に対して「警察国家」と称される。そこでは、内政にわたる君主の包括的な権力は警察権と呼ばれ、国民に対するその権力行使については法的制約がなされず、したがって、国民は君主による不当な権力行使に対して法的な救済手段が認められていなかったとされる。また中世の国家の刑罰権行使の特徴として、干渉性、恣意性、身分制、苛酷性の4点が指摘される[4]。すなわち、第一に、国民の私生活の細部にまで国家刑罰権の介入が行われた点で干渉的であり、第二に、裁判官による犯罪の恣意的な解釈と刑罰適用がなされた点で恣意的であり、第三に、刑罰適用において身分による差別が行われた点で身分差別的

──────────
（4）　平野龍一『刑法 総論Ⅰ』(1972年、有斐閣) 5頁参照。

であり、最後に、死刑や身体刑という害悪性の大きい刑罰が多用・乱用された点で苛酷であった。

こうした中世の警察国家の権力行使の在り方に対して鋭い批判の眼を向け、それを克服する理論として唱道されたのが法治国家論である。

法治国家つまり法治主義に則って運営される国家では、国家と個人とは対立・対抗関係の枠組みのなかにおいて捉えられ、個人の自由や権利を制限する国家権力の行使は法によって制限的・抑制的に規制されねばならないとする自由主義的原理が支配する。しかも、①国家権力の行使を規制する法は、立法権の担い手である議会によって制定された法、すなわち所謂形式的意義における「法律」でなければならず、②司法権の行使はこの法律に基づいて独立した裁判所が行うとともに、③行政権の行使もこの法律に基づいて行われなければならない、とする三権分立主義が法治国家の制度的基礎とされる。

また、重要なことは、法治国家においては、国家の権力行使を制限的・抑制的に規制する法が形式的意義における法律であること（法治国家原理の形式的側面）のみならず、その法律が内容的・実質的に「適正」なものであることが要求されるという点である（法治国家原理の実質的側面）。そこでは、さらに、適正か否かについての判断基準が問われなければならないことになるが、この点については、2の罪刑法定主義の検討の際に改めて問題にしよう。

ところで、本論文で考察する犯罪者対応策の場面においては、法治国家原理は一段と強く、厳しい形で要請される。その理由は国家刑罰権の次のような構造に由来する。

犯罪被害者はもとより社会の多数の人びとは、多くの場合、犯罪者に対して激しい攻撃的憎悪を向ける。これに対し、国家は、被害者を含む社会の人びとに対し、犯罪者に対する攻撃的憎悪が加害行動化することを禁止するとともに、他方で、犯罪者に対しては、「国家刑罰権」という他の国家の権力作用に比べ圧倒的に強大な強制的権力をもって対応する。往々にして、この国家刑罰権は社会秩序維持の必要性から、少数者である犯罪者に敵対的に対峙する社会の多数者の声を背景に、その強大さを増幅し一層巨大化していく

第5章　犯罪者対応策に関する法的規制の在り方

危険性を孕む。犯罪者はこうした増幅の危険性を秘めた強大な国家刑罰権の前に、人びとからの同情を与えられることなく立たされることになる。

　国家と犯罪者との間のこの極めてアンバランスな力関係のなかに、法治国家原理が格別に厳しく要請される所以があり、この特別な要請が罪刑法定主義という形で表現されたと考えられる。つまり、言い方を換えれば、罪刑法定主義は法治国家原理の刑事法的表現、あるいは刑事法的に表現された法治国家原理であると見ることができるのである。

　2　罪刑法定主義の内容を構成する原理としては、「罪刑の法定」に止まらず、「罪刑の明確性」、「類推解釈の禁止」、「遡及処罰の禁止」、「刑罰規定の適正」の諸原理が挙げられる[5]。このうち本論文の検討課題との関係で重要なのは、「刑罰規定の適正」原理であり、以下では、この点に焦点を絞って検討しよう。

　「刑罰規定の適正」原理との関連で問題にされるのは、憲法第31条の規定の理解である。そこでは「適正な」という文言こそ用いられていないが、当規定がアメリカ合衆国憲法の「適正手続条項」（憲法修正第5条）に由来することを理由として、「適正」であることは当然の要請であるとされ、しかも、適正であることの要請は、手続法のみならず実体法にも及ぶと解されている[6]。こうした理解から、所謂「実体的デュー・プロセス」の理論が提唱され、その理論的深化が試みられてきた[7]。その試みは、国家権力に対する手続法的規制に力点を置いてきた英米法系の「デュー・プロセス・オブ・ロー」原理を、どちらかと言えば国家権力に対する実体法的規制を重視してきた大陸法系の「罪刑法定主義」原理に接近させ、それとの統合を図ったものとして評価される。しかし、この試みと同程度に重要なのはその逆の試み、つまり「罪刑法定主義」原理の方からなされるべき、「デュー・プロセス・オブ・ロー」原理への接近・統合の試みである。その試みの詳細をここでは論じる

（5）　団藤重光『刑法綱要総論［増補改訂版］』（1988年、創文社）38頁以下参照。
（6）　団藤・前掲注(5)48頁以下参照。
（7）　芝原邦爾『刑法の社会的機能——実体的デュー・プロセス理論の提唱』（1973年、有斐閣）および萩原滋『実体的デュー・プロセス理論の研究』（1991年、成文堂）参照。

余裕はないが、結論だけ示せば、罪刑法定主義の構成原理とされる「刑罰規定の適正」原理は、実体法のみならず手続法にも及ぶものと理解しておく必要があると考える。

「刑罰規定の適正」原理のこうした理解に立って、ここでは、二つのことを問題にしたい。その一つは、手続面における「刑罰規定の適正」原理の適用範囲に関する問題であり、他の一つは、実体面における「刑罰規定の適正」原理の内容に関わる問題である。

3 手続面における「刑罰規定の適正」原理の意味するところは多岐にわたるであろうが、概略的に示すならば、

① 国家刑罰権の実現に向けて国家が個人に対し発動する権力行使の手続を定める法律が、その内容において「適正」であること、

② 国家刑罰権の実現に向けて発動される司法権力や行政権力の実際の行使が、法律に基づく「適正な行使」であると言えること、

③ ありうべき国の不当な権力行使に対抗するための法的な防御手段や救済方法が、個人に保障されていること

などであろう。そして、問題の「刑罰規定の適正」原理の手続面での射程であるが、理想的には、国家刑罰権の実現に向けて進行する全プロセス、すなわち、「無罪の推定」を受ける地位にある「被疑者」・「被告人」に対する場面だけでなく、有罪判決確定後の「犯罪者」に対する場面においても守られることが期待される。このうち、本論文のテーマとの関係で特に後者の「犯罪者」に対する「刑の執行」レベルでの事柄に焦点を当てることになるが、これまで「罪刑法定主義」原理との関連でこの点が問題にされることは少なかったと思われる。しかし、「刑罰規定の適正」原理が「刑の執行」レベルにおける犯罪者の取り扱いの場面に及ぶべきでない、というわけではない。この場面で、「刑罰規定の適正」原理がどこまで浸透しているのか。その浸透度によって、犯罪者対応策に関する刑事政策において法治国家原理がどの程度達成されているか、という点が示されることになろう。

「刑の執行レベル」とりわけ「自由刑の執行レベル」における受刑者の取り扱いの場面では、長いこと所謂「特別権力関係理論」が妥当すると言われ

てきた。そこでは一般権力関係において妥当する法治国家原理が排除され、特別権力主体は特定の客体（この場合は自由刑受刑者）を包括的な支配権の下に置き、法律上の根拠なくしてその者の権利・自由を制限し、命令・強制・懲戒をなし得るとされ、またその当然の帰結として、自由刑受刑者は、特別権力主体たる国の諸権力行為に対する訴訟を原則的に提起し得ないとされる。

確かに、自由刑の執行の場である刑務所は一般社会に比べると「特殊な社会」と言える面をもってはいるが、しかし、そうであるからといって法治国家原理が排除され、国家権力の不当な行使に対する司法的救済の道が閉ざされて良いわけではない。この場面において、法治国家原理は、①国が行う受刑者の権利・自由に対する制限の根拠が法律に規定されていること、②法律に規定される制限の根拠が、刑務所社会の特殊性に配慮しつつも「適正」な内容であること、③権利・自由を制限される受刑者に司法的な救済の道が開かれているのみならず、より迅速な救済方法として行政上の救済手段が確保されていること、を要求する(8)。

4　「刑罰規定の適正」原理の実体面における内容もかなり広範囲にわたるであろうが、ここで検討すべき事柄は「罪刑の均衡」原理の問題である。

中世の国家刑罰権行使の特徴とされた「刑罰の恣意的適用」と「苛酷な刑罰の多用・乱用」を抑制し、国家刑罰権の正当な行使を担保するには、罪刑が単に法定されているだけでは足りないことは明らかである。法定されなければならないのは、「犯罪」に対して「均衡の取れた刑罰」である（法定刑レベルにおける「罪刑の均衡」）。しかし、この「法定刑レベルにおける罪刑の均衡」が充足されるだけでは、なお不十分である。というのは、各刑罰法規において規定される犯罪行為は個別・具体的な行為を抽象化した類型的な行

---

(8)　わが国の自由刑の執行場面における特別権力関係論の妥当性を検討したものとして、拙稿「受刑者の権利・義務」重松一義編『監獄法演習』（1980年、新有堂）、室井力「受刑者の収容関係と特別権力関係理論」刑政74巻5号（1963年）、池田政章「刑務所収容者と特別権力関係」田中二郎＝雄川一郎編『行政法演習Ⅰ』（1963年、有斐閣）、松島諄吉「在監関係について──伝統的な『特別権力関係理論』への批判的一考察──」磯崎辰五郎先生喜寿記念『現代における法の支配』（1979年、法律文化社）参照。

為であり、それ故、それに対して均衡の取れたものとして規定される刑罰は、多くの場合刑種さらには刑量に一定の幅を持たせた所謂「相対的法定刑」にならざるを得ない。個別・具体的な犯罪行為に対して刑罰を言い渡す裁判官は、法治国家においてはもとより法定刑に拘束されるが、こうした相対的法定刑主義を採用する場合には、法定刑の幅の範囲内において裁量権が認められる。そこで、宣告刑レベルでの裁判官の不当な裁量権行使を抑制する必要性が生じ、ここでも「罪刑の均衡」原理が強調されねばならないことになる（宣告刑レベルにおける「罪刑の均衡」[9]）。

　しかし、問題はこれで片付くわけでない。さらに、「罪刑の均衡」の基準、その意味内容が問われる必要がある。責任主義を採用する近代刑法においては、刑を科すためには違法な行為とその結果の発生につき行為者を非難できなければならず、そしてその「責任非難」と「刑」とが均衡関係に在ること、すなわち回顧的・規範的な「責任─応報刑」の筋道の確保が要求される。

　この点、社会的責任論や性格責任論における「責任」は、同じ責任という語を用いてはいるものの、責任主義が本来的に主張するところの回顧的・規範的視点からの否定的価値判断である「非難可能性」と同義でない。それは、端的に言って、展望的・経験科学的視点からみて犯罪的危険性（再犯可能性）を有すると判断された者が「強制的な予防的措置を受けるべき地位」を意味するものであり、刑罰が均衡を取るべき対象は過去に行われた個別・具体的な犯罪行為でなく、犯罪者が将来再び行うであろう犯罪の可能性である。こうした意味での責任では罪刑法定主義それ故法治国家原理に期待される機能、すなわち個人の自由や権利を制限する国家の権力行使を法律によって制限的・抑制的に規制するという自由保障機能を弛緩させ、罪刑法定主義の構成原理として「罪刑の均衡」原理を強調すること自体の意義が失われることになる。

　これと同様の批判は、所謂人格責任論や実質的行為責任論と称される見解

（9）　宣告刑段階での裁判官の不当な裁量権行使を抑制するには、実体面における「罪刑の均衡」原理を強調すれば十分であるというわけにはいかない。同時に、手続面での抑制措置が必要となる。現行法が控訴理由の一つに量刑不当を挙げるのは、その一例である（刑事訴訟法第381条）。

にも投げ掛けられる。確かに、両見解とも責任を規範的視点からの否定的価値判断である「非難可能性」として捉える姿勢を堅持する点では、社会的責任論や性格責任論との違いを示す。しかし、人格責任論の場合には、その非難の対象を個別・具体的な犯罪行為に止めずに、長期にわたる過去の人格形成行為、それ故立証の極めて困難な行為にまで及ぼそうとする点で問題がある。他方、実質的行為責任論の場合には、非難の対象を個別・具体的な犯罪行為に限定することで人格責任論との違いをみせるが、「犯罪を行おうとする強い動機をもっているときは、それだけ重い刑罰が必要であろうし、犯罪的な動機をもつ可能性のある性格であるならば、それだけ重い刑罰が妥当だ」とされている点に現われているように、そこで刑罰が均衡を取るべき対象は将来の犯罪の抑止可能性であり、その点では社会的責任論や性格責任論と変わることがない[10]。

　結局、罪刑均衡原理を強調し、法治国家原理の徹底を図るならば、第一に回顧的・規範的な「責任―応報刑」の筋道を確保すること、第二にその責任非難の対象を過去の方向へ不当に長く及ぼしたり、逆に将来の方向へ及ぼすべきでないことが重要となり、そして、この二つの要請を充足させるものは個別行為責任論である、という結論に立ち至る。

Ⅲ　社会国家原理と犯罪者対応策

　1　国家刑罰権の行使を法律しかも「適正な」内容の法律によって制限的・抑制的に規制する法治国家原理は、「近代国家」の重要な指標の一つとされ、近代国家を標榜する国々によって多かれ少なかれ採用されていった。

　ところで、近代国家は挙って工業化を推し進めたが、それらの国々の多くでは急激な産業構造の変化とそれに随伴する様々な社会的変化によって、犯罪等に累犯や少年犯罪の増加という事態が生じた。多くの国ではこの事態に対して、法治国家原理を重んじ回顧的・規範的な「責任―応報刑」の筋道に

---

(10)　以上に述べた各責任論が抱える問題性の詳細については、本書第１部第４章、およびそこで引用した文献を参照願いたい。

立った刑罰でもって対応したが、犯罪増加は一向に下火にならず、こうした対応に取って代る有効な犯罪防止策が求められる状況にあった。他方、当時隆盛しつつあった実証科学の矛先は漸く犯罪現象にも向けられ、所謂犯罪実証学派の企てを産み出した。彼らは実証科学的な方法による犯罪原因の究明と、それを基礎とする数々の犯罪防止策の提言を行ったが、それは従来の「回顧的・規範的な筋道に立った犯罪者対応策」から「展望的・経験科学的な筋道を重視する犯罪者対応策」への転換を意味した。その企てが所期の目論みどおりに有効な結果をもたらしたか否かは、後世の歴史が証明するところであるが、当時各国において多くの賛同者の輪を広げていったことは認めないわけにはいかない。彼らが行った数々の犯罪防止策の提言の中には、刑事法の枠組みを越える社会政策的提言もみられたが、本論文のテーマである犯罪者対応策に限定すれば、刑罰による再犯防止策（特別予防策）や、さらには刑罰以外の手段すなわち所謂広義の保安処分による再犯予防策の提言が重要である。

　なかでもフランツ・フォン・リストのマールブルグ綱領に示された、「改善不要な者には威嚇を、改善が必要でかつ可能な者には改善を、改善不能な者には無害化を」という所謂目的刑論のテーゼ[11]は、ヨーロッパの国々のみならずドイツ刑法を継承したわが国にも大きな影響を及ぼした。しかし、このテーゼに示された「威嚇」、「改善」、「無害化」という特別予防策のうち、「威嚇」と「無害化」という方法を通じての特別予防策には批判の矛先が向けられた。第一は、「改善不要の犯罪者」や「改善不能の犯罪者」などは存在せず、存在するのは「改善の必要性の低い犯罪者」や「改善困難な犯罪者」であるという批判であり、第二は、威嚇・無害化という方法が特別予防

---

(11)　Vgl. Franz von Liszt, Der Zweckgedanke im Strafrecht, in:Franz von Liszt, Strafrechtliche Vorträge und Aufsätze（Erster Band）.
　　リストが1882年にマールブルク大学の就任に際して行ったこの講演は「刑法における目的思想」というタイトルであるが、一般に「マールブルク綱領」と呼ばれることは周知のとおりである。なお、この解説・翻訳として、安平政吉『リストの「マールブルヒ刑法綱領」研究』（1953年、文雅堂）が、またその後新たに翻訳されたものとして、西村克彦訳「フランツ・フォン・リスト『刑法における目的思想』㈠、㈡」青山法学論集14巻3号（1972年）、4号（1973年）がある。

目的という「国家的・社会的利益」に通じる目的をストレートな方法で追求し、「犯罪者の福祉」に対する配慮が度外視されているという批判であった。こうした批判を受けて、「威嚇」や「無害化」という方法による特別予防策は捨て去られ、「改善・社会復帰」理念に純化した目的刑論、すなわち「改善刑論」が主張されることになる[12]。

2 改善刑論とは、刑罰とりわけ自由刑の場面において「改善・社会復帰」理念を追求する刑罰論であるが、それは、従来「刑の執行（Strafvorstreckung）」として捉えられてきた自由刑の執行の場面に「行刑（Strafvollzug）」という新たな観念をもたらした[13]。

「刑の執行」という観念は、裁判所によって宣告された刑罰を法に基づいて厳正に執行するという訴訟法的観念であり、法治国家原理に親和性を有するものである。これに対して、「行刑」という観念は、受刑者の改善・社会

---

(12) 改善刑論の唱道者としてはモーリッツ・リープマンが有名である。彼はリストなどの犯罪実証学派の影響を受けつつも、リストのいう「改善不能者」を否定して特別予防策のうち改善理念に純化された刑罰論を展開した。それは、改善の本質理解や改善目的達成の方法において倫理的・教育的色彩を強調する点で「教育刑論」という名で呼ばれる。彼の見解は、わが国でも牧野英一博士に連なる新派の学者に影響を及ぼした。特に木村亀二博士は「教育刑論」の継承・発展に腐心された。木村亀二「行刑の上より見たる刑罰の本質——ドイツ行刑法草案とリープマンの教育刑論」、同「教育と教育刑の観念」同『刑事政策の諸問題』（1969年、有斐閣）所収、同「応報刑と教育刑——刑罰の本質に関する一考察」同『刑法の基本概念』（1954年、有斐閣）所収など参照。

　なお、「改善刑論」と「教育刑論」との関係については、前者が後者を包摂する関係であると理解する。すなわち、犯罪者の改善を達成する手段・方法において教育的理念と方法を強調し倫理的色彩の濃い改善刑論が「教育刑論」である。わが国では第二次大戦前には教育刑論が主張されたが、戦後になると、教育刑論に代わり脱倫理的で科学的な手段・方法に力点を置く改善刑論、つまり「治療刑論」と呼ぶべき改善刑論が主流を占めるようになってきた。またそれにともなって、「改善」という用語自体もその倫理的な意味合いを脱色した「社会復帰」とか「再社会化」という用語に取って代られる傾向がみられる。本論文では「改善・社会復帰」という「改善」と「社会復帰」とを一体化した語を用いるが、それは、上記の歴史の流れを包括的に捉えることを意図している。なお、この点につき、拙稿「刑罰論」野村稔編『刑法総論［改訂版］』〔現代法講義〕（1997年、青林書院）、特に346～347頁参照。

(13) 小野清一郎＝朝倉京一『改訂監獄法』〔復刊新装版〕（2000年、有斐閣）の序説、および朝倉京一「裁判の執行」団藤重光責任編集『法律実務講座／刑事編 第12巻——非常救済手続その他』（1957年、有斐閣）参照。

復帰を目指して行われる一連の処遇活動のプロセスを射程に入れた観念である。そこでの視線は、刑務所の壁を通り抜け、犯罪者が再び戻る自由な社会へと向けられ、犯罪者は、犯罪のゆえに国家・社会から排斥・隔離され、社会的に孤立する回顧的存在としてではなく、再び自由な社会生活の場に戻り、そこでの健全な構成員となるべき展望的な存在として把握される。それ故、処遇活動は刑務所の壁のなかだけに狭く限定されず、その後に続く自由な社会生活の場でも継続され、両者が分断されずに一連のプロセスとして展開されることが期待されることになる。この釈放後の自由な社会生活の場で実施される改善・社会復帰処遇活動は、仮出獄に付随して行われる保護観察のように国によって有権的に行われる場合と、更生緊急保護のように犯罪者の任意の申出に基づき民間人・民間の団体が行う場合とがありうるが、しかし、いずれの場合にせよ、重要なことは、それが「非刑罰的処分」として実施されるという点である。この意味で、改善刑論がもたらした「行刑」という観念は行「刑」とは言いながら、釈放後展開される非刑罰的な改善・社会復帰処遇活動をも内包する、いわば「刑」を越えた観念であると言える。

　この改善刑論は、以下に記すとおり、実に様々な提案を行った。これらの提案のなかには、例えばジョン・オーガスタスによって始められたプロベーションやわが国の免囚保護事業などのように、改善刑論との間に明白な繁がりをもつことなく既に実施されていたものもあったが、重要なことは、改善刑論がこれらの提案をバラバラな形で提案したのではなく、一つの「構想」の下に相互に有機的な関連性をもたせて提案したという点である。この構想は「医療モデル」と名付けられることがあるように、その構想のモデルとされたのは、医療のシステマティックな仕組みであった[14]。

　改善刑論が参考にした治療の仕組みの骨子は、およそ以下のとおりである。

　①　治療は通院治療形態と入院治療形態とに分類される。入院治療は一時的にせよ患者の社会生活関係を阻害することになるので、通院治療が原則で

---

(14)　see. Donal E. J. Macnamara, The Medical Model in Corrections, Criminology, Vol. 14, No. 4（1977）pp. 439-440.

あるが、症状が比較的重く、集中的・継続的な治療の必要性が高い場合には通院治療に代え入院治療が採用される。しかし、その場合でも、可能なかぎり患者の社会生活関係が阻害されない配慮が施される。

　②　治療の実施に先立って、患者の病因に関する綿密な調査・診断が必ず行われ、それに基づいて治療方針の決定がなされる。

　③　治療方針の決定によって通院治療・入院治療のいずれかの形態が採用されるが、いずれの場合でも、この治療方針決定段階では治療期間に関して一応の予想は立てられても、確定的に決めることができず、治療実施段階での治療効果の測定によって決められることになる。また、所期の治療効果が上がらない場合には、再度「調査・診断」そして「治療方針の変更決定」が行われる。

　④　入院治療の場合、治療効果が上がり予後が良ければ、退院前に外出・外泊措置などの措置を取った後に退院させ、退院後は通院治療に切り替えるという経過を辿って、徐々に平常の社会生活に復帰させる。

　こうした医療の仕組みと類似のものを犯罪者処遇の場面に導入すべく、以下の諸提案がなされる（なお、以下の記述の順番は上記の順番に対応する。）。

　(a)　入院治療に該当する自由刑の言渡しを出来る限り回避するために、通院治療に該当する非刑罰的処分としてのプロベーション（保護観察付の執行猶予や宣告猶予）。自由刑の執行（刑務所収容）による犯罪者の社会生活関係の断絶を緩和する配慮として、外部交通の制限の緩和、開放刑務所、外部通勤制度、外出・外泊制度など。

　(b)　個々の犯罪者の犯罪原因に関する調査・診断のための制度は、二つの段階で必要とされる。一つは、裁判の量刑段階において改善・社会復帰に適した刑事処分の種類とその実施期間とを決定するための所謂判決前調査制度で、他の一つは、処分実施段階において個別的処遇方針の決定を行うための分類処遇制度である。

　(c)　量刑段階で行われる自由刑の刑期やその他の処分の実施期間の設定は「不定期」の形で行われ、処遇実施段階での予後の良否によって最終的に決定するという不定期宣告制度。

　(d)　段階を踏んで順次改善・社会復帰へ導くための仕組みとして、自由

刑執行段階での累進処遇制度、釈放後のアフターケアとしてのパロール制度。

これらの提案について特に強調しておくべきことは、(a)・(d)のプロベーションやパロールのような非刑罰的な処分や、(a)の自由刑の執行による犯罪者の社会生活関係の断絶を緩和する方策のように、刑罰の本質的要素である「害悪性」を排除する措置が含まれている点である。この点にみられるように、改善刑論は「刑罰」論ではありながら、刑罰の本質的要素である「害悪性」を排除し、さらには非刑罰的な処分による改善・社会復帰理念の追求へと進んでいく契機を内包する構想であると言える。

改善刑論のこの特徴についてはⅣでまた改めて触れることにして、次に、刑罰論のレベルでなされた改善刑論の諸提案を、国家論のレベルで一段と強固に基礎付けることになる「社会国家原理」へと話を移すことにしよう。

3 社会国家論は、第一次世界大戦後のドイツのワイマール憲法に端を発し、第二次世界大戦後多くの国々の憲法に採用された。わが国の現行憲法もその一つに数えられる。

社会国家原理においては、人間の人格の真の展開は個人の社会への関与と個人の生活維持における国家の協力とがなければ不可能であり、また、すべての人間の生活は「社会的連帯責任」の理念によって規制され、この社会的連帯責任の理念によって社会および国家が個人の社会的生存に対して責任を持ち、同様に個人がすべての者の運命に対して共同して責任を持たなければならないことが要求される[15]。

この命題のなかの「個人」には、当然犯罪者も含まれると解される。つまり、「社会国家原理において国家および社会は、『犯罪者』の社会的生存に対して責任を持ち、『犯罪者』の福祉を積極的に増進しなければならない。」と読み替えて理解される。このような理解に立つことによって、先に列記した改善刑論の諸提案は、犯罪者の福祉を実現する社会国家の義務として位置付

---

(15) Vgl. Thomas Würtenberger, Kriminalpolitik im sozialen Rechtsstaat, 1970, S. 202. ヴュルテンベルガーはまた、社会国家原理と行刑との関連につき幾つかの論文を発表している。これらについては、本書第1部第2章参照。

けられることになる。他方で、これと同程度の重要性をもつことは、社会国家原理が課すところの責任・義務は片面的・一方的なものではないという点である。それは、同時に、犯罪者に対しても社会のすべての構成員の運命に対して責任を持つことを要求する。この犯罪者の責任・義務の具体的内容をどう理解するかは別途論ずべき重要な問題であるが(16)、ここでは取り敢えず、社会国家原理において求められる「責任・義務」は片面的・一方的な形でなく、双方向的であることを指摘するに止めておこう。

ところで、この社会国家原理と法治国家原理との違いはどこにあるのだろうか。両者を対比した場合、いくつかの相違点・対立点が浮かび上がってくる。

その一つは、国家と個人との関係である。社会国家原理では、これを「統合・調和の相」において捉えるのに対し、法治国家原理では「対立ないし敵対の相」において把握する。両者の関係把握がこのように対蹠的であるのは、第二の相違点である国家の役割の違いに起因する。すなわち、社会国家原理では、国家は個人の福祉の増進のために積極的に個人の生活に関与することが求められる。つまり、そこでは、国家は個人にとって謂わば「善なる存在」として個人の前に立ち現われる。これに対し、法治国家原理では個人の生活は個人の自由に委ねられ、個人に対する国家の介入は必要最小限に押し止められる。そこでの国家は、個人の自由・権利を侵害する者として、個人にとって謂わば「悪なる存在」と見做される。第三の相違点は、社会国家原理では、法治国家原理においてほとんど顧みられることのない社会の役割が強調されている点である。すなわち、社会的連帯責任の名の下に国家のみならず、社会（具体的には国家の構成員である国民）もまた個人の社会的生存に対して責任を持つことが求められる(17)。

こうした相違点のなか最も重要なのは、国家の役割の違いである。この役割の違いこそが、「法的規制」の在り方の違いをもたらす。国家を個人に対する「悪」と見做す法治国家原理の下では、Ⅱで考察したように、個人の自由や権利を制限する国家権力の行使を適正な内容の法律によって「制限的・

---

(16) 犯罪者の改善・社会復帰義務を論じたものとして、本書第1部第4章参照。

抑制的に」規制するという、犯罪者も含む個人の自由保障機能が法律に期待されている。これに対し、社会国家原理ではどうなるのか。

　国家を個人にとって「善なる存在」であると見做す社会国家原理では、国家の活動に対し法律による規制は全く必要がない、ということにはならない。社会国家の活動は「個人の福祉」目的を増進するものであると言っても、それにより国民に権利を与えたり、義務を課すことになり、したがってその活動の根拠は法律で明文化される必要がある。さらに、今日において「個人の福祉」目的の追求は巨大な行政権力機構を通じて行われ、そしてこの巨大な機構を隅々まで効率よく作動させなければ、「個人の福祉」は十分に図れないようになっている。そこで、国家の行政機構が追求すべき福祉の具体的な目的を明確に定めるとともに、その目的を実現する手段・方法に統一性や整合性を与える必要がでてくる。この要請に最もよく応える方法は、法律による制度化であろう。これらの点から考えてみても、社会国家でも法律による規制は必要である。つまり、社会国家も、形式的な意義における法律によって規制されるという意味では法治国家と同様であり、少なくとも形式的には法治主義を採用する国家ということになる。結局、両者の相違は、法律が果たす役割・機能の点に求められねばならない。すなわち、社会国家の法律の役割・機能は、個人の福祉を増進する国家権力の活動を「創造的」に規制するという積極的なものであって、法治国家における法律のように、国家権力の活動をただ「抑制的に」規制するという消極的なものではない。

Ⅳ　わが国における二つの法的規制原理の相克と調整

　ⅡおよびⅢで見てきたように、犯罪者対応策の場面で法治国家原理と社会

---

(17)　新憲法下で制定された犯罪者処遇法の中には、こうした国民の社会的連帯責任を強調する規定が見受けられる。たとえばわが国の保護観察制度の根拠法の一つである「犯罪者予防更生法」の第1条第2項は「すべて国民は、前項の目的を達成するために、その地位と能力に応じ、それぞれ応分の寄与をするように努められなければならない。」と規定する。また少年法第6条第1項が「家庭裁判所の審判に付すべき少年を発見した者は、これを家庭裁判所に通告しなければならない」として、一般人からの通告を義務付けているのも同様の趣旨と理解することができよう。

国家原理との間には、少なくとも理念的・理論的には相容れない対立点・相違点があり、「矛盾」を形成している。この理念的・理論的矛盾は刑事政策の責任主体として位置付けられる国家の実践を通して調整・解決が図られていくことになるのだが、当然のことながら、その実践にはそれぞれの国の歴史的・文化的背景の違い、政治的・経済的・社会的状況の相違等が映し出され、必ずしもすべての国で同じ結果が招来されるものではない。このことを念頭に置いたうえで、ここでは場面を特に第二次世界大戦の直後から1970年代までのわが国に限定し、犯罪者対応策に関する二つの法的規制原理の調整・解決を国がどのような形で図ってきたかを考察する。

1 とりわけ第二次世界大戦前のわが国では、法治国家原理との親和性を示す応報刑論と、社会国家原理との親和性を示す改善刑論との間の論争が先鋭化した形で行われた[18]。論争の結果は、少なくとも学界レベルでは前者が有利な方向に流れ、戦後になると所謂「相対的応報刑論」と呼ばれる見解、すなわち回顧的・規範的な「責任―応報刑」の筋道を最重要のものと考え、この筋道と調整が可能なかぎりにおいて展望的・経験科学的な「犯罪の危険性―予防刑」の筋道を採り入れようとする見解が主流を形成したと言える。この「相対的応報刑論」が採り入れることを目論んだ「予防目的」の内容は多様・多彩であるが、多くの論者は「改善・社会復帰目的」の取込みに腐心してきたように思われる。おそらくは、多くの論者にとって「改善・社会復帰目的」は、犯罪予防という国家・社会的利益のストレートな追求でなく、

---

(18) 改善刑論の先導的役割を演じた牧野英一博士には、『刑法における法治国思想の展開』(1931年、有斐閣)という著書があるが、その中で博士は、歴史の変遷を「警察国」から「法治国」へ、そして「法治国」から「文化国」への流れとして捉え、教育刑論が文化国の重要な使命であるところの社会防衛論の醇化された形であると説く。すなわち、「罪刑法定主義は、警察国思想を克服し、それを包容して止揚したところに成立するものだとして見ると、今や、われわれは、その罪刑法定主義を克服し、更にそれを包容し、更にそれを止揚して、新たな思想を構成せねばなるまい。新たなこの思想においては、罪刑法定主義が個人と国家との調和を目標として組立てられたものなることを考へ、それに更に一歩を進めたものが考へられねばならぬ。そこに、社会防衛論が醇化されて、教育刑主義が成立することになった契機がある。」と主張される(37〜38頁)。ここで使われる「文化国」という概念は、「社会国家」概念に近似したものであると考えられる。

IV わが国における二つの法的規制原理の相克と調整

犯罪者の福祉をも考慮しつつ犯罪予防を謂わば間接的に追求する点で魅力的に映ったからであろうが、それには新憲法のなかに「社会国家原理」を反映する規定が採り入れられたことがかなりの影響を与えたものと推察される。いずれにせよ、刑罰の枠さえも越えて改善・社会復帰目的を追求する契機を内包する改善刑論が学界の主流を形成することはなかったものの、刑罰における改善・社会復帰目的の追求自体を断念する刑罰論もほとんどみられなかったと言える。こうした刑罰論の状況も反映したのであろう、国はⅢに記した改善刑論の諸提案を相次いで「法律」や下位の法形成である「法務省令」によって、あるいは行政規制としての性格を有する「訓令」や「通達」によって制度化していった。以下、Ⅲに記した(a)から(d)の順序にしたがって、この制度化の流れを箇条書き的に概観してみよう。

①提案(a)について

先ず、プロベーションに関しては、1953年の刑法の一部改正により、刑法第25条第2項の再度の執行猶予には必要的に保護観察が付されることになったが、第1項の初度の執行猶予に対する保護観察は、翌年の刑法の一部改正と執行猶予者保護観察法の制定によって実現をみた。すなわち、刑法第25条の2により初度の執行猶予には裁判所の裁量により保護観察が可能とされるとともに、執行猶予の場合の保護観察の根拠法は1949年制定の犯罪者予防更生法ではなく、新に制定された執行猶予者保護観察法によることとなった。

次に、自由刑の執行による犯罪者の社会生活関係の断絶を緩和する措置に関しては、次のとおりである。第一に外部交通の制限緩和については、1933年に司法省令の形で制定された行刑累進処遇令によって第4級から第1級までの階級間に設けられていた接見・信書の発受に関する制限の差は、1966年の監獄法施行規則（法務省令）の改正により、所長が処遇上その他必要あると認めるときは制限を取り外すことができるようになった（施行規則第124条、第129条第2項）。第二に開放刑務所については、同じく1966年に改正された監獄法施行規則の第42条第2項の規定を活用することで、その導入の道が開かれた[19]。第三に外部通勤制度や外出・外泊制度については、保護処分としての少年院の処遇場面では導入されている（少年院法第7条第2項および少年院処遇規則第33条・第59条）が、自由刑受刑者には未だ法令上の根拠規定が設

第5章　犯罪者対応策に関する法的規制の在り方

けられておらず、本格的実施をみていない[20]。

②提案(b)について

　先ず、刑事手続における判決前調査制度については、1956年に制定された売春防止法で新設された補導処分と併せてその導入が検討されたが、可及的速やかに裁判所調査官による判決前調査制度を検討すべきであるという国会での付帯決議がなされたまま、今日まで制度化されていない[21]。

　次に、分類処遇制度については、第一に自由刑受刑者に関して、1948年の「受刑者分類調査要項」（法務総裁訓令）によって本格的導入が図られたが、「分類あって処遇なし」という批判を受けて、その後1972年に新たに「受刑者分類規程」（法務大臣訓令）が定められ、今日に至っている[22]。第二に保護観察の対象となる犯罪者に対する分類処遇制度に関しては、1971年に「保護観察分類処遇要綱」（保護局長通達）が定められたが、1986年に廃止され、新たに「保護観察分類処遇実施要領」（保護局長通達）によって実施されている。さらに、これも一種の分類処遇とみることができるが、1990年には「保護観察類型別処遇要領」（保護局長通達）が定められた。

③提案(c)について

　第一に自由刑の不定期宣告制については、全面的採用はなされず、1948年に制定された少年法により、わずかに少年に対してのみ所謂長期と短期とを定めて言渡す相対的不定期刑が認められているにすぎない（少年法第52

---

(19)　監獄法施行規則第42条第2項は、所長が受刑者の処遇上特に必要があると認めるときは、戒護に支障がない限り監獄の外門、各出入口、監房、工場などの閉鎖を解くことができる旨を定める。なお、刑事施設法案はその第49条第2項において、開放的施設を「収容を確保するため通常必要とされる設備又は措置の一部を設けず、又は講じない刑事施設の全部又は一部で法務大臣が指定するものをいう」と定義し、その導入を法律で根拠付けている。

(20)　刑事施設法案は第67条から第69条において外部通勤制度を、また、第85条から第91条において外出・外泊制度を規定する。

(21)　1949年に制定された少年法では、所謂「調査前置主義」が採用され、家庭裁判所の少年保護審判が開始される前に家庭裁判所調査官による少年などの調査が行われる仕組みになっている（少年法第8条・第9条）。

(22)　しかし、このような自由刑受刑者の処遇の根幹的な制度が法律に依らずに訓令によって実施されていることには問題がある。この点、刑事施設法案は第57条から第59条において分類処遇制度の骨子を規定する。

条)[23]。

第二に保護観察付き執行猶予の場合の保護観察（所謂「4号観察」）の実施期間は、前述した刑法の一部改正により新設された刑法第25条の2規定によれば、裁判所が「定期」で宣告する執行猶予期間と連動するものとされ（刑法25条の2第1項、なお執行猶予期間につき同法第25条）、他方仮出獄の場合の保護観察（所謂「3号観察」）の実施期間についても残刑期間とされており（犯罪者予防更生法第33条第2項）、ともに前以て「定期」の形で確定されている[24]。

④提案(d)について

累進処遇の本格的制度化は、前述の行刑累進処遇令による。また釈放後のアフターケアとしてのパロール制度に関しては、1939年の司法保護事業法の制定により「非強制的」な形で展開されていたが、戦後は1949年の犯罪者予防更生法が制定され、保護観察の実施態勢が充実整備されるとともに、仮出獄者には「強制的な」形での保護観察の実施が可能となった。他方満期出獄者に関しては1950年に制定された更生緊急保護法により「任意的な」形での更生保護が展開されることになった。

以上、社会国家原理による一段と強固な理論的根拠を獲得した改善刑論の提案が、国によって制度化されていった経緯を概観してみたが、この制度化によってもたらされた様々な犯罪者対応策は、やがて「犯罪者処遇法」とか「矯正保護法」と呼ばれる一つの新しい法システムを形成するほどの広がりをみせていくことになる[25]。しかしながら、こうした諸制度を内容に踏み込んで分析してみると、改善・社会復帰目的の理想的な実現という観点からは

---

(23) 1974年の改正刑法草案も自由刑の不定期宣告制を全面的に採用せず、第58条に規定する所謂「常習累犯者」に対して、裁判所が長期と短期を定める相対的不定期刑を言渡すことが出来るとした（第59条）。

(24) ただ、4号観察は成績良好の場合に行政官庁（地方更生保護委員会）によって「仮解除」が行われ、保護観察実施期間の短縮化が可能である（刑法第25条の2第2項、および執行猶予者保護観察法第8条）。その意味では、実施段階において事実上の「不定期化」がなされているとも言えなくはない。しかし、その「不定期化」は裁判所が設定した保護観察期間を「短縮化」する場合であって、成績不良の場合の保護観察期間の延長措置を許容する規定はなく、それ故「長期化」の方向での不定期化は認められていない。

厳しい制約が加えられていることが判る。そこで次に、内容面の分析に移ろう。

2 社会国家原理の支持を受けた改善・社会復帰目的の理想的実現の前に大きく立ちはだかったのは、法治国家原理なかんずく罪刑均衡原理において強調される回顧的・規範的な「責任―応報刑」の筋道からの要請である。以下、この点を幾つかの例でもって示すことにしよう。

① 不定期刑制度と定期刑制度

自由刑は改善・社会復帰目的を追求する処分であると考える立場からすれば、宣告刑段階で自由刑の刑期を予め「定期」の形で固定するよりも、刑の執行段階における改善・社会復帰処遇の実施とその効果・予後の測定という展望的・経験科学的な視点からの判断によって刑期を伸縮させることのできる不定期刑の宣告が望まれる。他方、自由刑は犯罪者に「拘禁」という害悪・不利益を課すものであり、したがってその適用を適正な範囲に制限・抑制すべしとする立場は、回顧的・規範的な「責任―応報刑」の筋道を重視し、過去の犯罪行為に対する責任とあたかも天秤において均衡の取れた形で刑期を算出し、「定期」の形で宣告することを求める。

この二つの選択肢を前に、国は「定期」宣告制を原則とし、例外的に少年に対してだけ相対的不定期刑を採用するという決定をした。国が定期宣告制を原則としたのは、自由刑の害悪性・不利益性を正面から見据えたことの結果であり、他方、少年に対して不定期刑を採用したのは、自由刑の害悪性・不利益性を認めつつも、少年に対する自由刑には「健全育成」の理念（少年

----

(25) 「犯罪者処遇法」という言葉の使用は、1963年に刊行された平野龍一『犯罪者処遇法の諸問題』（有斐閣）が最初であろう。他方、「矯正保護法」という名称は1963年に刊行された平野龍一『矯正保護法』（有斐閣）以来、同じタイトルの書物も出版されるに至っている。たとえば、吉永豊文＝鈴木一久『矯正保護法』（1986年、ぎょうせい）。

なお、犯罪者処遇法、矯正保護法の広がりのなかで見落としてはならないのは、1948年に定められた少年法とそれに付随する少年院法の制定である。非行少年に対する保護の仕組みは1922年制定の旧少年法によって既に導入されていたが、新法はその一層の整備・充実を図った。これにより、「調査・診断・個別的処遇計画の作成→処遇の実施→社会復帰」という医療モデルに立脚する展望的・経験科学的な改善―社会復帰処遇システムは、一層理想の域に近付いたと評価された。

法第1条）が及ぶべきことを意図したからであると考えるべきであろう。
　ところで、刑罰が均衡を採るべき責任は、法治国家原理の自由保障機能を重要視するならば「個別行為責任論」で理解される責任であるべきだということについては、既にⅡで触れた。ただ、個別行為責任論の立場からは所謂「責任の幅」論が主張されることがあるので、ここではこの点を補足的に論じておく。
　「責任の幅」論が指摘するように、確かに、犯罪行為に対する責任の量とそれに相応する刑の量はある程度の幅をもって算出される。しかし、その幅は、相対的不定期刑に期待される「短期と長期との幅」とは比較にならないほど小さなものであろう。また、責任の量と刑の量とが幅をもって「算出」されるからといって、もって直ちにそれを不定期の形で「宣告」すべきであるということにはならない。このことは、例えば商品の価格算出の過程では利潤や予測販売量等との関係である程度の幅が価格に出てくるとしても、市場での価格表示は「定価」でなされるということを考えれば、「算出」と「宣告」とは論理的には別の事柄であることが判るであろう。価格表示の際に商品と価格（金銭）との間に求められる等価交換関係は、刑の宣告における「責任」と「刑」との間にも維持されるべきである。

②　仮出獄制度における考試期間主義と残刑期間主義

　仮出獄制度に付随する必要的保護観察は改善刑論の提案であり、その理想からすれば、仮出獄期間・保護観察期間は現行法が採用する残刑期間主義よりも、考試期間主義が望ましいとされる。
　考試期間主義は裁判所が宣告した刑期に拘束されずに、仮出獄期間・保護観察期間の柔軟な設定を可能にするものである。その基準としては展望的・経験科学的視点に立つ「再犯可能性」や「改善・社会復帰の必要性・可能性」の判断が重視され、したがって残刑期間を下回る期間設定や逆に上回る期間設定も生じる、これに対して、残刑期間主義は回顧的・規範的な「責任一応報刑」の筋道を重視するものだと考えられる。なぜならば、現行法は刑の量定基準に関し明確な規定を設けていないものの、定期宣告制の採用にみられるように、「責任一応報刑」の筋道を少なくとも刑の量定基準の主たる基準と捉えており、そして、残刑期間主義は、この主たる基準にしたがって

裁判所が量定・宣告した刑の範囲内に保護観察期間を止めるものであると理解されるからである。

さらに、考試期間主義と残刑期間主義との対立の根底には、仮出獄制度に付随する保護観察の性質に関しての理解の相違があると考えられる。つまり、前者では、「保護観察は犯罪者の改善・社会復帰目的を追求する福祉的な利益処分である」と把握するのに対して、後者では、犯罪者に課される遵守事項の遵守義務や指導監督に服する義務という強制的な側面を捉えて、「保護観察は不利益処分である」と認識する。こうした保護観察に関する理解の相違が、一方は利益処分であるから積極的に活用して、残刑期間を上回ることも許容する考試期間主義へと通じ、他方は、不利益処分であるから制限的・抑制的な歯止めをかけるべきだとする残刑期間主義へと傾かせることになる。

この両者の比較考量の末の国の決定は、一方で展望的・経験科学的視点を重視する仮出獄と必要的保護観察との結合は認めつつ、他方でその期間については残刑期間主義を採用して回顧的・規範的視点からの歯止めを予め設定しておく、いう解決方法であった。

③ 刑の執行猶予における保護観察の性質[26]

現行法は、初度の執行猶予には裁判所の裁量によって保護観察を付す一方で、再度の執行猶予には裁判所の裁量によらず必ず保護観察に付すとし、さらに、初度の執行猶予に保護観察が付された場合には、保護観察の仮解除がなされていない限り再度の執行猶予を言渡すことができないと規定する。つまり、そこでは、初度の執行猶予に保護観察が付かないもの（単純執行猶予）と付くもの（保護観察付執行猶予）とを区別し、後者を重い処分と位置付けて、保護観察が仮解除されていない限りは再度の執行猶予という実刑判決に比べて犯罪者の利益になる処分を与えない、という姿勢が示されている。この姿勢から読み取れることは、「保護観察は責任の程度に応じた重い不利益処分である」という回顧的・規範的な「責任─応報刑」の筋道を重視した

---

(26) 刑の執行猶予制度およびそれに付される保護観察の法的性質を論じたものとして、本書第2部第1章参照。

Ⅳ　わが国における二つの法的規制原理の相克と調整

（あるいは、少なくともその筋道と親和性のある）保護観察理解である。

　他方、保護観察に関するこうした理解に対しては、「保護観察は犯罪者の改善・社会復帰目的を追求する福祉的な利益処分である」というもう一つの理解が対峙しており、そこからは保護観察に関する別の制度構成が立法論として提起されることになる。すなわち、それは、第一に、初度の執行猶予に保護観察が付された場合であっても、再度の執行猶予を可能にすること、第二に、保護観察を付すか否かの判断は執行猶予が初度か再度かの違いによってではなく、再犯可能性や改善・社会復帰の必要性や可能性という展望的・経験科学的視点からの判断に応じて決めること、という内容のものである。改正刑法草案は、この提案を受け入れて改正を図った（草案第68条第3項および第69条第1項）が、実現には至らなかった。

　結局、国は、保護観察付執行猶予という改善・社会復帰目的を追求する非刑罰的な処分を導入したが、他方で保護観察の制度構成においては回顧的・規範的な「責任─応報刑」の筋道に重視した、と言うことができるであろう。

　3　1で指摘したように、新憲法の制定や学界における刑罰論の動向などを背景に、国は改善刑論の諸提案のかなりの部分を次々と制度化してきた。と同時に、2でみたように、国はこうした社会国家原理と結びついた改善・社会復帰目的の追求に対し、法治国家原理からの制約・歯止めを課すことを忘れなかった。

　犯罪者対応策において改善・社会復帰目的を追求する国の姿勢は、刑法や監獄法の改正作業が絶頂期に達する1970年代にまで及んだ。すなわち、1974年に法制審議会によって決定された「改正刑法草案」、1976年に法務大臣が法制審議会への諮問の際に提出した「監獄法改正の構想」とその答申として1980年に法制審議会が提出した「監獄法改正の骨子となる要綱」、これらが意図した基本的方向の一つは改善・社会復帰目的の一層の促進にあった。しかし、この時期は、1960年代頃からアメリカやヨーロッパ諸国で起こった「改善・社会復帰理念に対する批判論」のうねりが若干遅れてわが国にも波及してきた時期でもあった。所謂ジャスティス・モデルを基礎に「積極行

第5章　犯罪者対応策に関する法的規制の在り方

刑」から「消極行刑」への転換、「強制的処遇」から「任意的・便宜供与的処遇」への転換が唱えられた[27]。上記の法改正、とりわけ監獄法の改正はこのうねりをもろに受ける格好になり、1980年代に監獄法に代わるべく刑事施設法案が数度にわたって国会で審議されたが、結局法律として成立することはなかった。以降、犯罪者対応策を規制する法律の根幹部分には、2000年の少年法改正を除いて、大きな変化は生じていない。

V　おわりに

　社会国家原理では国は改善・社会復帰目的という犯罪者の福祉・利益を追求するとは言え、この目的実現の手段には多くの場合「強制力」が伴う。自由刑はもとより、非刑罰的な改善・社会復帰目的を追求する処分も、更生緊急保護の措置（犯罪者予防更生法第48条の2以下参照）を除き、保護観察、補導処分、保護処分の各種処分はすべて犯罪者の同意を得ることなく強制的に実施される。また、矯正施設・保護観察所・家庭裁判所において処分や処遇方針決定のために実施される犯罪者の人格・環境に関する調査の場面、さらには個々の改善・社会復帰のための処遇方法を実施する場面において、犯罪者の希望を斟酌することはあっても、同意を得て行われることはほとんどないであろう。また、改善・社会復帰処遇においては犯罪者の自覚に訴えることの重要性が強調されるので（少年院法第4条、刑事施設法案第48条第1項参照）、個々の処遇方法の実施の際に国が犯罪者に対して直接的に物理的強制力を用いることはないと考えられるが、しかし、正当な理由がなく処遇を受けない場合を懲罰の対象とするという形での間接的な処遇の強制はあり得る（少年院法第8条、刑事施設法案第135条第4号参照）。

　犯罪者に対する改善・社会復帰処遇活動と改善刑論がモデルとした病人に対する通常の医療活動とで決定的に違うのは、その活動に「強制力」が伴うか否かという点である。しかしながら、所謂ジャスティス・モデルが主張し

---

(27)　この間の経緯については、本書第1部第3章参照。なお、この論文では、「改善・社会復帰目的（積極的処遇目的）」とは別に「犯罪者の更なる悪化を防止する目的（消極的処遇目的）」の重要性を指摘した。

V　おわりに

たように、犯罪者の改善・社会復帰処遇活動から一切の強制の契機を排除して「任意的・便宜供与的」な実施態勢に切り替えることは、現実的な選択肢には思われない。重要な点は、一方で犯罪者の改善・社会復帰目的の追求という社会国家の創造的な法的規制原理と、他方で犯罪者の自由や権利に加えられる国家の強制的な権力活動を「適正な枠」に止めるという法治国家の制限的・抑制的な法的規制原理という二つのバランスを取っていくことであろう。理論的・理念的に矛盾する異なる二つの原理の調整はもとより困難な課題であるが、それは刑事政策の責任主体である国家が背負わされ続ける課題であると考える。

　最後に、本年度3月をもってご退職される須々木主一先生に深い感謝の念を込めて、この論文を捧げることをお伝えして、本稿を閉じることにしたい。

第 2 部

犯罪者処遇論の諸相

第 1 章

刑の執行猶予制度

Ⅰ 問題点の提起
Ⅱ 判例の状況
Ⅲ 学説の状況
Ⅳ 理論の展開

Ⅰ 問題点の提起

1 刑の執行猶予制度の意義

　刑の執行猶予制度（以下、単に「執行猶予制度」とする）とは、有罪判決に基づいて宣告された刑の執行を、一定期間猶予する制度をいう。有罪を認定し、それに基づいて刑を宣告する点で、この制度は、「有罪判決の宣告」や「刑の宣告」自体を猶予する宣告猶予制度と異なる。また、「猶予」とは、一定の要件の下に執行猶予が取り消され、猶予されていた刑の執行が行われ得ることを意味する。執行猶予が取り消されることなく猶予期間が無事終了した場合の法的効果については、刑の執行の免除（条件付刑の執行免除主義、あるいは1894年にこの方式を採用したノルウェイに因んでノルウェイ主義とも呼ばれる）と、刑の言渡しの失効（条件付有罪判決主義、あるいはそれぞれ1888年、1891年にこの方式を採用したベルギーとフランスに因んでフランス・ベルギー主義とも呼ばれる）とが区別される。わが国で最初に執行猶予制度を採用した明治38年の「刑ノ執行猶予ニ関スル件」では、前者の方式を採用していたが、明治40年の現行刑法制定時に後者の方式に改められ、現在に至っている。

2　執行猶予制度の刑事政策的機能および法的性質の変遷

　わが国では、執行猶予制度が採用されて以降、数次の改正が行われてきた。この一連の改正は、形式的には、一方で適用範囲の拡大、他方では保護観察との結合へと向かうものであったが、実質的にみるならば、執行猶予制度が果たすべき刑事政策的機能およびその法的性質の変化を招来するものであった。以下、簡単ではあるが、執行猶予制度の改正の歴史を振り返っておこう。

（1）　まず、執行猶予の適用範囲の拡大に関しては、次のとおりである。

① **明治38年の法律**　宣告刑が1年以下の重・軽禁錮であること。また、禁錮以上の刑に処せられたことのある者が執行猶予を許されるためには、その執行終了ないしは執行免除後10年以内に禁錮以上の刑に処せられたことがないこと（以下、「前科者の執行猶予欠格期間」と呼ぶ）。

② **明治40年の刑法**　宣告刑が2年以下の懲役・禁錮の場合に拡大され、前科者の執行猶予欠格期間が7年に短縮された。

③ **昭和22年の刑法の一部改正**　宣告刑が3年以下の懲役・禁錮及び5,000円以下の罰金（平成3年の刑法一部改正により、現在は50万円以下の罰金）の場合に拡大された。

④ **昭和28年の刑法の一部改正**　再度の執行猶予、すなわち執行猶予期間中に犯した犯罪についても宣告刑が1年以下の懲役・禁錮である場合には執行猶予を言い渡すことが可能となるとともに、前科者の執行猶予欠格期間が5年に短縮された。

（2）　次に、保護観察との結合に関して、みてみよう[1]。

① **大正11年の旧少年法**　少年（18歳未満の者）で刑の執行猶予の言渡しを受けた者に対して、少年保護司の観察に付することとした。

② **昭和11年の思想犯保護観察法**　この法律によって初めて「保護観察」という用語が法律上用いられ、成人の執行猶予者に対する保護観察が行

（1）　保護観察との結合へ向かう歴史については、主として、西岡正之「保護観察付執行猶予の現状と課題」西原春夫他編『現代刑罰法体系7』（1982年、日本評論社）293頁以下、同「日本における更生保護の歩み」朝倉京一他編『日本の矯正と保護・第三巻』（1981年、有斐閣）1頁以下を参考にした。

われるようになった。しかし、そこでの対象者は治安維持法違反の罪を犯した者に限定され、また名称は保護観察といっても「保安」的色彩が強く、保護観察本来の趣旨とは相容れないものであった。

③ **昭和14年の司法保護事業法** この法律により、「観察保護」という名称の下に本来の趣旨に添った保護観察が成人の執行猶予者に付されるようになった。しかし、この観察保護の実行機関は、司法保護委員という民間篤志家であって、国の機関たる保護観察官ではなかった。

④ **昭和24年の犯罪者予防更生法** 政府原案では、執行猶予者を保護観察に付する旨の規定を刑法25条の後に付け加え、少年・成人を問わずそれに基づいて保護観察に付された者を犯罪者予防更生法上の保護観察の対象としていた。しかし、成人の執行猶予者を保護観察に付することは本人に不利益を与えるもので、こうした刑法改正にはさらに慎重な審議が必要であるとの理由から、結局は、執行猶予者に対する保護観察は成人に対しては見送られ、少年に限定された。

⑤ **昭和28年の刑法の一部改正** 政府原案では、初度の執行猶予者に対しては裁量的に、また新たに規定された再度の執行猶予者には必要的に保護観察を付すというものであったが、最終的には、前者は削除され、後者のみが認められた。もっとも、この法律案の審議過程において、執行猶予者の保護観察については「犯罪者予防更生法」ではなく、別個の法律に拠るべきであるとの意見が出されたほか、初度の執行猶予についても保護観察を付すことができるなど適切な法案が準備されるべき旨の付帯決議がなされた。

⑥ **昭和29年の刑法の一部改正と執行猶予者保護観察法** 初度の執行猶予者に裁量的に保護観察が付される旨の規定が刑法に加えられるとともに、執行猶予者に対する保護観察は、犯罪者予防更生法ではなく、「執行猶予者保護観察法」に基づいて実施されることになった。

(3) 以上の一連の改正をみて分かるように、当初、執行猶予制度には、比較的短期の自由刑の執行が犯罪者に対して与える悪効果を回避するという消極的機能と、執行猶予の取り消しとその結果生じる宣告刑（実刑）の執行による「威嚇」作用を通して、犯罪者の再犯防止を図るという積極的な特別予

第1章　刑の執行猶予制度

防機能が期待されていた、と言える。しかし、刑罰執行が犯罪者に与える悪効果を回避するという消極的機能は、適用範囲が2年以下さらには3年以下というおよそ「短期」とは言い難い自由刑、またそれに加えて罰金刑にまで及ぶことによって、より長期の自由刑および罰金刑の執行をも射程内に入れることになった。他方、犯罪者の再犯防止という積極的な特別予防機能の面でも、保護観察との結合によって、執行猶予制度に新たな機能が付け加えられることになった。それは、従来の「威嚇」という方法による特別予防機能ではなく、「改善更生」という方法による特別予防機能であった。その機能は、始めのうちは少年にだけ向けられていたが、再度の執行猶予さらには初度の執行猶予に付された成人に対しても期待されるべく、適用範囲を拡大していった。

　こうした刑事政策的機能の変化は、執行猶予の法的性質の変更をも余儀なくする。形式的にみれば、執行猶予が刑罰でないことは明白である（刑法第9条参照）。しかし、後述するように、執行猶予期間の設定には犯罪行為に対する責任評価の反映が可能であり、他方また、特別予防的な刑事処分として、すなわち単純執行猶予の場合には「特別威嚇的」な機能を有する刑事処分としての実質、保護観察付執行猶予の場合にはそれに「改善・更生的」な機能が加わった刑事処分としての実質をもつ。

　ところで、執行猶予制度の変革は、上記の改正以降も、改正刑法準備草案・改正刑法草案という刑法改正事業の場において企てられた。そこでの変革は、基本的にはこれまでの変化の延長線上にあり、保護観察の適正化およびその適用の合理化（保護観察の改善・更生機能面の強調、保護観察を真に必要とする犯罪者に保護観察を付すことができるようにすること）と、保護観察という社会内処遇をより有効なものにすること、すなわち端的に言って執行猶予制度に期待される「改善・更生」という特別予防機能の充実が主たる関心事であったように思われる。しかし、こうした方向性とは逆行する形で、1970年代にいわゆる「矯正先進国」において、「改善理念批判論」が吹き荒れることになった。改善理念批判論の多くは、施設内処遇（とくに自由刑受刑者の処遇）場面を念頭において展開されてきたが、しかし、その射程距離は広く、刑の量定の場面、そして社会内処遇の場面にも及んでいる[2]。プロベー

ションの有効性や公平性に対して疑問を投げ掛け、ジャスティス・モデルの下に、保護観察を強制的なものから犯罪者の任意を基礎としたものへと変換し、執行猶予制度も「犯罪行為に対する責任」を基準として適用すべきと説く論者も出現した。また、これとは別に、保護観察の遵守事項そして指導監督の側面を「改善・更生」の観点からではなく、むしろ「威嚇」や「排害・無害化」の観点から強化し、その刑罰的・制裁的性格を強調する立論も提示されている。わが国では、このような主張が声高に論じられるに至らないまでも、これに近い主張が散見され、改善理念批判論に対する何らかの態度決定が迫られている状況にある。

以下では、改善理念批判論が出現する以前において、執行猶予制度の刑事政策的機能と法的性質をめぐる議論が、判例・学説上どのように現れたかを振り返るとともに、改善理念批判論出現以降の新たな議論状況を踏まえて、わが国における執行猶予制度の将来の動向を探ってみたい。

II 判例の状況

1 刑事政策的機能

執行猶予の刑事政策機能のうち、まず刑罰執行が犯罪者に与える悪効果を回避するという消極的機能に関して、最高裁は昭和24年に、「刑の執行猶予の制度は、犯罪の情状比較的軽く、そのままにして改過遷善の可能性ありと認められる被告に対しては、短期自由刑の実刑を科することによって、被告人がともすれば捨鉢的な自暴自棄に陥ったり、刑務所内におけるもろもろの悪に汚染したり、又は釈放後の正業復帰を困難ならしめたりすることがないように、刑の宣告をする裁判所が、刑の宣告と同時に、一定期間刑の執行を猶予することを言渡すものである」[3]と述べた。しかし、短期自由刑の弊害回避の面から執行猶予の機能を捉えるこうした判例の態度は、3年以下の懲

---

(2) プロベーションの問題点と新たな方向性については、Patrick D. McAnany, Doug Thomson & David Fogel (ed.), Probation and Justice (1984) に収められた諸論文が参考になる。
(3) 最判昭和24・3・31刑集3巻3号408頁。

役・禁錮そして罰金刑にまで執行猶予を認める現行法の理解としては疑問であり、後に述べるように、学説もこぞって否定的である（もっとも、下級審の判決の中には、罰金刑執行にともなう悪効果回避を執行猶予制度の機能として認めることがあることに注意しなければならない）(4)。つぎに再犯防止という積極的な特別予防機能に関して、最高裁は、先と同じ判決の中で、「一方においては、執行猶予の言渡しを取り消されることなく無事に猶予期間を経過したときは、刑の言渡しは終局的にその効力を失うものとして、被告人の改過遷善を助長すると共に、他方においては、被告人が再び犯罪を行ったごとき場合には、いつでも執行猶予の言渡しを取消し実刑を執行すべき警告をもって、被告人の行動の反省と謹慎を要請しているのである」として、「威嚇」による特別予防機能を認める。

2　法的性質

　執行猶予の法的性質をどのように理解するかに関しては、第一に、執行猶予の要件に関する規定の変更が刑法第6条の「刑の変更」に当たるか否か、第二に、執行猶予が刑事訴訟法第402条の「不利益変更の禁止」で言うところの「刑」に当たるか否かの判断が重要なメルクマールとなる。判例は、第一の点について、「刑の執行猶予の条件に関する規定の変更は、特定の犯罪を処罰する刑の種類又は量を変更するものではないから、刑法第6条の刑の変更に当たらない。刑の執行猶予はその性質からいえば、刑の執行を一時猶予するというだけのものである。つまり刑の執行のしかたであって刑そのものの内容ではない」と判断した(5)。しかし、他方で、第二の点については、懲役6月執行猶予3年の刑を禁錮3月の実刑に変更すること、刑期が同じである場合に執行猶予の期間を延長することは、不利益変更に当たる(6)、との判断を示した。

（4）　福岡高判昭和26・12・14高刑集4巻14号2114頁。
（5）　最判昭和23・6・22刑集2巻7号694頁。同旨の判例として、最判昭和23・7・6刑集2巻8号785頁、最判昭和23・11・10刑集2巻12号1660ノ1頁がある。なお、保護観察についても刑法6条の適用はないとする下級審の判決がある（高松高判昭和29・4・20高刑集7巻6号823頁）。

III 学説の状況

1 刑事政策的機能と法的性質

　執行猶予の刑事政策的機能のうち、まず刑罰執行が犯罪者に与える悪効果を回避するという消極的機能に関し、学説は昭和24年の最高裁判決が狭く「短期自由刑の執行の弊害回避」にのみ言及した点を批判した[7]。3年以下の懲役・禁錮というおよそ「短期自由刑」という範疇では捉えられない自由刑のみならず、罰金にも執行猶予を認める現行法の理解からすれば、この批判は当然のことであろう。次いで、再犯防止という積極的な特別予防機能に関しては、「判決の感銘力を背景に、かつ善行保持の条件に違反したときは所定の刑に服すべき旨の心理強制を担保として再犯を防止しつつ、犯罪者の自発的更生の実現を期するものである。刑事政策的には、むしろ、この、自力更生の促進という面を重視すべきであり、この意味において、執行猶予と保護観察との有機的結合が要請される。」と説く藤木教授に代表されるように、学説は「威嚇」および「改善・更生」を通しての特別予防機能を認めるのが一般であった[8]。しかし、とくに保護観察との結合に関連して執行猶予の改善・更生機能を肯定する場合にも、他方で、その機能の推進を阻害する現行制度上およびその運用上の幾つかの制約が指摘されていた点に、注意をしておく必要がある。

　すなわち、その第一は現行刑法では初度の執行猶予に保護観察が付された場合には、再度の執行猶予が認められない点（第25条第2項但書）である。第二は、判例が、上訴審で新たに保護観察を付するのは不利益変更になると

（6）　前者の事例につき最判昭和26・8・1刑集5巻9号1715頁、後者の事例については最判昭和28・12・25刑集7巻13号2749頁。なお、一審で保護観察が付されていない場合にこれを付けることは、不利益変更に当たるという下級審の判決もある（大阪高判昭和33・7・10高刑集11巻7号391頁）。
（7）　団藤重光編『注釈刑法(1)』（1964年、有斐閣）185頁〔藤木英雄〕、香川達夫「起訴猶予、執行猶予、仮釈放」大塚仁他編『刑罰の理論と現実』（1978年、岩波書店）254頁、大塚仁他編『大コンメンタール刑法 第1巻』（1991年、青林書院）400頁〔豊岡健〕、森下忠『刑事政策大綱I』（1985年、成文堂）173頁参照。
（8）　団藤編・前掲注(7)188頁〔藤木〕、大塚他編・前掲注(7)400頁〔豊岡〕、森下・前掲注(7)173～174頁参照。

している点である⁽⁹⁾。第三は、判決前調査制度がないために、保護観察に付する者の選択が妥当に行われず、保護観察に付するか否かは主として犯罪行為の情状に基づかざるをえない点である。第四は、執行猶予制度の沿革のところで触れたように、保護観察制度を導入する立法段階において、執行猶予者に保護観察を付することが不利益になるという懸念が表明され、これを受けて当局から「初度目の執行猶予に保護観察に付する趣旨は、従前の法制の下では、再犯のおそれがあって執行猶予を適用しえず実刑に処せられたであろう犯罪者に対して、実刑を回避し執行猶予を許しうる意味で執行猶予の適用を拡大するためのものである」との説明がなされ、実務がこれに従っているらしいという点である。これらの点を考え合わせると、保護観察付執行猶予の現実理解としては、改善・更生を促進する処分というよりも、むしろ単純執行猶予に比して不利益性が加重された刑罰的色彩の強い処分であるとの見方も出てこようが、しかし、「改善理念批判論」出現以前の学説の状況は、この見方には批判的であり、犯罪者の改善・更生促進策としての保護観察を拡充すべしとの主張が支配的であったと言えよう⁽¹⁰⁾。こうした学説の状況は、後述するように、刑法改正作業に反映されていくことになる。

　執行猶予の法的性質については、学説は、執行猶予の要件の変更が刑法第6条にいう「刑の変更」に当たらないとした昭和23年の最高裁判決に批判的であり、執行猶予は「一個の独立した刑事処分」としての性質を有しており、したがって、その要件の変更は「刑の変更」に当たると解している⁽¹¹⁾。ただその場合、「独立した刑事処分」の内容をどのように理解するかについては、見解の相違がみられる。すなわち、「取消をうけたときは刑の執行をうけなければならないという心理強制を背景とした寛大な処分として、また矯正施設外における改善・更生を期する処分」⁽¹²⁾としての側面を指摘する藤木説のように、執行猶予の保安処分的性質に力点を置くものと、「執行を猶

（9）　前掲注(6)の大阪高判昭和33・7・10。
（10）　団藤編・前掲注(7)188頁〔藤木〕、平野龍一『犯罪者処遇の諸問題』（1963年、有斐閣）41頁以下参照。
（11）　森下・前掲注(7)173頁、団藤編・前掲注(7)187頁〔藤木〕、平野龍一『矯正保護法』（1963年、有斐閣）49頁、団藤重光『刑法綱要総論〔改訂版〕』（1979年、創文社）69頁参照。
（12）　団藤編・前掲注(7)178頁〔藤木〕。

予するかどうかは対象者の自由の拘束の有無に関するものであり、特別予防的な性格が強いとしても、評価的な要素も存在する以上、特に反対の規定がない場合には、なお刑法6条の適用を認めるのが妥当であろう」[13]とする平野説のように、執行猶予の刑罰的性質に力点を置くものとに分かれる。執行猶予の法的性質をどう理解するかは、刑法第6条との関連においてばかりでなく、広くわが国における執行猶予制度の将来の在り方を考える上で重要であるので、私見の提示とともに、後に再論したい。

2 改正刑法草案の方向性

執行猶予の積極的な特別予防機能とりわけ改善・更生機能を重視しようとすれば、先述した改善・更生機能の推進を阻害する執行猶予の制度上およびその運用上の制約の除去と、保護観察の拡充は不可欠である。こうした認識は、改正刑法草案作成当時の学界・実務界を支配し、この方向に添った立案の幾つかのものが、草案の規定の中に結実することになった。

第一に、初度の執行猶予に保護観察が付いた場合にも、再度の執行猶予の道を開いた（草案第68条第3項）。それは、保護観察付執行猶予が単純執行猶予に比し不利益性の加重された、刑罰的色彩の強い処分であるとの理解の妥当性を弱めるとともに、改善・更生の観点から初度の執行猶予に保護観察を付す可能性を増大させるものである。

第二に、再度の執行猶予には必ず保護観察が付されるという点が改められ、その場合の保護観察も裁量的なものとなった（草案第69条第1項）。この改正もまた、裏を返せば保護観察付執行猶予の刑罰的色彩を弱めることに役立ち、保護観察に付すか否かが改善・更生の観点から決定されることを促進する。

第三に、現行法が採用している「執行猶予期間と保護観察期間との連動」

---

(13) 平野・前掲注(11)49頁。なお、博士は、昭和23年の最高裁判決の判断根拠として、「刑の執行をする必要があるかどうかは、合目的的な考慮によって決せられるべきであり、そのような場合には、保安処分と同じ新法によるべきだという考え方に基づくものと思われる」としており、この点を反駁する意図から、執行猶予の責任評価的側面そして刑罰的側面を強調する。

(ただし、保護観察の成績優良の場合には「保護観察の仮解除」は認める）が改められ、保護観察期間は原則３年とされた（草案69条２項）。これにより、執行猶予期間に対する意味付けと、保護観察期間に対する意味付けとを別個のものとして理解すること、すなわち前者は犯罪行為に対する規範的否定的評価の大小を表示するもの、他方後者は改善・更生の必要性の大小を表示するものという理解も可能となった。

　以上のような、保護観察を専ら改善・更生的なものとして再構成することを狙いとする諸改正とともに、草案は付録として「保護観察の遵守事項に関する要綱案」を定め、執行猶予の場合の保護観察にも特別遵守事項（裁量による遵守事項）を言い渡せることとした。このうち特に「更生保護会その他の適当な施設に一時的に宿泊して指導を受けること」という特別遵守事項は、社会内処遇の場面に「施設的処遇」を導入する道を開くものとして、実務から要請の強かったものであった。

Ⅳ　理論の展開

　改正刑法草案の執行猶予制度改良の方向性が現実化しないうちに、その方向性に逆行する大きなうねりが起こった。プロベーションは犯罪者の再犯防止策として有効か。施設内処遇に比べコストはかからないとは言うものの、プロベーション・オフィサーという専門職員の配置に伴なう経費や、判決前調査に要する経費に見合うだけの再犯防止効果が挙がっているのか。裁判所によるプロベーションの適用は公平におこなわれているのか。プロベーション適用の基準としての再犯危険性予測は確実なものと言えるのか。もし再犯危険性予測が確実でなく、またプロベーションにおける有効な処遇技法が存在しないとするならば、再犯危険性とポジティブな相関関係を有する人格的・環境的因子を持った犯罪者が不利に取り扱われることにならないか。

　こうしたプロベーションの改善・更生機能そして特別予防機能に対する懐疑、プロベーション適用の公平性に対する疑問は、なにも「矯正先進国」と呼ばれる国に特有のものではない。理論的には、プロベーションの採用に不可避的に付きまとう事柄である。ただ、わが国の保護観察の現状は、「矯正

先進国」での批判が文字どおりに妥当する段階には至っていないのではないか。第一に、プロベーションの有効性を担保する判決前調査制度は、一時期その必要性が学界・実務界から強く要請されたにもかかわらず、採用されるには至らなかった。第二に、必要性が叫ばれた保護観察官の拡充もまた実現されずに、現有勢力の配置合理化と保護司の確保育成という「ささやかな」努力でもって、数を増す処遇困難な犯罪者に対処してきた。第三に、執行猶予そして保護観察の適用基準としては、再犯危険性や改善可能性が大きなウエイトを占めるべきであるとの認識が支配的であるにもかかわらず、実際の適用を見ると、必ずしもそうなっておらず、むしろ犯罪行為に対する責任評価が第一次的なものとして考慮されている節がある。逆説的ではあるが、執行猶予制度の改善・更生機能の拡充を主張する立場からは「後進的」と批判されてきた現実が、「矯正先進国」での批判をかわす結果になったとも言えよう。とはいえ、わが国の執行猶予制度がこのままでよいと言うわけではなかろう。その将来に向けて、理論上および実務上対処すべき事柄が存在する。以下では、理論的な問題についてのみ、簡単に私見を提示しつつ検討したい。

　第一は執行猶予そして保護観察の適用基準に関するが、再犯危険性や改善可能性の予測の確実性に疑問があり、そのような現状でこれらを適用基準とすれば適用の公平性に問題が生じる以上、その適用に当たっては犯罪行為に対する責任評価を主たる基準にすべきであろう。この結果、第二に執行猶予の法的性質理解に関連するが、犯罪行為に対する責任評価は具体的に執行猶予という処分に反映されねばならないことになる。この点、改正刑法草案が執行猶予期間と保護観察期間との連動を原則的に切り離して設定し得るとしたことが参考になる。これによって、執行猶予期間が犯罪行為に対する責任評価という観点から決定されることが可能となり、この期間中犯罪者は「刑」のありうべき執行という「刑罰的害悪の間接的提示」によって自由が制約されるという不利益を被る。その不利益は犯罪行為に対する責任評価を反映するものであり、したがって、執行猶予制度は刑そのものではないとしても刑法第6条の適用を受ける実質を備えたものとして理解されよう。第三は保護観察に関するが、保護観察を強制的なものから自発的・任意的なものに転換

第1章　刑の執行猶予制度

すべしとの議論や、とりわけ保護観察の指導・監督そして遵守事項を威嚇や排害の観点から強化してその刑罰的側面を強調すべしとの議論には賛成しがたい。保護観察官そして保護司の活動には常に「善意の逸脱」の可能性が付きまとうものの、彼らが果たす犯罪者福祉的機能を強調し、その活動の熱意の「受皿」を制度的に確保しておくことが、バランスの取れた刑事司法の発展に寄与するものと考える。

第 2 章

道路交通事犯に対する自由刑の展開
―― 自由刑単一化論に関連して ――

Ⅰ　はじめに
Ⅱ　道路交通事犯禁錮受刑者の集禁処遇の導入
　　　――執行刑レベルにおける禁錮刑の存在意義の再確認――
Ⅲ　業務上（重）過失致死傷罪（刑法第211条）の法定刑の改正
　　　――「過失犯には禁錮」という原則の崩壊――
Ⅳ　道路交通事犯の禁錮受刑者と懲役受刑者の混禁処遇の導入
　　　――執行刑レベルでの懲役・禁錮単一化現象――
Ⅴ　おわりに

Ⅰ　はじめに

「刑事収容施設及び被収容者等の処遇に関する法律」[1]第 4 条は、懲役受刑者と禁錮受刑者とは分離されるべきことを原則とする一方で、広くその例外を認める。

すなわち、

① 　受刑者に第71条又は第72条に規定する作業として他の被収容者に接して食事の配給その他の作業を行わせるために必要があるとき
② 　居室（被収容者が主として休息及び就寝のために使用する場所として刑事

（ 1 ）　平成17（2005）年 5 月25日に制定された「刑事施設及び受刑者の処遇等に関する法律」は、平成18（2006）年 6 月 8 日に改正され、その名も「刑事収容施設及び被収容者等の処遇に関する法律」に改められた。

第2章　道路交通事犯に対する自由刑の展開——自由刑単一化論に関連して——

施設の長が指定する室をいう。以下同じ。）外において、適当と認めるときには、分離しないことを可能にした。

こうした懲役と禁錮とのいわば「混禁処遇」は、懲役と禁錮との区別を執行刑レベルにおいて排除し、「自由刑の単一化」へと一歩を踏み出したものと捉えることが可能である。しかし、ここに至るまでには、昭和36（1961）年以来半世紀近くにわたって繰り広げられてきた道路交通事犯[2]受刑者に対する集禁処遇の試みがあった。

本稿では、道路交通事犯受刑者に対する集禁処遇が自由刑単一化との関係でどのような役割を果たしてきたかを探るとともに、自由刑単一化論との関連でどのような意味を有するのかを検討する。

II　道路交通事犯禁錮受刑者の集禁処遇の導入 ── 執行刑レベルにおける禁錮刑の存在意義の再確認 ──

1　禁錮刑は懲役刑よりも軽い刑種として位置づけられており（刑法第10条）、その趣旨は監獄法等の処遇法令の中でも生かされていた。すなわち、

① 禁錮受刑者と懲役受刑者が同一刑務所に収容されている場合は、両者は「分界」される（監獄法第3条第2項）、
② 禁錮受刑者には刑務作業の強制がなく、請願による作業のみが許される（監獄法第26条）、
③ 懲役受刑者に適用される累進処遇は禁錮受刑者には適用されない（行刑累進処遇令第2条）

とされていた。

---

(2)　本論文のタイトルには「道路交通事犯」という用語を用いる。それは、交通関連の犯罪の中でも陸・海・空の交通のうち海・空は除外し、また陸上においても道路交通に絞って論じるからである。さらに、道路交通の規制対象としては歩行者以外に様々な物的交通手段を利用する運転者が存在するが、本論文では基本的に自動車（原動機付自転車を含む）交通に関する犯罪に限定する。

なお、昭和39（1964）年12月に出された法務事務次官依命通達「交通事犯禁錮受刑者の集禁について」は「交通事犯」という用語を用いるが、本論文の用語と同義である（この点につき、注(8)参照）。

Ⅱ 道路交通事犯禁錮受刑者の集禁処遇の導入
―――執行刑レベルにおける禁錮刑の存在意義の再確認―――

しかし、道路交通事犯禁錮受刑者の集禁処遇開始以前においては、禁錮受刑者の数の少なさ（後掲表3参照）が原因で、禁錮受刑者の処遇は、「入所から釈放まで昼夜独居拘禁で、作業請願をしないものにとっては、殆ど軽屏禁罰に近いともいえる処遇がなされてきた。ただ、施設によっては、面会、通信等の面で累進処遇第三級に準じて取り扱われていたことが唯一の救いのようでもあった。」と評される実情にあった(3)。

禁錮が懲役よりも軽い刑種であるという法令上の建前は、少なくとも執行刑レベルにおいて形骸化していたのであり、それを根拠のひとつとして、禁錮の存在意義を疑問視し、禁錮を廃止して「懲役に一本化する単一刑論」や「新たな拘禁刑に一本化する単一刑論」が主張され始めていた。

2 例えば、昭和36（1961）年の改正刑法準備草案は、別案として、懲役・禁錮の区別をなくして一本化し、新たに「拘禁刑」を設ける。
　第35条　拘禁刑は、無期及び有期とし、有期拘禁刑は、一月以上十五年以下とする。
② 　拘禁は、刑事施設に拘禁する。
③ 　拘禁された者には、作業を課する。但し、必要があるときは、改善更生のために適当な他の処遇を行うことができる。

この別案の作成に当たって主導的役割を果たした平野博士によれば、「拘禁刑」の内容は以下のように説明される。

　　「単一刑論といえば、禁錮を廃止して、懲役一本にするかのように考えられている。確かにそういう意見もある。しかし私どもの主張は、そうではない。懲役でも禁錮でもない『拘禁』という刑をもうけ、その執行を受けているものに対して、『作業その他矯正のための処遇を行う』旨を、刑法典に拘禁刑の定義とは別項として規定しようというのである。」(4)

（3）　名古屋矯正管区「禁こ受刑者の集禁処遇について（中間報告）」刑政73巻7号（1962年）。
（4）　平野龍一「懲役と禁錮―――準備草案と刑事政策上の諸問題⑵」ジュリスト222号（1961年）34頁。なお、この論文はその後『犯罪者処遇法の諸問題』の中に収録された。

別案が示す「拘禁刑」は、厳密に言えば、懲役でも禁錮でもなく、「少年院送致という保護処分」に類似した新種の自由刑である。すなわち、少年院では、矯正教育の方法として教科教育・職業補導・生活訓練・医療を掲げ、これらの方法を対象者のニーズに応じて選択する「個別処遇」を目指す（少年院法第4条参照）が、別案の拘禁刑はこれに近い形のものである。

基本的に以上のような性格を有する別案ではあるが、別案の示す拘禁刑は第35条第3項にあるように、処遇の中心に「刑務作業」を置く。おそらく、刑務所での処遇対象者が可塑性に富む少年でなく、その大半が社会人として働くことが求められる成人であることを考慮してのものであろう。このように、別案は他面で「修正懲役型」の性格も有する。それは裏を返せば禁錮廃止の提案でもある。別案が第36条の禁錮の規定を削除していることは、そのことの傍証と看做すことができよう。

ともあれ、昭和30年代前半における禁錮受刑者の数の少なさは、別案に代表されるような禁錮の存在意義を否定ないし疑問視する「禁錮廃止論」の台頭を許す、ひとつの有力な根拠になっていたことは否めない。

3 こうした禁錮の存在意義を疑問視するような状況に変化の兆しが現れたのは、昭和30年代中頃以降のことで、いわゆるモータリゼーションの到来が大きな要因であった。自動車運転に起因する業務上（重）過失致死傷事件は急増し、それとともに禁錮受刑者数も増加の一途を辿って行くことになる[5]（後掲**表1**・**表2**・**表3**参照）。

「交通事犯禁錮受刑者の集禁処遇」の試みは、この変化に対応すべく執行刑レベルで考案された施策である。

それは、昭和36（1961）年10月名古屋矯正管区の豊橋刑務支所で開始され[6]、昭和38（1963）年3月東京矯正管区の千葉刑務所習志野作業場[7]、同

（5）　交通事犯で法定刑に禁錮を設けているのは、刑法第211条の業務上（重）過失致死傷罪だけでない。例えば、昭和35（1960）年にそれまでの「道路交通取締法」の廃止に伴って制定された道路交通法は、第116条で業務上（重）過失による建造物損壊に対し「6月以下の禁錮又は10万円以下の罰金」を、また、第118条第2項で過失による最高速度違反に対し「3月以下の禁錮又は10万円以下の罰金」を規定する。しかし、これらの犯罪で禁錮の実刑判決を言渡される者の数は少数である。

Ⅱ　道路交通事犯禁錮受刑者の集禁処遇の導入
——執行刑レベルにおける禁錮刑の存在意義の再確認——

　年６月大阪矯正管区の加古川刑務所でも実施されるようになり、これらの刑務所における実験的運用を経たのち、昭和39（1964）年12月に出された法務事務次官依命通達「交通事犯禁錮受刑者の集禁について」および「交通事犯禁錮受刑者の処遇について①②」（矯正局長通達）により、試行的制度として発足した[8]。その後十数年の試行を経て、昭和51（1976）年にこれらの通達が廃止され、それに代わり「交通事犯禁錮受刑者の集禁及び処遇要領の制定について」（矯正局長通達）が出され、正式な制度として全国的に実施されるようになる[9]。

　昭和51年通達が示す集禁処遇対象者は、昭和39年通達とほとんど変わりない。ただし、昭和47（1972）年に出された「受刑者分類規程」が導入した処

（６）　豊橋刑務支所における交通事犯禁錮受刑者の集禁処遇の試験的実施の状況については、名古屋矯正管区「禁こ受刑者の集禁処遇について（中間報告）」刑政73巻７号（1962年）、名古屋矯正管区「禁錮受刑者の集禁処遇について」刑政74巻８号（1963年）を参照。
（７）　千葉刑務所習志野作業場は、その後昭和44（1969）年３月に新設された市原刑務支所に業務移転される。市原刑務支所は同年11月に市原刑務所に昇格し、以降わが国初の独立した開放的な交通刑務所として運営されることになる。その運用状況の変遷は、以下の文献参照。
　　交通事犯禁錮受刑者集禁開始後の状況について
　　佐藤晴夫「開放処遇について」刑政82巻２号（1971年）、吉永豊文「市原刑務所における処遇」刑政82巻第９号（1971年）、前田俊郎「市原交通刑務所出所者の成り行き」刑政83巻４号（1972年）。
　　交通事犯懲役受刑者収容開始以降の状況について、
　　橋本健一「交通事犯禁錮受刑者の特性」ジュリスト８号（1977年）、同「交通事犯受刑者の処遇の現況と当面する課題について」刑政89巻８号（1978年）、清水喜作「市原刑務所——開放処遇の現状と課題」犯罪と非行44号（1980年）、同「市原刑務所——交通教育の歩みと問題点」犯罪と非行46号（1980年）、松木荘一「最近における交通犯罪受刑者の特徴と矯正処遇上の課題——市原刑務所の受刑者を中心として」刑政92巻８号（1981年）、久我洋二「今日における交通事犯受刑者の特質と処遇」刑政98巻３号（1987年）、黒瀬哲也「市原刑務所における交通事犯受刑者の特質と処遇の現状について」刑政104巻２号、佐藤克己「市原刑務所における交通事犯受刑者処遇の現状」犯罪と非行133号（2002年）。
（８）　通達の解説については、例えば仲正光「交通事犯禁錮受刑者の集禁処遇について」刑政76巻３号（1965年）を参照。
（９）　この通達によって指定された集禁施設は、函館少年刑務所（札幌矯正管区）、山形刑務所（仙台矯正管区）、市原刑務所（東京矯正管区）、豊橋刑務支所（名古屋矯正管区）、加古川刑務所（大阪矯正管区）、尾道刑務支所（広島矯正管区）、西条刑務支所（高松矯正管区）、大分刑務所（福岡矯正管区）であった。

第2章 道路交通事犯に対する自由刑の展開——自由刑単一化論に関連して——

遇分類級の「O級と判定された者」という要件が付け加えられている。以下では、昭和51年通達にしたがって、制度の概略を示す。

【表1】交通事故発生件数・死傷者数の推移

年次	事故発生件数	死傷者数	死者数	年次	事故発生件数	死傷者数	死者数
昭和26年	41,423	35,703	4,429	53年	464,037	602,899	8,783
27	58,487	48,017	4,696	54	471,573	604,748	8,466
28	80,019	64,824	5,544	55	476,677	607,479	8,760
29	93,869	78,764	6,374	56	485,578	616,065	8,719
30	93,981	82,880	6,379	57	502,261	635,265	9,073
31	122,691	108,823	6,751	58	526,362	664,342	9,520
32	146,833	132,105	7,575	59	518,642	653,583	9,262
33	168,799	153,680	8,248	60	552,788	690,607	9,261
34	201,292	186,030	10,079	61	579,190	721,647	9,317
35	449,917	301,211	12,055	62	590,723	731,526	9,347
36	493,693	321,562	12,865	63	614,481	763,189	10,344
37	479,825	325,258	11,445	平成元年	661,363	825,918	11,086
38	531,966	371,390	12,301	2	643,097	801,522	11,227
39	557,183	414,435	13,318	3	662,388	821,350	11,105
40	567,286	438,150	12,484	4	695,345	855,454	11,451
41	425,944	531,679	13,904	5	724,675	889,575	10,942
42	521,481	668,995	13,618	6	729,457	892,372	10,649
43	635,056	842,327	14,256	7	761,789	933,356	10,679
44	720,880	983,257	16,257	8	771,084	952,145	9,942
45	718,080	997,861	16,765	9	780,399	968,565	9,640
46	700,290	965,967	16,278	10	803,878	999,886	9,211
47	659,283	905,116	15,918	11	850,363	1,059,403	9,006
48	586,713	804,522	14,574	12	931,934	1,164,763	9,066
49	490,452	662,852	11,432	13	947,169	1,189,702	8,747
50	472,938	633,259	10,792	14	936,721	1,176,181	8,326
51	471,041	623,691	9,734	15	947,993	1,189,133	7,702
52	460,649	602,156	8,945				

II 道路交通事犯禁錮受刑者の集禁処遇の導入
——執行刑レベルにおける禁錮刑の存在意義の再確認——

【表2】業務上（重）過失致死傷罪の第一審科刑状況―宣告刑レベルでの懲役・禁錮

年次	禁錮			懲役		
	A 総数	B 実刑	B÷A (%)	C 総数	D 実刑	D÷C (%)
昭和31年	654	143	21.9%			
32	828	181	21.9%			
33	949	196	20.7%			
34	1,233	303	24.6%			
35	1,941	556	28.6%			
36	2,760	722	26.2%			
37	4,156	1,210	29.1%			
38	4,204	1,218	29.0%			
39	5,006	1,386	27.7%			
40	6,489	1,884	29.0%			
41	7,249	2,213	30.5%			
42	7,930	2,418	30.5%			
43	9,540	2,894	30.3%	310	177	57.1%
44	8,637	2,537	29.4%	1,939	1,043	53.8%
45	9,309	2,870	30.8%	3,154	1,608	51.0%
46	10,186	3,091	30.3%	3,835	1,754	45.7%
47	10,279	2,647	25.8%	4,422	1,884	42.6%
48	8,880	2,100	23.6%	4,115	1,776	43.2%
49	7,139	1,449	20.3%	4,165	1,653	39.7%
50	5,765	1,154	20.0%	3,855	1,433	37.2%
51	5,890	1,031	17.5%	4,248	1,415	33.3%
52	5,463	840	15.3%	4,500	1,448	32.2%
53	5,192	839	16.2%	4,213	1,894	45.0%
54	5,695	595	10.4%	3,710	1,151	31.0%
55	5,727	634	11.1%	3,952	1,161	29.4%
56	4,962	491	9.9%	4,192	1,219	29.1%
57	4,827	488	10.1%	4,092	1,154	28.2%
58	5,016	439	8.8%	4,304	1,038	24.1%
59	4,996	545	10.9%	4,581	1,661	36.3%
60	5,159	400	7.8%	4,813	1,209	25.1%
61	5,303	402	7.6%	4,691	1,072	22.9%
62	5,289	420	7.9%	4,355	1,044	24.0%
63	4,874	361	7.4%	4,035	934	23.1%
平成元年	4,447	348	7.8%	3,577	790	22.1%
2	4,411	327	7.4%	3,467	791	22.8%
3	3,631	257	7.1%	2,743	698	25.4%
4	3,136	204	6.5%	2,675	664	24.8%
5	2,863	235	8.2%	2,460	666	27.1%
6	2,711	187	6.9%	2,385	598	25.1%
7	2,390	204	8.5%	2,197	547	24.9%
8	2,464	188	7.6%	2,260	549	24.3%
9	2,328	152	6.5%	2,171	603	27.8%
10	2,427	150	6.2%	2,231	432	19.4%

（注）司法統計年報から作成。なお、平成11年以降の司法統計年報は懲役・禁錮別の数を計上していない。

第2章　道路交通事犯に対する自由刑の展開――自由刑単一化論に関連して――

【表3】懲役・禁錮新受刑者数の推移―執行刑レベルでの懲役・禁錮

年次	懲役	禁錮	年次	懲役	禁錮
昭和30年	53,955	80	56	29,831	489
31	50,989	114	57	30,977	410
32	47,652	118	58	30,331	382
33	46,052	123	59	31,659	394
34	44,905	183	60	31,260	355
35	40,533	344	61	30,241	331
36	36,713	497	62	29,305	348
37	34,975	898	63	27,807	349
38	33,397	1,098	平成元年	24,308	271
39	31,466	1,211	2	22,445	265
40	32,417	1,417	3	20,802	233
41	32,607	1,876	4	20,664	178
42	28,418	2,065	5	21,008	197
43	26,948	2,337	6	21,090	152
44	24,357	2,423	7	21,653	157
45	23,401	2,418	8	22,228	159
46	24,159	2,982	9	22,479	134
47	25,738	2,636	10	22,940	107
48	24,140	2,102	11	24,293	159
49	24,153	1,555	12	27,274	173
50	25,045	1,096	13	28,226	194
51	26,416	959	14	30,003	230
52	26,868	795	15	31,090	240
53	28,405	676	16	31,841	212
54	28,474	596			
55	27,803	562			

（注）　上記の懲役・禁錮新受刑者数は、道路交通犯罪によるものに限定したものではなく、新受刑者総数の内訳である。

4　通達が示す「交通事犯禁錮受刑者」とは、「自動車及び原動機付自転車の運転に係わる犯罪（以下、「交通事犯」という）により禁錮に処せられた者」[10]で、集禁の基準は、次のとおりである。

処遇分類級O級と判定された成人の交通事犯禁錮受刑者で、
① 　交通事犯以外の犯罪による懲役刑を併有しないこと
② 　交通事犯以外の犯罪による受刑歴がないこと

---

(10)　通達によれば、「自動車及び原動機付自転車以外の交通機関の運転に係わる犯罪により禁錮に処せられた者」も特に必要があると認められれば、集禁処遇の対象とすることが可能とされる。

③　刑期がおおむね３月以上であること
　④　心身に著しい障害がないこと
　⑤　施設管理上支障のおそれがないこと
という要件に該当する者である（「通達」第１）。

　これらの交通事犯禁錮受刑者には、その特性に見合った特別な処遇が行われる。

　その特別処遇の重要な根幹の一つが職業の指導であり、それは二つのグループに分けて実施される（「通達」第５）。すなわち、

　第一に、自動車運転の適性が著しく欠けていると認められる者及び自動車運転の職業から転職することを希望する者に対しては、必要な職業情報の提供、職業選択の指導、基本的技術の指導等を行う。

　第二に、出所後自動車運転に従事することを希望し、かつ、その適性がある者に対しては、必要な知識及び技能を付与し、並びに安全運転の態度に習熟させる。

　この職業指導は刑務作業の一環として実施されることを想定し、通達は「作業に就くことを願い出た者に対しては、その適性、希望及び将来の生計等を考慮して就業を許すものとする。」と定め（「通達」第10）、作業時間は原則として６時間とされ、必要がある場合には、作業中に教育を行うことができるとした（「通達」第11）。

　この通達の規定は、作業を刑罰内容とせず、請願しか認めない禁錮刑の当然の帰結である。しかし、交通事犯禁錮受刑者の集禁処遇は、施設から提示される刑務作業プログラムへの参加を拒否する自由は基本的に認めるものの、後に述べる開放的処遇という魅力的な条件によって多くの被収容者は作業に就くよう誘引される仕組みになっている。それはまさに「懲役でも禁錮でもない、『拘禁』という刑」と呼べるような内容になっている点に注目しておく必要がある。

　5　禁錮受刑者集禁処遇のもうひとつの特筆すべき処遇は、開放的処遇の導入である。
　①　居室、食堂、工場及び教室は施錠しないものとする（「通達」第７）。

② 検身及び捜検は、特に必要があると認める場合を除き、行わないものとする（「通達」第8）。
③ 行刑区域内においては、戒護者を付けないものとする。ただし、必要があるときは、この限りでない（「通達」第9）。

このように、それまでの閉鎖刑務所では行われてこなかった画期的な開放的措置が規定されたほか、無戒護の外部通勤や、刑を執行停止（刑訴法第482条）したうえでの外泊の試験的実施なども行われた。

こうした実験的試みは、やがて「刑事収容施設及び被収容者等の処遇に関する法律」における開放的処遇に関する諸規定、すなわち「刑事施設外処遇」（第87条）、「制限の緩和」（第88条）、「外部通勤作業」（第96条）、「外出および外泊」（第106条～第108条）に結実した。

6　交通事犯禁錮受刑者の集禁処遇は、昭和51年通達によって正式に制度化され、全国的な展開を遂げていくが、それとは裏腹に、交通事犯禁錮受刑者は昭和40年代中ごろをピークにその数を減少させていった（前掲表2・表3参照）。それは、次に述べる刑法の一部改正により、業務上（重）過失致死傷罪の法定刑に懲役が加わったことが最大の原因であった。

とは言え、この十数年にわたる交通事犯禁錮受刑者の集禁処遇の試みは、禁錮に再び脚光を投げかけ、その存在意義を改めて再確認させたことは事実である。

Ⅲ　業務上（重）過失致死傷罪（刑法第211条）の法定刑の改正
──「過失犯には禁錮」という原則の崩壊──

1　昭和40（1965）年、「刑法の一部を改正する法律案」が第48国会に提出された。改正点の一つは、刑法第45条後段の併合罪に関する改正、他の一つは、本稿のテーマに関係する刑法第211条の業務上（重）過失致死傷罪に対する法定刑の改正であった。

改正前の業務上（重）過失致死傷罪の法定刑は、「3年以下の禁錮又は5万円以下の罰金」であったが、改正案では、法定刑に5年以下の懲役を選択

III　業務上（重）過失致死傷罪（刑法第211条）の法定刑の改正
　　　　——「過失犯には禁錮」という原則の崩壊——

刑として加えるとともに、禁錮の長期も5年に引き上げた。

　この後者の改正は、「過失犯に対しては禁錮、故意犯に対しては懲役」というこれまでの懲役と禁錮の区別に関する原則を変更するものであるが[11]、その先例は既に改正刑法準備草案の以下の規程に示されていた[12]。

　　第284条　業務上必要な注意を怠り、人を死傷させた者は、5年以下の懲役もしくは禁固又は30万円以下の罰金に処する。重大な過失によって、人を死傷させた者も、同じである。

2　国会審議における政府委員の説明によれば、懲役を新たに加えた理由は以下の点である[13]。

① 　酒酔い運転・無免許運転・甚だしい速度違反運転などの道路交通法違反の運転行為によって人の死傷の結果を惹き起こす悪質重大事案は、「故意犯に属するいわゆる未必の故意の事案と紙一重のような事案」であること。

② 　このような破廉恥な事案に対し、政治犯等の非破廉恥な犯罪に適用されるべき禁錮刑で対処することが「国民の道義的感覚に反する」こと。

　他方で、禁錮刑に当たるような非破廉恥な業務上（重）過失致死傷行為も存在するということが、法定刑に禁錮を残す理由として示された。

3　これに対する反対論は、刑法上の観点以外からも種々投じられたが、

---

(11)　もっとも、終戦後の占領下において有毒飲食物の取締法等で過失犯の法定刑に懲役が規定されたこともあり、「過失犯には禁錮」という公式は必ずしも絶対的なものではなかった。

(12)　改正刑法準備草案理由書は、法定刑に懲役刑を設けた理由として、「近時の交通事故の実情などに鑑み、この程度の厳罰主義をとることはやむを得ないものと考えた。英米はじめ、過失犯を重く処罰する立法例の多いことも斟酌せられた。」と述べる。しかし、厳罰を理由にするならば、何故禁固の長期の引き上げだけにとどまらないのか、懲役まで導入したことの積極的理由が何であるかは提示されていない。
　なお、別案は、法定刑が「懲役」、「懲役又は禁固」、「禁固」とあるものを「拘禁刑」と読み替えることを提案しており、第284条の業務上（重）過失致死傷もこれにより法定刑は「5年以下の拘禁刑又は30万円以下の罰金」とする。

(13)　例えば、昭和40（1965）年4月8日の衆議院法務委員会における津田刑事局長の答弁参照（衆議院会議録第48国会法務委員会第20号）。

第2章　道路交通事犯に対する自由刑の展開——自由刑単一化論に関連して——

このうち刑法上の論点だけに限ると、
① 「過失犯に対しては禁錮」という刑法上の原則を崩すべきではなく、未必の故意が認定可能な事案であれば、懲役を法定刑として規定する殺人罪や傷害罪で処理すれば足りること、
② 酒酔い運転・無免許運転・最高速度違反運転などの悪質な道路交通法違反の運転行為によって人を死傷する結果を惹き起こした重大事案は、道交法違反と業務上過失致死傷との併合罪として処理すれば、十分対処できること[14]、
③ ②の見解とは別に、酒酔い運転・無免許運転・最高速度違反運転などのうち極めて悪質な道路交通法違反の運転行為によって人を死傷する結果を惹き起こした重大事案は、結果的加重犯として新たな構成要件（法定刑としては禁錮ではなく懲役を想定する）を刑法ないしは道路交通法の中に設けるべきであること[15]、

などがあった。要するに、刑法上の論点から主張されたこれらの反対論の根底には、「過失犯には禁錮」という公式の崩壊に対する抵抗があったと言えるだろう。

4 こうした賛否両論の中でこの法律案は一時廃案とされたが、第58国会に再び提出され、昭和43（1968）年に漸く成立をみる。

これにより、「過失犯には禁錮」というわが国刑法の原則は、過失犯罪発生件数中その大半を占める業務上（重）過失致死傷というこの原則の重要な砦において、崩壊することになる。

----

(14) 当時の道交法では、①酒酔い運転の法定刑は2年以下の懲役又は10万円以下の罰金（第117条の2）、②無免許運転と最高速度違反運転の法定刑は6月以下の懲役又は10万円以下の罰金（第118条）であり、①の違反行為により業務上過失致死傷を惹き起こせば、刑法第47条により法定刑は3年以下の懲役に、また、②の違反行為により業務上過失致死傷を惹き起こせば法定刑は4年6月の禁錮に修正される。
(15) 例えば、昭和40（1965）年4月22日の衆議院法務委員会において参考人として出席した吉川経夫法政大学教授（当時）の見解（衆議院会議録第48国会法務委員会第22号）参照。なお、結果的加重犯類型の提案は、平成13（2001）年の刑法第208条の2の危険運転致死傷罪の新設によって実現することになる。

以降、裁判所は業務上（重）過失致死傷に対し懲役か禁錮かの選択を強いられることになるが、その適用状況は、前掲表２のとおり、量的には徐々に懲役刑の適用ケースが増加していき、ついに昭和49（1974）年には実刑言渡し数で懲役は禁錮を上回り、その傾向は現在まで持続している。

しかし、懲役と禁錮の選択基準、さらには、実刑と執行猶予との選択基準は明らかでない。ここで検討する余裕はないが、別途検討を要する課題である。

Ⅳ 道路交通事犯の禁錮受刑者と懲役受刑者の混禁処遇の導入
── 執行刑レベルでの懲役・禁錮単一化現象 ──

1 上述の刑法改正により道路交通事犯の禁錮受刑者は減少し、他方で懲役受刑者は増加していくという状況の中で、昭和51（1976）年11月に市原刑務所で交通事犯懲役受刑者の集禁が試験的に開始された。「交通事犯」という点では同じであるものの、刑種を異にする懲役と禁錮が一つの施設の中に混禁されることになったわけである。

昭和53（1978）年４月には、「交通事犯懲役受刑者の集禁及び処遇について」（矯正局長通達）が出され、混禁処遇は市原刑務所のほかに加古川刑務所、松山刑務所西条刑務支所にも拡大された。その概要は、次のとおりである。

2 収容対象となる「交通事犯懲役受刑者」は、「交通事犯」により懲役に処せられた者で、集禁の基準は、昭和51年通達が規定する先述の「交通事犯禁錮受刑者」の要件と同様のものと定められた。

処遇に関しては、第一に、禁錮受刑者に適用される開放的措置のうち、①居室・食堂・工場及び教室は施錠しない、②行刑区域内においては、戒護者を付けないという措置が取られた。

また第二に、作業、生活指導その他の処遇について、その必要があり、かつ特段の支障がない限り、懲役受刑者と禁錮受刑者とを一緒に扱うことを認めた。

第2章　道路交通事犯に対する自由刑の展開——自由刑単一化論に関連して——

3　上記第二の点は、自由刑の単一化との関連において極めて重要である。

当時の監獄法の規定では懲役と禁錮は「分界」されなければならず、従って居室のみならず、作業やその他の処遇の実施に当たり、両者を一緒に扱うことはできなかった。そのことの弊害は、「交通事犯禁錮受刑者に対する集禁処遇」実施以前の禁錮受刑者の処遇の実態に見られたとおりである。

この「分界」規定に関して、平野博士は、改正刑法準備草案の別案の「拘禁刑」を支持する立場から、次のように指摘していた。

「右のような規定（「分界」規定）は、監獄法の規定であって、刑法が右のような分界を厳格に要求しているわけではない。したがって、監獄法を改正することにより、懲役と禁錮の差は作業を強制するかどうかだけであって、他はまったく同一に取り扱うことも可能である。」(16)

「分界」規定の例外を居室以外の場所において認める通達の方針は、平野博士の主張に近似するものである。また、作業強制の有無が懲役と禁錮の差となって残るというが、先に述べたように、集禁処遇における禁錮受刑者は、施設から提示される刑務作業プログラムへの参加を拒否する自由は基本的に認められるものの、開放的処遇という魅力的な誘因によって作業に就かざるを得ないという仕組みになっている。この点からすれば、作業強制の有無による区別も薄れ、交通事犯の禁錮受刑者と懲役受刑者の混禁処遇は、まさに「懲役でも禁錮でもない、『拘禁』という刑」に近い内容になる。

交通事犯受刑者の混禁処遇の導入は、少なくとも執行刑レベルにおける自由刑の単一化に向けて大きな一歩を踏み出したと言うことができるであろう。

V　おわりに

1　冒頭に述べたように、「刑事収容施設及び被収容者等の処遇に関する法律」第4条は、懲役と禁錮との混禁処遇に関し法律上の根拠を定めた。

---

(16)　平野・前掲注(4)38頁。

V　おわりに

　さらに、平成18（2006）年5月23日に制定された「刑事施設及び受刑者の処遇等に関する法律施行規則」は、「矯正指導及び作業を行う時間は、これらを合算して1日につき8時間の超えない範囲で定めるものとする。」（傍点筆者）と規定した（第39条）。また、同規則は、1月につき2日の範囲内で刑務作業以外の矯正処遇の実施日を設けることを可能にした（第15条第2項第4号）。これらの規定により、刑務作業に日中の多くの時間が費やされ、その他の矯正処遇の実施が困難であったというこれまでの実情が改められ、法律が定める入所時教育・釈放前教育（法第62条）、改善指導（法第82条）、教科指導（法第83条）という「矯正指導」が日中の時間帯に実施される道を開いた。
　以上の法令の制定によって、道路交通事犯受刑者の集禁処遇が、「懲役でも禁錮でもない、『拘禁』という刑」に近づくことが、今まで以上に可能になったと言える。

　2　道路交通事犯、とりわけ過失犯に対する矯正処遇を考えるとき、禁錮刑は余りにも無策である。注意力の弛緩した過失犯のような犯罪者に対し、作業その他の矯正処遇を課す必要性は極めて高く、その点で道路交通事犯受刑者の集禁処遇は評価されるべきである。ただし、過失犯に対する矯正処遇の必要性は、なにも交通事犯に限ったことでない。
　すべての過失犯に矯正処遇を実施するためにも、「過失犯には禁錮」という公式を法定刑レベルで全面的に改める必要があろう。

　3　しかし、自由刑の単一化を全面的に主張するには躊躇を覚える。
　懲役・禁錮区別論のもう一つの牙城には、「確信犯」問題がある。「現在では、まがりなりにも、民主的な政治制度が確立し、言論の自由が認められている。社会の改革を合法の枠内で行うように期待することも、不可能ではないはずである。」と語られた[17]が、しかし、「確信犯には禁錮」というラートブルフの価値相対主義の公式を捨て去ることができるほどに、社会が安定し

---

(17)　平野・前掲注(4)36頁。

第2章　道路交通事犯に対する自由刑の展開——自由刑単一化論に関連して——

ているという過信は、慎しまなければならない。

　過失犯に対する自由刑単一化は首肯しえても、全面的な自由刑単一化に踏み切るには、確信犯問題を別途考察する必要がある。

第 3 章

精神障害と保安処分

Ⅰ　はじめに
Ⅱ　医療観察法施行以前の状況
Ⅲ　医療観察法の強制的入院・通院処分
　　——改正刑法草案・刑事局案との比較——
Ⅳ　医療観察法上の強制的な入院・通院処分の法的性質

Ⅰ　はじめに

(1)　日本には、精神障害者の医療・保護そして社会復帰の促進のための援助活動等を定める法律として、「精神保健及び精神障害者福祉に関する法律（以下、「精神保健福祉法」という。）」があります。その第5条で、精神障害者とは、「統合失調症、精神作用物質による急性中毒又はその依存症、知的障害、精神病質その他の精神疾患を有する者」と定義されています。そして、これらの精神障害者が「刑罰法令に触れる行為」（以下、「触法行為」という。）を行った場合に、刑法第39条は、次のように規定しています。

　　第1項　心神喪失者の行為は罰しない。
　　第2項　心神耗弱者の行為は、その刑を減軽する。

(2)　「精神障害と責任能力」に関しては佐伯教授から詳しい報告が行われますので、ここではごく簡単な説明に留めます。

「心神喪失」とは、精神の障害によって事物の理非善悪を弁識する能力（弁識能力）、またはその弁識に従って行動する能力（制御能力）のない状態を言います。この状態で触法行為を行った者は「責任無能力者」とされ、その行為は犯罪とされず、したがって、刑罰も科されません。ただ実際の刑事司法の運用では、その多くが検察段階で不起訴処分にされており、起訴後裁判所

で無罪判決が言い渡される者の数は、極めてわずかです。

　これに対し、「心神耗弱」とは、精神の障害がまだ弁識能力または制御能力を欠如する程度には達していないが、その能力が著しく減退した状態を言います。この状態で触法行為を行った者は、いわゆる「限定責任能力者」として刑が減軽されるに止まります。しかし、心神耗弱者もまた、実際の刑事司法の運用では、検察段階で不起訴処分（刑事訴訟法第248条の起訴猶予処分）に付され、刑事司法システムから解き放たれるケース（いわゆる「ダイバージョン」）が多く、裁判で有罪が認定されて刑が減軽される者の数は比較的少数です。

　(3)　このように、わが国では、心神喪失や心神耗弱の状態で触法行為を行った精神障害者の多くは刑事司法システムから解き放たれますが、その後直ちに「自由な社会生活の場」に戻されるわけではありません。

　精神保健福祉法には、「措置入院」と呼ばれる強制的な入院処分（第29条）があり、2005年7月15日以前には、心神喪失や心神耗弱の状態で触法行為を行った精神障害者の多くは、刑事司法システムから精神保健福祉法上のシステムに移されることになっていました。

　2005年7月15日は、わが国の「触法行為を行った精神障害者対策」の上でエポック・メーキングな日です。2003年に「心神喪失等の状態で重大な他害行為を行った者の医療及び観察等に関する法律（以下、「医療観察法」という）」が制定されましたが、その施行日がこの日でした。それ以降、重大な触法行為を行った精神障害者は、精神保健福祉法上のシステムから切り離されて、この新たなシステムが優先的に適用されることになりました。

　(4)　精神保健福祉法上のシステムは、「触法行為を行った精神障害者」にだけ限定したシステムではありません。「触法行為を行った精神障害者」も含む「精神障害者全般」を対象にして、彼らの医療と保護そして社会復帰の促進を目的とするシステムです。

　そこで、以前から、心神喪失や心神耗弱の状態で触法行為を行った精神障害者を、一般の精神障害者から切り離して、触法行為の再発を防止し、社会の人びとの安全を守ることを目的とした処分すなわち「保安処分」の必要性が唱えられてきました。

Ⅱ 医療観察法施行以前の状況

　例えば、法制審議会[1]が1974年に公表した「改正刑法草案」は、保安処分に関する規定を新設し、心神喪失や心神耗弱の状態で触法行為を行った精神障害者に対し「治療処分」という名の保安処分の導入を企図しました。しかし、この案には、「日本弁護士連合会」や「日本精神神経学会」など法曹界や精神医学界から強い反対が表明されました。

　この反対を受け、法務省刑事局は1981年に保安処分に関する修正案（以下、「刑事局案」という。）を発表しました。しかし、それにもかかわらず反対は止まず、結局保安処分の導入は見送られました。

　それ以降、心神喪失者や心神耗弱者に対する主要な対応策は、医療観察法により新たなシステムが導入されるまでの間は、精神保健福祉法の措置入院というシステムでした。

　(5)　本報告では、まず、医療観察法施行以前における措置入院制度の運用状況をご説明し、併せて、医療観察法のシステムが導入された背景事情をお示ししたいと思います。その後で、医療観察法上の「強制的な入院処分・通院処分」の内容について、改正刑法草案の「保安処分」や、刑事局案の「治療処分」と対比させながら紹介し、その法的性質に触れたいと思います。

Ⅱ　医療観察法施行以前の状況

1　精神保健福祉法上の措置入院制度

　(1)　既にお話したように、心神喪失や心神耗弱の状態で触法行為を行った精神障害者の多くは刑事司法システムから解き放たれますが、その後直ちに、自由な社会生活の場での生活を享受できるわけではありません。彼らの多くは、刑事司法システムから精神保健福祉法上のシステムに移されるという仕組みになっています[2]。

　　(a)　まず、検察官は、精神障害者又はその疑いのある被疑者・被告人について、以下の①から④の決定があった場合には、速やかにその旨を

（1）「法制審議会」とは法務省に設置された審議会の一つで、法務大臣の諮問に応じて民事法、刑事法その他法務に関する基本的な事項を調査審議することを大きな任務としています。

都道府県知事に通報しなければならないことになっています（精神保健福祉法第25条第1項）。
　① 不起訴処分をしたとき、
　② 無罪の言渡しの裁判が確定したとき、
　③ 刑の執行猶予の言渡しの裁判が確定したとき、
　④ 罰金・科料という金銭刑の言渡しの裁判が確定したとき
(b) これを受けて、都道府県知事は、調査の上必要があると認められるときは、二人以上の精神保健指定医に通報対象者の診察をさせることになります（同法第27条第1項）。
(c) 診察に当たった精神保健指定医が一致して、次に掲げる二つの要件を満たしていると判断した場合には、都道府県知事は、国等が設置した精神科病院又は指定病院にその者を強制的に入院させることができることになります（同法第29条第1項）(3)。
　その要件とは、
　① 精神障害者であること、
　② 医療及び保護のために入院させなければその精神障害のために自身を傷つけ又は他人に害を及ぼすおそれ（以下、「自傷・他害のおそれ」という。）があること
の二つです。

　この措置入院制度でご注意いただきたいことは、この措置入院決定が司法機関ではなく、都道府県知事という「行政機関」によって行われる点です。この点が、医療観察法の入院・通院決定との大きな違い

･･
（2）　刑事司法システムから精神保健福祉法上のシステムへの移行の仕組みは、医療観察法による新たなシステムの導入によって廃止されたわけではありません。
　　後に述べるように、心神喪失者や心神耗弱者が「重大な他害行為」を行った場合には医療観察法のシステムが優先しますが、「重大な他害行為に当てはまらない触法行為」を行った心神喪失者や心神耗弱者には、依然として精神保健福祉法上のシステムが作動します。また、重大な他害行為を行った場合でも医療観察法上の「通院処分」に付された場合などには、精神保健福祉法上のシステムが作動することになっています。
（3）　措置入院に至るルートは、検察官からの通報ばかりでなく、この他にもいくつかのルートがあります。この点については後ほど触れることにします。

で、医療観察法ではその決定を裁判所すなわち司法機関に委ねています。このことについては、後でまた触れることにします。

(2) つぎに、この【検察官通報⇒措置入院決定】の運用状況について、ご説明したいと思います。

まず資料1をご覧ください。そこに、検察段階と裁判段階において「心神喪失」・「心神耗弱」と認められた者の数が、過去10年間にわたって掲載されています。

それによれば、
① 既にお話した事柄ですが、ほとんどの者が検察段階で行われる精神鑑定によって心神喪失・心神耗弱と判断され、不起訴処分になっていること、
② 検察段階と裁判段階において「心神喪失」・「心神耗弱」と認められた者の数は、この10年間において600人から800人の間を上下しながら推移していること、

という二つのことが、お分かりいただけると思います。

この600ないし800の者が検察官から都道府県知事に通報されることになるわけですが、しかし、心神喪失者や心神耗弱者だけが検察官通報の対象者でないことにご注意ください。つまり、精神保健福祉法第25条では「精神障害者又はその疑いのある者」と規定されておりますので、「責任能力者」でも「精神障害者又はその疑いのある者」であれば、検察官通報の対象になります。たとえば、責任能力者が刑の執行猶予判決を言い渡された場合や、金銭刑を言い渡された場合で、その者が精神障害又はその疑いのあると判断されれば、通報が可能となるわけです。

資料1　心神喪失者・心神耗弱者の罪名・精神障害　名別処分結果

『犯罪白書』より作成

年次	総数	不起訴			裁判		
		計	心神喪失	心神耗弱	計	心神喪失	心神耗弱（刑の減軽）
１９９６年	849	749 (88.2)	399 (47.0)	350 (41.2)	100 (11.8)	3 (0.4)	97 (11.4)
１９９７年	735	648 (88.2)	371 (50.5)	277 (37.7)	87 (11.8)	3 (0.4)	84 (11.4)
１９９８年	622	567 (91.2)	354 (56.9)	213 (34.2)	55 (8.8)	2 (0.3)	53 (8.5)
１９９９年	599	542 (90.5)	350 (58.4)	192 (32.1)	57 (9.5)	―	57 (9.5)
２０００年	735	651 (88.6)	445 (60.5)	206 (28.0)	84 (11.4)	―	84 (11.4)
２００１年	694	610 (87.9)	340 (49.0)	270 (38.9)	84 (12.1)	1 (0.1)	83 (12.0)
２００２年	734	664 (90.5)	360 (49.0)	304 (41.4)	70 (9.5)	1 (0.1)	69 (9.4)
２００３年	693	604 (87.2)	324 (46.8)	280 (40.4)	89 (12.8)	3 (0.4)	86 (12.4)
２００４年	649	561 (86.4)	324 (49.9)	237 (36.5)	88 (13.6)	7 (1.1)	81 (12.5)
２００５年	811 (100.0)	745 (91.9)	370 (45.6)	375 (46.2)	66 (8.1)	1 (0.1)	65 (8.0)
（罪名別）							
放火	81	68	58	10	13	―	13
強姦・強制わいせつ	22	20	13	7	2		2
殺人	103	85	78	7	18	―	18
傷害	194	178	92	86	16	―	16
強盗	20	18	12	6	2		2
その他	391	376	117	259	15	1	14
（精神障害名別）							
統合失調症	515	492	265	227	23	―	23
そううつ病	69	56	18	38	13		13
てんかん	7	7	2	5	―		―
アルコール中毒	28	24	14	10	4		4
覚せい剤中毒	14	12	2	10	2		2
知的障害	35	23	7	16	12		12
精神病質	6	5	1	4	1	1	―
その他の精神障害	137	126	61	65	11	―	11

　資料1には、もうひとつ別のデータが掲載されています。太線で囲った部分をご覧ください。そこには、2005年における罪名別および精神障害名別の

Ⅱ　医療観察法施行以前の状況

処分結果が掲載されております。

「罪名別」のところには、特に放火、強姦・強制わいせつ、殺人、傷害、強盗という「重大な被害を惹き起こす行為」が掲載されていますが、これには理由があります。後でお話しするように、1981年の「刑事局案」に示された「治療処分」や、2003年の医療観察法によって導入された「強制的な入院・通院処分」の対象者とされているのが、ここに挙げられている「重大な触法行為」を行った心神喪失者・心神耗弱者です。精神障害者が行う触法行為の中でも、とりわけこれらの重大な触法行為は、社会防衛の見地から強い関心が持たれてきました。これらの重大な触法行為者を合計した数は、400人ほどになっています。この約400人が、医療観察法上の処遇システムの中に毎年入ってくる人数であると予想されています[4]。

つづいて、「精神障害名別」のところをご覧ください。

そこで特徴的な点は、「統合失調症」が極めて多く、全体の63.5%を占めていることです。これに対して「治療困難」だとされる「知的障害」や「精神病質」の数が極めて僅かです。これは、責任能力判断において知的障害者や精神病質者の多くが「責任能力者」と認められていることを反映しているのだと思われます。

責任能力者と判断され、刑務所に収容される知的障害者や精神病質者は、2005年では知的障害者が287人、精神病質者が125人でした。彼らの処遇は、刑務所における重要課題のひとつとなっています。この点は、佐藤先生からご紹介があるのではないかと思います。

それでは、つぎに、資料２に移りたいと思います。

資料２の「措置入院患者数[5]」をご覧ください。

（４）　政府は、医療観察法の導入に当たって、この400人ほどの者が医療観察法の対象者になることを見込んで、入院処分のための病床数を施行後３年間で700床程度整備する必要があると積算しておりました。

（５）　注(3)に記したように、措置入院に至るルートは検察官からの通報だけではありません。資料２の措置入院患者数は、検察官通報だけでなくすべてのルートから措置入院決定になった者の数です。

資料2　精神病床数・入院患者数・措置入院者数・措置率・病床利用率

『我が国の精神保健福祉（精神保健福祉ハンドブック）2006年度』から引用

(各年6月末)

年次	精神病床数	入院患者数	措置入院患者数	措置率(％)	病床利用率(％)
1970年	242,022	253,433	76,597	30.2	104.7
1975年	275,468	281,127	65,571	23.3	102.1
1980年	304,469	311,584	47,400	15.2	102.3
1985年	333,570	339,989	30,543	9	101.9
1990年	358,251	348,859	12,572	3.6	97.4
1995年	362,154	340,812	5,905	1.7	94.1
1996年	361,073	339,822	5,436	1.6	94.1
1997年	360,432	336,685	4,772	1.4	93.4
1998年	359,563	335,845	4,293	1.3	93.4
1999年	358,609	333,294	3,472	1	92.9
2000年	348,966	333,712	3,247	1	95.6
2001年	357,388	332,759	3,083	1	93.1
2002年	356,621	330,666	2,767	1	92.7
2003年	355,269	329,555	2,566	1	92.8

　これを一瞥してお分かりいただけることは、措置入院者の数が劇的に減少している点です。1970年には76,597人であったものが、20年後の1990年に12,572人まで減少し、その13年後の2003年にはさらに減少して2,566人になっています。2,566人という数値は、1970年の数値の僅か約3パーセントに過ぎません。

　では、措置入院者数の劇的な減少の背景に、一体どのような事情があったのでしょうか？

　考えられることは、「精神障害者医療のあり方」に関する変化です。そこで、この点に話を移すことにいたします。

2　「精神障害者医療のあり方」に関する変化

　(1)　精神保健福祉法は、1950年に制定されました。当初の法令名は「精神衛生法」で、その後、1987年に「精神保健法」と名を変え、さらに1995年に現在の「精神保健及び精神障害者福祉に関する法律」に変更されました。こ

うした法令名の変更とともに、この法律が規定する「精神障害者の定義」にも変化が現れています。
　すなわち、1950年の制定当初における精神障害者の定義では、

　　「精神病者（中毒性精神病者を含む。）、精神薄弱者及び精神病質者」

となっていましたが、現行法では、冒頭でご紹介しましたように、
　　「統合失調症、精神作用物質による急性中毒又はその依存症、知的障
　　害、精神病質(6)その他の精神疾患を有する者」

と規定されています。かつて「精神分裂病」と呼ばれた病気は、現在では「統合失調症」という病名に改められ、「精神薄弱」も「知的障害」という診断名に変わりました。

　こうした法令名や病名・診断名の変更は、単なる形式的な「名称の変更」ではありません。名称変更の背後には、精神障害者医療の実質の変化があります。精神障害や精神疾病に関する原因観に変化が生じ、それに伴って治療方法も変更され、さらには精神障害に対する社会的偏見の除去などが進んできました。これらの事柄が相まって、「名称」もまた変化してきたのです。
　(2)　「社会的治療」、「開放的治療」、「ノーマライゼーション」、「自己決定権」といった用語が、近年の精神障害者医療を特徴付ける用語として使われています。精神医学の門外漢である私の浅学の知識で表現するならば、現在の精神障害者医療の方向性は、次のように言えるのではないかと思います。
　　①　できるだけ病院に入院させないで（脱施設化）、患者の生活の本拠

（6）　世界保健機構が出している「疾病及び関連保健問題の国際統計分類（International Statistical Classification of Diseases and Related Health Problems）」の第10版（いわゆるICD-10）や、米国精神医学会が編集している「精神障害の分類と診断の手引（The Diagnostic and Statistical Manual of Mental Disorders）」の第4版（いわゆるDSM-Ⅳ-TR）などでは、精神病質は最近の精神医学の診断名としては採用されておらず、「反社会性人格障害」と呼ばれているようですが、冒頭でお話したように、精神保健福祉法第5条の精神障害者の定義では依然として「精神病質」という名称が用いられております。

が存在する地域社会の「通常の生活環境」の中において治療を行うとともに、患者の自立へ向けての福祉的援助活動を充実させること。
② 止むを得ず病院に入院させる場合でも、病院施設を社会に向かって開かれた「開放的な施設」に変えるとともに、施設での生活条件も可能な限り「一般社会生活並み」に改めること。
③ 長期の入院は止め、できるだけ「短期間の入院治療」から社会内に生活の拠点を置く「通院治療」への移行をスムースに行とともに、患者の社会復帰を促進するための福祉的援助活動を充実させること。
④ 入院治療であれ、通院治療であれ、治療に当たっては、医師からの「説明・説得」と患者の「納得・同意」を基本とし、患者の自己決定権をできるだけ尊重すること。

(3) 以上でお話した精神障害者医療の変化が、措置入院患者数の減少を引き起こした大きな要因であると考えられます。しかし、措置入院患者が減少する傾向の中にあっても、依然として措置入院が講じられる精神障害者が、2003年には2,566人ほどいたのです。この人たちは、一体どのような人たちなのでしょうか？

措置入院に至るルートは、「検察官からの通報」ばかりではありません。この他に、
　① 一般人からの申請（精神保健福祉法第22条）、
　② 警察官からの通報（同法第23条）、
　③ 保護観察所長からの通報（同法第25条の2）、
　④ 矯正施設の長からの通報（同法第26条）、
　⑤ 精神科病院の管理者からの届出（同法第26条の2）
があります。

このうち①と⑤のルートの対象者および②のルートの一部の対象者は、必ずしも現実に「触法行為」を行っている必要はなく、精神障害者又はその疑いがある者で、「自傷・他害のおそれ」があると認められれば、そのルートに乗せることが可能です。

措置入院に至る申請・通報・届出に関する統計を見ますと、その総数は1970年に25,661件でしたが、2003年には11,776件に減少しています。なかで

も「一般人申請」の減少が際立っており、1970年には17,163件であったものが2003年には526件へと減少しています。さらに、「一般人申請」の件数ほどではありませんが、「精神病院管理者からの届出」も、同じく908件だったものが37件に減少しています。これに対して、警察・検察・矯正施設・保護観察所という刑事司法機関からの通報は、「横ばい」ないしは「増加」傾向にあります。つまり、近年の傾向としては、単に「自傷・他害のおそれ」があるだけでは措置入院のルートに乗ることはほとんどなく、「現実に触法行為を行った精神障害者」が刑事司法機関を経由して措置入院へのルートに乗っているものと推測されます。この推論をさらに推し進めていきますと、最終的に「措置入院によって強制的に入院させられる者」の多くは、「重大な触法行為を現実に行った者」であると想像されます。

　ところで、精神保健福祉法上の入院の種類としては、措置入院のほかに、患者本人の意志に基づく「任意入院」や、患者の保護者の同意に基づく「医療保護入院」などの形態があります。措置入院患者も、任意入院や医療保護入院の患者と同じように、「精神障害者医療の方向性」の②や③でお話したような、「可能な限り開放化された病院で、一般社会並みの通常の生活を送り、比較的短期間で退院して通院治療に切り替えられ、社会復帰のための福祉的援助活動を受ける」ことが理想的な医療のあり方なのでしょうが、しかし、現実には、必ずしもそのとおりになっていないようです。

　「措置入院患者」の場合は、「民間の精神科病院で入院が拒まれ、止むを得ず国公立の精神科病院が入院を受け入れている」とか、「病院の中で特別な閉鎖病棟に長期間入院させられている」という話を聞きます。

　このように、「重大な触法行為を行った」措置入院患者に対しては、社会の人びととの目は厳しく、「社会的排斥」の要請が強いようです。精神保健福祉法の措置入院は、法律の建前では「保安処分」ではありません。しかし、実際の運用にあっては「社会の人々の安全を守る」という保安的な機能を営んできたことも否定できないと言えるでしょう。

　措置入院制度が現実に果たしてきたこの保安的機能を「精神保健福祉法」から切り離し、別のシステムとして構成すべきであるという主張は、以前からありました。つぎに、その話題に移りたいと思います。

III 医療観察法の強制的入院・通院処分 —— 改正刑法草案・刑事局案との比較 ——

(1) 資料3をご覧ください。そこに、「改正刑法草案」が導入を図った「治療処分」・「禁絶処分」という二つの「保安処分」（以下、「A」という。）、それに対する反対論を受けて、法務省の刑事局が公表した「治療処分」（いわゆる「刑事局案」、以下、「B」という。）、「医療観察法」によって新設された強制的な「入院・通院」処分（以下、「C」という。）の三つが、一覧表にしてあります。これをご覧いただきながら、以下、ご説明します。

① 処分の名称

Aでは「保安処分」という名称が使用されていましたが、BとCでは「保安処分」という名称が使用されておりません。

② 処分決定の主体

A・B・Cのすべてが裁判所を処分決定の主体としています。先にお話したように、この点が精神保健福祉法の「措置入院」との大きな違いの一つです。

裁判所を処分決定の主体とする理由としては、以下の点が考えられます。

ⓐ 行政機関が行う「対象者の身柄の拘束に係わる」処分に関しては、対象者の人権保障上、司法機関によるチェックが必要であること。

ⓑ 専ら「患者本人の利益」を目的とする医療的判断の場合には医師だけの判断で十分である。しかし、一方で「患者本人の利益」と、他方で社会防衛や保安という「社会の利益」との相対立する利益を比較考量して処分を決定するには、そうした経験を積んでいる裁判官の判断が必要であること。

ところで、A・B・Cはどれも裁判所を処分決定の主体としているのですが、このうち、Cが規定する裁判所はユニークな構成になっています。資料4の「地方裁判所」と書かれたところをご覧ください。そこにありますように、医療観察法が規定する裁判所は、「裁判官1名」と「精神科医（精神保健審判員と呼ばれます。）1名」との合議体になっています。これは、わが国でも珍しい裁判所の構成です。

Ⅲ 医療観察法の強制的入院・通院処分
——改正刑法草案・刑事局案との比較——

資料3　「改正刑法草案」・「刑事局案」・「医療観察法」の比較

	A　改正刑法草案	B　刑事局案	C　医療観察法
処分の名称	保安処分（「治療処分」と「禁絶処分」の二種類を区別）	「保安処分」という名称を使わずに、「治療処分」という名称を使用（「草案」の治療処分と禁絶処分を統合）	「保安処分」という名称は用いない。
処分決定の主体	刑事事件の審理を担当した裁判所（但し、刑事訴追が行われない場合には、独立の手続により裁判所が決定）	刑事事件の審理を担当した裁判所（但し、刑事訴追が行われない場合には、独立の手続により裁判所が決定）	刑事事件の審理を担当した裁判所とは別個の裁判所（裁判官と精神保健審判員〔精神科医〕との合議体）
処分の要件	1）〔治療処分〕精神障害による心神喪失者ないしは心神耗弱者であること。 〔禁絶処分〕薬物使用等の習癖のある者がその習癖により行為を行うこと（心神喪失または心神耗弱であることを要しない） 2）禁固以上の刑に当たる行為を行ったこと。 3）将来再び禁固以上の刑に当たる行為をするおそれがあり、保安上必要があると認められること。	1）精神障害（薬物使用等の習癖に基づく一時的な精神障害も含む）による心神喪失者ないしは心神耗弱者。 2）殺人、放火、強盗、強制わいせつ、傷害の罪に当たる行為を行ったこと（重大な他害行為に限定）。 3）上記2）の行為のいずれかを再び行うおそれがあると認められること（「保安上の必要性」を削除）。	1）行為時に心神喪失ないしは心神耗弱の状態にあったこと。 2）殺人、放火、強盗、強制わいせつ、傷害の罪に当たる行為を行ったこと（重大な他害行為に限定。この行為を法律では「対象行為」という。）。 3）上記の行為を行った際の精神障害を改善し、これに伴って同様の行為を行うことなく、社会に復帰することを促進するため、医療を受けさせることの必要性。
処分の内容	〔治療処分〕法務省所管の「保安施設」に収容し、治療・看護のために必要な措置。保安施設からの仮退所・退所の場合には、「療護観察」に付す。 〔禁絶処分〕法務省所管の「保安施設」に収容し、飲酒または薬物使用の習癖を除くために必要な措置。保安施設からの仮退院・退院の場合には、「療護観察」に付す。	「治療施設」に収容して、必要な治療・看護の措置、または習癖を除くための措置。（治療施設として、厚生省が所管する国立の精神病院等を使用することを検討する。） 治療施設から仮退所した場合には、「療護観察」に付す。（但し、退所の場合には療護観察に付さない。）	厚生労働省所管の指定医療機関に入院ないしは通院させて継続的で適切な治療を行う。 通院処分にはプロベーション型とパロール型があり、いずれの場合にも社会復帰調整官による「精神保健観察」を行う。
処分の期間	〔治療処分〕保安施設の収容期間は原則3年以内。2年ごとに2回まで更新が可能。（但し、死刑又は無期もしくは短期2年以上の懲役に当たる行為を行うおそれのあることが顕著な者については収容期間の制限はなし。）「療護観察」の期間は2年。 〔禁絶処分〕保安施設への収容期間は1年以内。2回までは更新が可能。「療護観察」の期間は2年。	治療施設の収容期間は、1年以内。更新は1年ごととし、通じて7年を限度とする（但し、殺人など無期懲役以上の刑に当たる行為を行い、再びそのような行為をするおそれがある者については収容期間の制限はなし。） 「療護観察」の期間は2年。	「入院処分」には期間を定めず、裁判所が6ヶ月ごとに収容継続の決定を行う。収容の必要性がない場合には、裁判所の判断で「退院」決定が行われ、「通院処分（パロール型）」に移行する。 「通院処分」の期間は、プロベーション型もパロール型もともに原則3年間だが、2年を超えない範囲での延長が可能。（通院の必要性がない場合には、裁判所の判断で「処遇の終了」の決定が行われる。）

第3章　精神障害と保安処分

資料4　心神喪失等の状態で重大な他害行為を行った者の医療及び観察等に関する法律案の概要

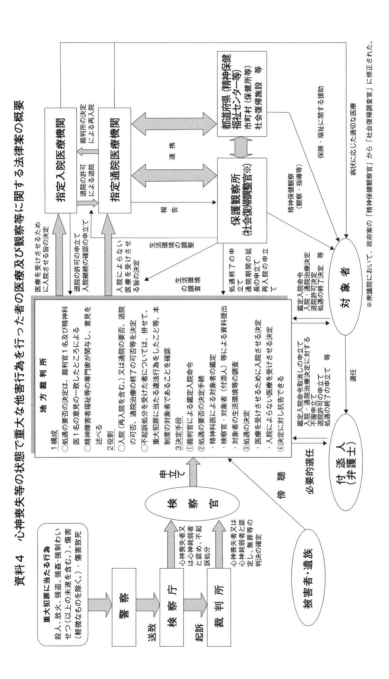

③ 処分の要件

第一に、A・B・Cともに「重大な触法行為を行ったこと」を要件にしています。

しかし、B・Cはそれにさらに絞りをかけて「殺人、放火、強盗、強姦、強制わいせつ、傷害という重大な他害行為」としています。

第二に、Aが要件としていた「保安上の必要性」は、B・Cでは削除されています。

第三に、いわゆる「再犯のおそれ」という要件に関しては、A・B・Cともに類似の文言を用いておりますが、「おそれの対象となる行為」はAが「禁固以上の刑に当たる行為」としているのに対して、B・Cは、先ほどと同様に、「殺人、放火、強盗、強姦、強制わいせつ、傷害という重大な他害行為」に限定しています。

さらに、B・Cとの間にも微妙な違いがあるのですが、この点についてはⅣのところで触れたいと思います。

④ 処分の内容

第一に、いわゆる「入院処分」の場合の病院の所轄官庁に関して、大きな違いがあります。Aでは法務省が管轄し、その名称も「保安施設」とされていました。これに対し、Bでは、「保安施設」という名称を使用しないばかりでなく、施設の所轄官庁も、法務省から厚生省（現在は省庁再編により「厚生労働省」になっています。）に変更することを検討するとしていました。Cは、Bの構想を引き継いで、厚生労働省が管轄する国公立の病院ないしはその病棟としています。

第二に、いわゆる「通院処分」についても違いがあります。大きな相違点だけを指摘しますと、A・Bではいわゆるパロール型の通院処分しかありませんでした。これに対して、Cではいわゆるプロベーション型の通院処分を導入しています。今一度、先にお話した「精神障害者医療の方向性」のところをご覧ください。プロベーション型の通院処分は、①の方向性に添った形で処分であることがご理解いただけるかと思います。

⑤ 処分の期間

第一に、「入院処分」の期間については、A・B・Cともに、「絶対的頭打

ち」がない点では共通していますが、裁判所が行う「更新」決定によって許される「入院期間」はA→B→Cと行くに従って「短期間」になっています。

第二に、「通院処分」の期間については、A・B・Cのいずれも制限が設けられています。

以上、掻い摘んで、「改正刑法草案」・「刑事局案」・「医療観察法」の処分を比較検討しました。

最後に、本報告のまとめとして、医療観察法上の強制的な入院・通院処分の法的性質についてお話いたします。

Ⅳ 医療観察法上の強制的な入院・通院処分の法的性質

(1) 「改正刑法草案」・「刑事局案」・「医療観察法」における処分の比較検討を通して分かることは、後の方になるにしたがって、対象者の「医療・福祉」重視の傾向が強まってきている点です。こうした医療・福祉重視の傾向は、医療観察法案をめぐる国会審議においても現れています。

医療観察法には、対象者の身柄拘束に係わる処分として、入院決定（第42条第1項第1号）、通院決定（プロベーション型の通院決定。第42条第1項第2号）、入院継続決定（第51条第1項第1号）、退院・通院決定（パロール型の通院決定。第51条第1項第2号）、入院医療の終了決定（第51条第1項第3号）通院期間の延長決定（第56条第1項第1号）、通院医療の終了決定（第56条第1項第2号）などがあります。

これらの処分を決定するための要件にはほぼ同様の文言が用いられていますので、ここでは「入院決定」の要件を引用してご説明します。

当初政府が提案した案（以下、「政府原案」という。）では、その要件を次のように定めていました。

> 「入院をさせて医療を行わなければ心身喪失または心神耗弱の状態の原因となった精神障害のために再び対象行為を行うおそれがあると認める場合」

Ⅳ　医療観察法上の強制的な入院・通院処分の法的性質

　この政府原案の「再び対象行為を行うおそれ（以下、「再犯のおそれ」という。）」という要件に対しては、

①　「再犯のおそれ」を予測する確実な科学的方法がない現状では、「再犯のおそれ」があると誤って判断された結果、不利益な処分を科される者が生じ、その者の人権保障上問題であること、
②　医療観察法上の処分が「社会防衛」や「保安」目的でなく、「患者本人の医療・福祉」目的のためにあることを一層明確に強調すべきであること、

などの意見が投げかけられました。その結果、政府原案は修正され、最終的に以下の文言が採用されました。

　「対象行為を行った際の精神障害を改善し、これに伴って同様の行為を行うことなく、社会に復帰することを促進するため、入院をさせてこの法律による医療を受けさせる必要があると認める場合」

　政府原案と現行法の規定を比較しますと、明らかに「社会防衛的」ないし「保安的な」色彩が後退し、「対象者本人の医療・福祉」の側面が強調されていることがお分かりいただけるでしょう。
　(2)　それでは、医療観察法から社会防衛的色彩や保安的色彩が一切払拭されているのかと言いますと、そうとは言い切れません。
　第一に、「対象者の医療・福祉」面を専ら強調するシステムということであれば、そもそも精神保健福祉法のシステムとは別に、新たに「医療観察法のシステム」を設ける必要性はなかったはずだからです。
　「触法行為を行っていない精神障害者」や「比較的軽微な触法行為を行った精神障害者」から区別して、「重大な触法行為を行った精神障害者」に対して別立てのシステムを導入したこと自体が、まさに「社会防衛的」・「保安的」要請に応えた結果であると考えざるを得ません。
　第二に、今一度、先に引用した現行法の「要件」をご覧ください。そこには、依然として「同様の行為を行うことなく」という文言が残されていま

す。この文言を削除し、その後に続く「社会に復帰することを促進するため」という文言だけを残すべきだとの、意見もあったようですが、現行法はその意見を採り入れませんでした。この点から考えても、現行の医療観察法が「対象者の医療・福祉」に純化された法律ではないことが理解できます。

　触法行為を行った精神障害者の対策にあっては、一方で「社会の防衛」や「社会の安全」の要請と、他方で「精神障害者の個人の福祉」の要請とが対立することは必定です。私たちは、これらの相対立する要請が両極に位置する座標軸のどの地点において、両者の調整を図ることが正当であるかという難問を突きつけられ、最終的には決断を下さなければなりません。

　本報告からお分かりいただきましたように、「医療観察法」は、「改正刑法草案」や「刑事局案」と比較すれば保安処分的色彩をかなり薄めてはいますが、完全に脱色しているわけはありません、他方で、精神保健福祉法の措置入院処分と比較すれば、保安処分的色彩はより一層濃くなっていると言わざるを得ません。

　(3)　「触法行為を行った精神障害者に対する処分」に関しては、本報告でお示しした「改正刑法草案」、「刑事局案」、「医療観察法」以外の案も、わが国では提案されてきました。ここではそのすべてをお示しする時間的余裕がありませんでした。このささやかな報告が、皆様にとって何かしらのお役に立っていただければ幸いに存じます。

　ご清聴、どうもありがとうございました。

第 4 章

触法障害者・触法高齢者に対する刑事政策の新動向

Ⅰ　刑事司法システムにおける「出口」支援の導入と展開
Ⅱ　刑事司法システムにおける「出口」支援に関する提言
Ⅲ　刑事司法システムにおける「入口」支援の必要性と最近の動向
Ⅳ　OTの方々に期待するひと言

Ⅰ　刑事司法システムにおける「出口」支援の導入と展開

1　「地域生活定着促進事業」は2009年度（平成21年度）から本格的に始まった。それは、「刑事司法システム」を所管する法務省と「福祉システム」を所管する厚生労働省との２系統の縦割り行政機関が連携する事業であり、「司法」と「福祉」とをつなぐいわば「架橋事業」として、多くの期待が寄せられている。

2006年（平成18年）の法務省特別調査によれば、親族等の受け入先がない満期釈放者は約7,200人、うち高齢者または障害を抱え自立が困難な者は約1,000人とされた。また同調査では、調査対象受刑者２万7,024人のうち知的障害者または知的障害が疑われる者が410名、療育手帳所持者は26名であり、知的障害者又は知的障害が疑われる者のうち犯罪の動機が「困窮・生活苦」であった者は36.8％を数えた。他方、65歳以上の満期釈放者の５年以内刑務所再入所率は70％前後と、64歳以下の年齢層（60％前後）に比べて高く（同調査）、しかも、65歳以上の再犯者のうち約４分の３が２年以内に再犯に及んでいると指摘された（『平成19年版 犯罪白書』）。

矯正施設を出所後、いわゆる「居場所」と「出番」がないがゆえに、再び犯罪を行い矯正施設に舞い戻る「悪循環」を断ち切るための方策の一つとし

て、「地域生活定着促進事業」は導入された。この事業の中核を担うのは、厚生労働省所管のもと各都道府県に新設された「地域生活定着支援センター」（以下、定着支援センター）である。

図1[1]にあるとおり、定着支援センターは矯正施設・保護観察所という法務省系統の機関と、福祉サービス等を実施する厚労省系統の機関・団体との間にあって、矯正施設出所者が復帰する地域での生活の本拠を確保するためのコーディネート業務を主として実施する[2]。

このコーディネート業務の法律上の根拠は、更生保護法第82条の「保護観察所の長が矯正施設入所者に対して行う生活環境の調整」であり、通達などでは「特別調整」と呼ばれる。

法務省矯正局長・保護局長の連名通達「高齢又は障害により特に自立が困難な矯正施設収容中の者の社会復帰に向けた保護、生活環境の調整等について」（2009年4月17日）によれば、その対象者は矯正施設に入所中であり、以下の①から⑥のすべての要件を満たす者である。

①高齢（おおむね65歳以上をいう。以下同じ。）であり、又は身体障害、知的障害若しくは精神障害があると認められること

②釈放後の住居がないこと

③高齢又は身体障害、知的障害若しくは精神障害により、釈放された後に健全な生活態度を保持し自立した生活を営む上で、公共の衛生福祉に関する機関その他の機関による福祉サービス等を受けることが必要と認められること

④円滑な社会復帰のために、特別調整の対象とすることが相当と認められ

（1） 厚生労働省ウェブサイト「福祉の支援が必要な刑務所出所者の現状（http://www.mhlw.go.jp/bunya/seikatsuhogo/dl/kyouseishisetsu02.pdf。2014年6月3日閲覧）」参照。

（2） 本文でも引用する「地域生活定着支援センターの事業及び運営に関する指針」によれば、コーディネート業務とは、「保護観察所からの依頼に基づき、入所者等を対象として、福祉サービス等に係るニーズの内容の確認等を行い、受入れ先施設等のあっせん又は福祉サービス等に係る申請支援等を行うこと」とされる。このコーディネート業務の他に、定着支援センターが行う業務には、フォローアップ業務、相談支援業務、その他上記の業務を円滑かつ効果的に実施するために必要な業務がある。

ること
⑤特別調整の対象となることを希望していること
⑥特別調整を実施するために必要な範囲内で、公共の保健福祉に関する機関その他の機関に、保護観察所の長が個人情報を提供することについて同意していること

　この法務省通達では、「適当な住居があるものの、要件のうち①および③を満たす者」についても、支援の対象者として定着支援センターに生活環境調整依頼をできることになっている。「地域生活定着支援センターの事業及び運営に関する指針」（2009年5月27日社援総発第0527001号厚生労働省社会・援護局総務課長通知、2012年4月12日一部改正）では、この生活環境調整を「一般調整」という名称で呼んでいる。筆者の見解では、むしろ「特別調整に準じる生活環境調整」ないしは「準特別調整」と呼んだ方がよいと考えるが、無用な混乱を避けるため、本稿では厚生労働省の用語法に従うことにする。

図　地域生活定着促進事業の関係機関連携図（厚生労働省ウェブサイトより引用）

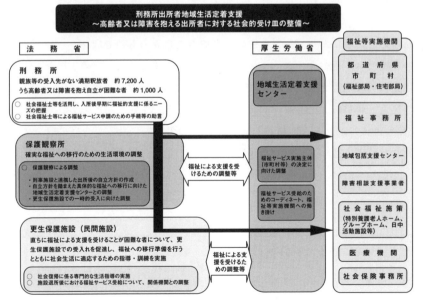

2 定着支援センターの設置は各都道府県に一つずつ設置するものとされたが[3]、すべての都道府県に設置されたのは、2009年7月の設置開始以来、実に2年半以上が経過した2012年（平成14年）3月のことである。2013年度（平成25年度）は、まさに地域生活定着促進事業の「全国展開元年」であった。早稲田大学社会安全政策研究所の研究グループではこの期を逃さず、地域生活定着促進事業の全国展開の運営実態を解明し、解決すべき課題を摘出することに努めた[4]。以下では、この調査を通じて得た知見に基づく提言を記しておこう。

II 刑事司法システムにおける「出口」支援に関する提言

1 定着支援センターの業務の「バラツキ」について

大都市を抱えた都道府県に定着支援センターの所在地があるか否かという「立地条件」や、定着支援センターが所在する都道府県にある「矯正施設の収容指標・収容人員」により、同センターの業務の量と質に「バラツキ」が生じる。しかし、この種の「バラツキ」の原因は定着支援センターの手の届かないところにあり、センターの努力で変えられるものではない。他方、定着支援センターの「スタッフ体制の充実度」によっても、定着支援センターの業務の量と質が変わってくることは否めない。「スタッフ体制の充実度」の尺度を何に求めるかの問題の回答は容易でないが、スタッフ中に占める「社会福祉に携わる有資格者」の比率は一つの目安になる。今回の研究で訪問した定着支援センターのなかには、4人の常勤職員すべてが有資格者というところもあり、そうしたセンターでは概して業務遂行能力が高かった。定着支援センターに対しては、国から支給される予算に相応しいスタッフを揃えることが求められよう。

（3） 北海道は管轄区域が広範囲にわたるため、札幌と釧路の2か所に定着支援センターが設置されている。
（4） 本調査研究は、「公益財団法人 日工組社会安全財団」の2012年度一般研究助成によるものである。石川正興編著『司法システムから福祉システムへのダイバージョン・プログラムの現状と課題』（2014年6月、成文堂）は、その調査結果とともに、最近試行的に始められた「入口」支援の動向を収録しているので参照されたい。

2 定着支援センターの円滑・適正な業務遂行のための諸条件について

(1) 特別調整対象者に対するコーディネート業務

　定着支援センターの職員が異口同音に語るところによれば、コーディネート業務の円滑な遂行を支える「キー」の一つは、福祉ニーズの的確なアセスメントである。この点、他の都道府県の定着支援センターから特別調整協力依頼が出された場合の「アセスメント」には、とりわけ困難が伴うと言う。協力依頼に対し責任を持ってコーディネート業務を遂行するには、彼の地に収容されている特別調整対象者との面接が不可欠であるが、日本列島津々浦々に点在する矯正施設を訪れる負担は、金銭的にも肉体的にも精神的にもかなりのものがある。その負担軽減策の一つとして、「矯正施設間をテレビ電話でつなげるネットワーク」を利用して面接する方式は検討に値すると思うのだが、いかがなものであろうか。

(2) 特別調整対象者に対するフォローアップ業務

　特別調整対象者に対するコーディネート業務の「終結」の基準はかなりの程度明確であるのに対し、フォローアップ業務のほうは「終結」の基準が曖昧である。前者の業務完了件数の増加とともに後者の業務件数は年々累積し、特別調整対象者の定着先施設の運営管理者と良好な関係を維持していこうとすればするほどセンターの負担はかさむ。定着支援センターに課せられたフォローアップ業務の負担は、あたかも「ボディブロー」のように効いていく。フォローアップ業務「終結」の明確で統一的な基準づくりが、早急に求められるところである。

3 矯正施設における福祉専門職員の勤務体制の充実

　定着支援センターのコーディネート業務の対象となる特別調整対象者・一般調整対象者は、第一次的には矯正施設側が選定することになる。したがって、その要件に合致する者を発見し、定着支援センターへ依頼するためには、矯正施設における福祉アセスメントが的確に機能することが重要になる。

　この点、矯正施設では、退所後に円滑な福祉サービスにつなげる業務の充実を図るため、2004年度（平成16年度）から非常勤の福祉専門職員の配置を

始め、2012年度には精神保健福祉士が10施設、社会福祉士が72施設に配置されている。福祉専門職員の業務内容や勤務体制は、通達に基づき一定の枠組みはあるものの、多くは各施設長の裁量に委ねられているという。とりわけ今回の調査では、その勤務体制や待遇の充実化を求める声が矯正施設・定着支援センターの双方から聞かれた。矯正施設における福祉アセスメント機能向上のうえで、福祉専門職員の勤務体制を充実することは、地域生活定着促進事業の今後の展開のうえでも重要な試みである。なお、最近、法務省は矯正施設に配置する福祉専門職員を一部の施設において「常勤化」したと伝え聞くが、地域生活定着促進事業の連携強化の点から大いに評価したい。

4　地域生活定着促進事業に関する効果測定の尺度について

政府の「犯罪対策閣僚会議」では、2012年7月に「再犯防止に向けた総合対策」が策定された。その中で、①出所当年を含む2年間において刑務所等に再入所等する者の割合（犯罪対策閣僚会議ではこれを「2年以内再入率」と呼ぶ）を数値目標における指標としたうえで、②過去5年における2年以内再入率の平均値を基準とし、これを2021年までに20％以上減少させることを目標とした。この目標と関連して、地域生活定着促進事業も今後その効果検証が行われることになろう。

ところで、「再犯防止」の効果測定にあたっては、その尺度を何に求めるかという問題が重要である。一般に「再犯」というと、「再び犯罪を行い刑務所に入所したことの有無」で測ることが多いであろうが、その尺度のみで地域生活定着促進事業に関する効果を測定することには疑問がある。定着支援センターの支援に関する効果測定は非常に難しいが、たとえば、同じ再犯・再入所でも、定着支援センターの支援の結果、再犯・再入所に至るまでの期間が延びたといった事情があれば、これも効果測定の指標として考慮する必要がある。地域生活定着促進事業に関する効果測定を行う際には、再犯・再入所率のみならず、「再犯・再入所に至るまでの期間がどの程度延びたか」も尺度とすることを、当局にお願いしたい。

Ⅲ　刑事司法システムにおける「入口」支援の必要性と最近の動向

　1　地域生活定着促進事業は、言うなれば、刑事司法システムの「出口」段階における「司法から福祉への架橋」である。それはわが国の刑事政策領域においてまさに画期的な施策であると評価するが、それと同時に、矯正施設収容前の刑事司法システムの段階における「司法から福祉への架橋」が重要である。

　『矯正統計年報』によれば、2012年の新受刑者のうちIQ70未満の者が約5,200人、割合にして約21％を占める。この数値は、総人口中に占める知的障害者の割合に比べると異様に多く、「犯罪は、ある行為に対して加えられる社会的否定的評価である」という学問的常識に照らせば、「知的障害者は刑事司法システムにおいて犯罪のレッテルを貼られやすくなっているのではないか？」との疑いを抱かしめる。

　知的障害者のうち比較的軽い犯罪を繰り返し、挙句の果てに刑務所への入所と出所を繰り返す受刑者群を、刑事司法システムからダイバートさせて福祉的支援につなげることが必要なことはいうまでもない。それにとどまらず、刑事司法システムの初期段階の犯罪定義づけ活動において、知的障害者を可能なかぎり福祉システムへとダイバートすることが、人道性の見地からも、再犯防止の有効性や経済性という観点からも望ましい。

　2　ところで、総人口に占める知的障害者の割合は一定の水準以下を維持し、急激に増加したり減少したりするとは考えにくい。刑事司法システムの「出口」段階、さらには「入口」段階における福祉システムへのダイバージョンが順調に進展していけば、犯罪に手を染める知的障害者の数は確実に減少していくものと予想される。

　これに対して、地域生活定着促進事業が狙うもう一つの対象である高齢受刑者群（おおむね65歳以上の者）は、様相を異にする。

　『平成25年版犯罪白書』によれば、2012年の高齢者の一般刑法犯検挙人員は4万8,559人であり、うち「万引き」による者は2万8,673人と約半分以上を占める。この割合は、最近20年間で実に約5倍も増加している。この傾向

は、高齢者人口の増加だけでは説明し切れず、既存の社会基盤の変容が影響を与えているようである。

　また、高齢受刑者も増加の一途を辿り、2006年の法務省調査では、高齢または障害を抱え自立が困難な満期釈放者は約1,000人に上るほか、65歳以上の満期釈放者の5年以内の刑務所再入所率は70％前後と、64歳以下の年齢に比べ高いことが判明している。このことからは、万引き等の軽微な犯罪を繰り返し、微罪処分→起訴猶予処分→罰金刑→自由刑の執行猶予処分→懲役刑（実刑）→出所後再犯による刑務所再入所へと、刑事制裁がエスカレートしていく高齢犯罪者の実態が透けてみえる。

　こうした高齢犯罪者・高齢受刑者の増加傾向が看過できないのは、近い将来わが国を襲う『超高齢化』の大波が予想されているからである。総務省統計局が2013年10月1日に出した概算値によれば、わが国の高齢者人口は既に総人口中25.1％にまで達した。2055年にはその比率は40％を超えると推定されている。まさに、人類史上未曾有の「超高齢化社会」の到来である。刑事司法システムの「出口」段階は言うに及ばず、さらには「入口」段階でのダイバージョンの施策が、知的障害犯罪者に対する場合よりも数倍強化されなければ、近い将来刑務所は高齢者に対する「福祉授産施設」と化す可能性が一段と高まるものと危惧されるところである。

　3　刑事司法システムにおける「入口」支援は、わが国の刑事政策上まさに喫緊の課題である。歓迎すべきことに、2012年以降急速に「入口」支援への「突破口」が開かれ、さらなる展開を遂げつつあるが、それには以下の諸形態がある。

　(a)　「障害者刑事弁護人制度（2011年11月に大阪府で初めて導入）」を導入した千葉県弁護士会と千葉県地域生活定着支援センターとが連携して、「千葉モデル」ともいわれる「入口」支援の仕組みが開発され、これまでにかなりの成果を上げている。また、「障害者刑事弁護人制度」は、2013年11月に横浜、2014年度（平成26年度）には東京の3つの弁護士会や千葉県弁護士会へと広がりをみせている。さらに、兵庫県弁護士会が定着支援センターと協働して「入口」支援を計画しているほか、プロジェクトチームの立ち上げを検

Ⅲ　刑事司法システムにおける「入口」支援の必要性と最近の動向

討中のところとして、札幌、愛知県、奈良県の各弁護士会があるという。
　(b)　障害のある被疑者・被告人に対する「調査支援委員会」の導入（いわゆる「新長崎モデル」）は、長崎県、滋賀県、宮城県、島根県、和歌山県で行われているが、2014年度には静岡県が加わるという話である。
　(c)　2013年に開始された東京地方検察庁社会復帰支援室の設置とそこでの社会福祉士の非常勤採用は、起訴猶予者を社会福祉につなげるための施策で、かなりの成果を上げている(5)。
　(d)　勾留された起訴猶予者に対して行われる更生緊急保護制度（更生保護法第85条以下参照）を活用した「入口」支援策が、2013年度から地方検察庁と保護観察所との連携で試行的に始められた（「更生緊急保護事前調整モデル」と呼ばれる）。当初は仙台を始めとする7か所であったが、2014年度から新たに13か所が加わり、計20か所を数える。

　4　「入口」支援は試行段階にあり、今後たどるであろう道筋はまだ明瞭でない。この段階で断定的な論述は控えるべきと心得るが、差し当たり以下の印象を記しておきたい。
　(1)　社会福祉のシステムは、「対象者の個人の福祉」の実現を目指して、表に掲げるプロセスをたどって進められる。

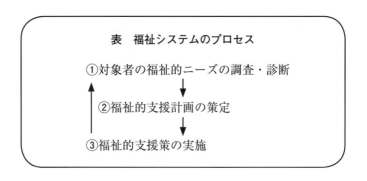

----

(5)　その後、地検における社会福祉士の採用は、2013年度に仙台地方検察庁でも実現した。

これに対して、刑事司法システムは究極的には「社会秩序の維持実現（全体の福祉）」を目指して展開する。この刑事司法システムの内部において「犯罪者の福祉」を実現することは、「木に竹を接ぐ」のたとえのごとく、多くの困難が伴う。にもかかわらず、困難を承知で、犯罪者の福祉を追求する試みが刑事司法システムの内部において展開されてきたことは歴史の示すところである。保護観察制度や更生緊急保護制度は、こうした試みとして理解することができる。とはいえ、刑事司法システムの内部において犯罪者の福祉を実現することには、上述した刑事司法システムの基本的性質に起因する「限界」がある。

　地域生活定着促進事業における定着支援センターは、刑事司法システム内部における犯罪者の福祉を追求するうえでのこうした「限界」を超え、犯罪者を刑事司法システムから表の①→②→③の社会福祉システムのプロセスへとつなげるための「接合機能」を果たすものとして機能している。その本来的対象は、特別調整・一般調整の法的根拠とされる更生保護法第82条が述べるように、「矯正施設に収容中の者」である。つまり、裁判所により「犯罪者」と認定され、矯正施設（刑事施設）に収容された者である。

　これに対して、刑事司法システムの「入口」支援の対象者は、被疑者・被告人という未決の者である。彼らは、一方で公訴権を有する訴追者としての検察官、他方で自身の防御権の庇護者としての弁護人という、関心・利害を基本的に異にする者たちの対立構造の下に置かれる。こうした立ち位置にある対象者を社会福祉システムへとつなげるには、出口支援でのそれと異なる「システム間の接合」の仕方が模索されて当然である。

　かくして、現在試行的に実施されている「入口」支援の諸形態を大局的に考察すると、検察官サイドで試行されている仕組みと、被疑者・被告人とその弁護人サイドで試行されている仕組みとの２つへと収斂されていく方向性がみえてくる。

　まず、弁護人サイドでの仕組みとしては、(a)の「入口」支援形態がある。そこでは、都道府県弁護士会ないしは有志の弁護士グループが「国選弁護人制度」を利用しつつ、福祉の専門家集団である都道府県福祉士会ないしは地域生活定着支援センターを含む各種福祉団体と協働する仕組みが模索されて

いる。この仕組みが機能を発揮するためのキーは、弁護士側における「社会福祉に関する理解」の高さであり、他方で連携を組む福祉団体側における「福祉的ニーズの調査・診断」能力、「福祉的支援計画の策定」能力、「福祉的支援策の実施」をする社会福祉諸団体とのネットワーク形成能力の高さである。先述の千葉県の仕組みは、その典型例であるといえる。なお、(b)の「調査支援委員会」は、福祉団体側の能力を補う形で導入されていけば、(a)の支援形態と合流した流れになるのではないかと予想される[6]。

これに対して、(d)の「更生緊急保護事前調整モデル」は、検察官サイドでの「入口」支援の形態である。同じ法務省系統の地方検察庁と保護観察所がすでに全国50の地域に設置されているので、この「入口」支援形態の導入は急速に拡大していくものと思われる。しかし、形ばかりの連携では意味がない。重要な点は、地方検察庁と連携を組む保護観察所側の「福祉的ニーズの調査・診断」能力、「福祉的支援計画の策定」能力、「福祉的支援策の実施」をする社会福祉諸団体とのネットワーク形成能力の強化と、保護観察所が円滑に活動を遂行するための検察側の協力態勢の整備である。それとの関連でいえば、(c)の地方検察庁における社会福祉士の配置は、(d)の「更生緊急保護事前調整モデル」の強化に役立つであろう[7]。

(2) 「出口」支援がそうであるように、「入口」支援もまた社会福祉システムを公正・公平を期すべき刑事司法システムに接合させるものであるから、その運用が地域ごとに大きく異なることは許されない。現在は試行段階にあるので地域格差が生じることは止むを得ないであろうが、将来全国統一的に導入されるべき「入口」支援は、「ひと・もの・かね」の実現可能性の中で地域格差のない均質性が担保される仕組みであらねばならない。

この点から考えて、(d)の「入口」支援形態には大きな期待が寄せられる。しかし、その導入にあたっては、先述した点の他に、次の点が重要だと考え

---

(6) 仙台で設置された「調査支援委員会」の事例では、国選の被告人弁護士と連携した「入口」支援を行っていた。
(7) (c)と(d)の2つの形態を採用する仙台地方検察庁では、前者が後者と結合することにより、2つの「入口」支援を対象者の難易度に応じて使い分けるという「支援の合理化」が果たされている印象を受けた。

られる。

　①　「更生緊急保護事前調整モデル」の適用対象者の中には、知的障害や発達障害等の疑いのある被疑者・被告人も含まれる可能性があり、その適正かつ迅速な調査・診断が求められる。その任に当たる機関としては、地方検察庁や保護観察所と同一の管轄区域に設置されている少年鑑別所[8]が考えられる。折しも、過日成立した「少年鑑別所法」第131条は、少年鑑別所の任務の一つとして「非行及び犯罪の防止に関する援助」を掲げる。
　知的障害や発達障害等の疑いのある被疑者・被告人の調査・診断は、そこで規定される「非行及び犯罪の防止に関する機関又は団体の求めに応じ、技術的助言その他の必要な援助を行う」という業務に該当するから、「少年鑑別所」との連携も望まれるところである。
　②　更生緊急保護によって提供される支援の多くは一時的なものであり、より長期的な「居場所と出番」の確保に結びつける支援が必要となる。この点で地域生活定着支援センターが蓄積してきた経験は無視できない。定着支援センターの活動を「更生緊急保護事前調整モデル」に連結した形での仕組み作りを求めたい。
　③　「更生緊急保護事前調整モデル」を試行的に実施している地域のうちで、筆者はこれまでに仙台と福島の保護観察所担当者から事情をうかがった。それによれば、保護観察所が行う「事前調整」業務は起訴前の短期間で迅速・的確に行うことが求められるので、担当者の業務は質・量ともにきわめて大きい。それにもかかわらず、現在は試行段階にあるため、当該業務遂行のための予算的裏付けが乏しい。今後「更生緊急保護事前調整モデル」の充実した発展を望むのであれば、予算上の配慮が必須である。
　他方、(a)の「入口」支援の仕組みの導入は、(d)の仕組みの導入ほど容易でなさそうである。確かに、弁護士会や社会福祉士会・社会福祉協議会等は都道府県単位で存在し、その意味では全国統一的な仕組みを作り出す下地がある。しかし、両者の存立の基盤には確固とした共通性があるわけでない。し

──────────

（8）　少年鑑別所は全国52か所（分所1か所を含む）に設置されている。東京都には東京少年鑑別所と八王子少年鑑別所が、また福岡県には福岡少年鑑別所と小倉少年鑑別支所がある。その他は地方検察庁の管轄区域に1か所ずつある。

たがって、これらの異質の団体の協働態勢を整えるには、都道府県レベルでの努力もさることながら、日本弁護士連合会、日本社会福祉士会、全国社会福祉協議会といった全国レベルの団体のリーダーシップが不可欠になろう。

Ⅳ　OTの方々に期待するひと言

　最後に、言わずもがなであろうが、『作業療法ジャーナル』の読者の大半はOTの方々であろう。本テーマのように、司法と福祉の2つのシステムにかかわる研究に従事するようになって、私は福祉の現場に何度か足を踏み入れる機会を得た。そこでは、社会福祉士・精神保健福祉士・介護福祉士という、福祉の門外漢である私でさえ知っている福祉の専門家のほかに、わずかではあるがOTの方々も活動されていた。

　犯罪と定義づけられる行為を行った結果、刑事司法システムの入口に押しやられた障害者や高齢者を、可能な限りその入口段階で福祉へとつなげる試み、あるいは不幸にして刑事司法システムの最終段階まで行き着いてしまった障害者や高齢者を、その出口において福祉へとつなげる試みは、過去にも細々と行われてきた。しかし、2009年以来行われている「出口」支援や「入口」支援は、従来のそれと違い、系統立てて組織的に行われている。本論文で触れたように、「入口」支援はいまだ試行段階にあるとは言え、この数年の展開には目をみはるものがある。刑事政策のこうした新たな展開の成否は、司法関係者はもとより、OTの方々を含む福祉の専門家の手にかかっている。OTの方々が本論文をお読みになったことによって、「刑事政策の新しい潮流」に目を向けられ、その潮流にさらなる勢いを与えていただけるのであれば幸いである。

　本稿は『司法システムから福祉システムへのダイバージョン・プログラムの現状と課題』（2014年、成文堂）のうち、筆者の執筆項目を一部再構成して掲載した。

第 5 章

非行少年の処遇

Ⅰ　はじめに——本講演のテーマについて——
Ⅱ　非行少年に対する処遇理念としての「保護」
Ⅲ　「保護処分に代えて刑罰へ」という刑罰化の主張
Ⅳ　むすび

Ⅰ　はじめに——本講演のテーマについて——

　少年法の第3条に目を通していただきたいのですが、現行の少年法では非行少年ということで、三つの類型を挙げています。第一に、罪を犯した少年。これを簡単に犯罪少年と呼んでいます。第二に刑罰法令に触れる行為を行った少年。これは同じように刑法上犯罪とされる行為を行ったことに変わりはないのですが、刑法第41条に「14歳に満たない者の行為は、処罰しない」という規定がありまして、14歳未満の場合には、厳密に言いますと刑法上犯罪ということにはなりません。そこで犯罪少年と区別して、触法少年と呼んでいます。第三に、虞犯少年と呼ばれている少年。第3条にイロハニと四つの事由が書かれていますが、この虞犯事由に該当する行為を行って、かつそのまま放置しておきますと、その性格並びに環境に照らして、将来罪を犯す虞れがある、あるいは刑罰法令に触れる行為を犯す虞れがあるといったことが認定されますと、虞犯少年という非行少年の一類型に該当することになります。
　これらの非行少年の中で今日特に中心的にお話ししたいのは、犯罪少年のことです。すなわち、彼らに対してどのような方法で対応をするのか、具体的には刑罰による対応か、保護処分による対応かということについて、お話ししたいと思います。

第5章　非行少年の処遇

　明治40（1907）年に制定された現行刑法は、その第41条で、14歳に満たない者の行為は処罰しないと規定しています。従いまして、14歳未満の者が例えば刑法第199条の人を殺すという行為を行った場合、それも違法性をもって、例えば正当防衛で行ったというのではなしに、殺害する意図をもって殺したような場合でも、刑法上犯罪という評価は下されません。14歳未満少年については、およそ現行刑法の下では、刑罰が適用できないという仕組みになっています。他方、このことは、裏を返すと、14歳以上の者であれば、刑法に触れる行為をし、それも違法で行われた場合、刑罰の対象になりうるということです。これが、現行刑法の立場だったわけです。

　その後、大正11（1922）年になって、今の少年法が制定される前の少年法、これを区別して「旧少年法」と呼びますが、この法律で18歳未満の者を「少年」と定めて、この18歳未満の少年に対しては、刑罰に代えて「保護処分」という名の処分を科すことができる道を開きました。先ほども言いましたように14歳以上の者には刑罰を科すことができるわけですが、この旧少年法によって、14歳から17歳までの者に対して刑罰以外の道、すなわち「保護処分」への道が開かれることになりました。

　この旧少年法の後、戦後になって昭和23（1948）年に現行少年法が旧少年法を全面改正する形で制定され、翌年から施行されることになります。現行少年法も旧少年法と同じように、刑罰に代えて保護処分という筋道をとるわけですが、旧少年法と比べますとこの保護処分への道をより一層拡大する方針を採りました。

　具体的に言いますと、第一に、旧少年法では18歳未満の者を少年と呼んでいましたが、現行少年法では少年年齢を2歳引き上げて20歳未満の者を少年としました。（ついでに申し上げますと、この18歳、19歳を、「年長少年」という言い方をすることがあります。そして、14歳、15歳を「年少少年」、その間の16歳、17歳を「中間少年」と言います。以後、ここでも、そのような言い方をします。）その結果、年長少年には、旧少年法では保護処分の道が閉ざされていたわけですが、現行少年法では保護処分を付することができるようになりました。

　第二に、旧少年法では保護処分と刑罰のいずれかの選択が可能であった14歳、15歳という年少少年の層に対して刑罰を断念し、保護処分のみが科せら

れるようになりました。

　第三に、旧少年法では、「刑罰にするか、保護処分にするか」の決定権限が検察官にありましたが、後ほど述べますように、現行少年法では、この権限が家庭裁判所に委ねられ、保護処分が刑罰に優先する建前（「保護優先主義」）が採用されました。

　このように、旧少年法と比べて現行少年法は保護の理念を拡大していったという流れがあります。しかし、この現行少年法も、五〇数年の間に、なんどか批判がおこりました。簡単にまとめてしまうと、その批判は、一方で「保護という名において、少年の人権が不当に侵害されてはいないだろうか。」という観点からのものです。保護とはいえ、強制的に調査の対象にされ、審判に付され、最終的には少年の人権を強制的に制約する保護処分が結果するわけです。そういった強制のメカニズムの中で保護ということが行われるわけでして、保護という名のもとに少年の人権が不当に侵害されないようにとの配慮から、さまざまな改正提案がなされてきました。

　他方で、「保護という名において、少年が不当に甘やかされていないだろうか。」という観点からの批判がありました。少年法では、少年の健全育成を図るために、「刑罰に代えて保護処分を」という方針を採用しているわけですが、果して少年の健全育成のために保護処分が効果を挙げているのだろうか。むしろ甘やかしているだけではないか。もっと厳しく世の掟を知らせる必要があるのではないか。良いことと悪いことのけじめをはっきりつけさせ、自分のやったことの責任をはっきり自覚させるべきではないか。このように、少年の健全育成のためには保護処分よりもむしろ刑罰の方がふさわしい、といった考えから改革提案がなされることがありました。

　そして今また、20世紀から21世紀の境目になって、少年法改正が論議を呼んでいます。20世紀はまだ、西洋の列強をモデルとして、そこに追いつけ追い越せでやっていけばよかった。少年法もアメリカの少年法をモデルにして作ればよかった。しかし、物質的豊かさの追求を急ぐあまり、精神の豊かさを置き去りにしてきたことの「つけ」が多方面で表出し始めている一方で、あと20年もすると65歳以上の人口が4分の1を占めてしまうような少子高齢化の時代が、諸外国に例をみないほどの急速な勢いでやってくる。このよう

な状勢の中で、そして模倣するのに適切なモデルもないままに、日本は独自の道を切り拓いていかなくてはならない。

　そうした状況のなかで、少年法改正が問題になっているわけですが、ここでも、大きく分けますと先ほど言いましたように、一方で「保護という名において、少年の人権が不当に侵害されていないか」という観点から、少年の人権保障を強化する方向での改正の流れ、他方で「保護という名において、少年が不当に甘やかされていないか」という観点から、刑罰化の方向へと向かう改正の流れが出てきているように思います。

　今回の通常国会で成立が見送られた少年法改正案の中には盛り込まれなかったのですが、自民党の法務部会は、14歳、15歳の年少少年に対して刑罰を適用できる道を開く方針を固めており、いまなお改正案提出のチャンスをうかがっているようです。また最近の新聞報道によりますと、共産党が18歳、19歳の年長少年を成人扱いにするような構想を抱いているようです。二〇数年前に「青年層」設置が問題になったとき、多くの方が批判したわけですが、二〇数年も経ちますと、年長少年に対する刑罰化の主張は、かなり多くの人が納得するような形で、提案されるような状況になっているように思われます。

　犯罪少年に対して刑罰という方法をとるべきか、保護処分という方法をとるべきか、このことが今回の講演の中心テーマですが、その前提として基礎的なことを整理してお話ししたいと思います。すなわち、まず非行少年に対する処遇理念とされる「保護」とは何か、刑罰とどう違うのか、「保護」理念は現行少年法の中でどのような形で具体化されているのかを概括したうえで、「保護に代えて刑罰へ」という刑罰化の主張について説明し、最後に、この問題を検討する際に私が考える事柄のいくつかをご紹介したいと思います。

II　非行少年に対する処遇理念としての「保護」

1　「責任―応報」原理と「危険性―予防」原理

　犯罪に対してどのように対処するかということに関しては、「責任―応報」

II 非行少年に対する処遇理念としての「保護」

という原理に基づく回顧的対応と、「危険性―予防」という原理に基づく展望的対応との二つがあります。

　古くはハムラビ法典の中に「目には目を、歯には歯を」という言葉がありました。これは聖書にも記されているようですが、犯罪行為を行った者に対しては、その犯罪行為によって惹起された害悪と同じ程度の害悪を刑罰という形で返す。「同害報復」という言葉が使われますが、犯罪によって惹起された害悪と、刑罰によってもたらされる害悪、これがちょうど天秤に載せたら釣り合いが取れるような形で刑罰を与える、ということが「目には目を、歯には歯を」という言葉の意味です。日本にはそういう女神はいないのですが、西洋に行きますと、裁判所には「正義の女神」像が飾られているようです。右手に剣、左手に天秤を持った女神像を皆さん方もたぶんご承知だと思います。あの天秤の一方の皿には「犯罪」を乗せるんですね。犯罪によって社会に惹起された害悪の量とちょうど釣合いが取れるような形で、他方の皿には「刑罰」を乗せる。右手に持っている剣は、そのような制裁を加えますよという意志の表れです。

　近代刑法になってきますと、いわゆる「責任主義」という考えが出てきます。単に犯罪によって社会に害悪が引き起こされただけでは、刑罰を科すことができず、その害悪を惹起したことについて、行為者に対し責任非難ができてはじめて刑罰を科しうる。すなわち「責任なければ、刑罰なし」という考え方が責任主義の考え方です。この考えから、先にお話した刑法第41条の、刑事未成年という概念も出てくるわけです。またいわゆる心神喪失者に対しては、その行為を処罰しないという規定が現行刑法のなかにありますが、これもまた責任主義の帰結として出てくるわけです。近代刑法では、過去に行われた行為に対してその行為者を非難できるばあいに、その責任非難の程度に応じて応報としての刑罰を科す。これが、「責任―応報」原理に基づく回顧的な犯罪対応です。

　これに対して、展望的な犯罪対応があります。これは過去に行われた行為よりも、むしろ将来行われるであろう犯罪行為をできるだけ未然に防ぐ、そのために刑罰、あるいは刑罰よりも「より良い」方法を用いて予防していこうという対応方法です。

そのやり方には、大きく分けて、一般予防と特別予防との二つがあります。一般予防はいわゆる一般の人々を刑罰あるいは他の刑事的制裁によって、犯罪から遠ざけようとするものです。これに対して特別予防というのは、犯罪行為を行った者が将来再び犯罪を行うことから、刑罰や他の方法を使って遠ざけようというものです。

特別予防の中には、さらに排害・無害化と言われるやり方、特別威嚇と言われるやり方、改善・更生と言われるやり方が区別されます。これらを詳しく話しますとそれだけでかなりの時間を要しますのでごく簡単に説明することにします。

排害・無害化というのは、犯罪を行う機会・チャンスを犯罪者から物理的に剝奪したり、制限したりするやり方です。次の特別威嚇とは、犯罪者にとって害悪・苦痛と思われるようなものを直接与える、あるいは間接的に呈示することによって、犯罪者を将来の犯罪から遠ざけようというやり方です。そして最後の改善・更生、これが非行少年に対する保護理念と密接につながるものです。非行少年に対する保護が主張されるようになった背景には、一つに「改善・更生」の思想、もう一つに、パレンス・パトリエ、日本語では国親思想といわれていますが、その思想が背景にあります。きょうは国親思想についての説明は割愛させていただきますが、保護理念のバックボーンの一つとされている「改善・更生」について、若干詳しく説明しておきたいと思います。

改善・更生は特別予防の方法の中の一つだということを、先ほど説明いたしましたが、他の二つのやり方、排害・無害化とか特別威嚇というやり方と、この改善・更生というやり方は、根本的に違う部分があります。それはどういうことか。前二者の排害・無害化や特別威嚇というやり方は、犯罪者にとって害悪となるべきもの、あるいは苦痛となるべきものを積極的に利用するやり方です。これに対して改善・更生の場合には、犯罪者にとって害悪と思われるものをできるだけ排除していく方向性、それも犯罪者の福祉につながる形で排除する方向性があります。こういった点が同じ特別予防を目的とするものであっても、排害・無害化や特別威嚇などのやり方と違う点なのです。

Ⅱ　非行少年に対する処遇理念としての「保護」

　それでは次に、改善・更生とは具体的にどんなやり方なのかを、もう少し説明いたしましょう。その際、医療のプロセスを念頭におくと、分かりやすいと思います。

　医療のプロセスでは先ず、病気の原因を調査し、診断し、そして治療の方針を決定します。次に、治療方針に従って、治療措置が実施されることになりますが、そのばあい、通院治療という形式か、あるいは入院治療という形式のいずれかが採られます。そして、後者の入院治療のばあいには、治療が良好な方向に向かいますと、やがて社会復帰ということになります。しかし、いきなり社会に復帰させるというわけではありませんで、退院後も病院とは全く縁が切れるのではなく、通院治療を通して予後を見ながら社会復帰を図る、こういうプロセスをたどっていきます。

　この医療モデルが犯罪者の改善・更生を行う場合にも、応用ないし援用されることになります。すなわち、犯罪行為の原因調査、診断、そしてそれに応じた処分の決定とその実施、という形です。もっとも医療プロセスと違うのは、この処分の決定は犯罪者の同意を得て行うわけではありません。「どうです、刑務所に入りませんか」「いいですね、じゃ入りましょう」となるわけではありません。国の方から犯罪者の同意を得ることなく、一方的に行います。刑罰の場合だけでなく、保護処分の場合も同じです。「君、少年院に入りたいか？」と聞かれて入りたいという子はまずいないと思いますが、「いやです」と答えたところで、裁判官が収容の必要性があると認めれば、有無を言わさず収容することになります。医療モデルと類似していると言っても、このように、「強制力」が行使されるか否かが大きな違いです。

2　「改善・更生」理念に基づく刑罰制度の改革とその限界

　以上に述べた医療類似のモデルを刑罰の枠組みの中で実現を図ろうとするばあい、いくつかの改革案が提案されます。

　第一は、犯罪に対する刑罰を決定し、宣告するいわゆる「刑の量定」のプロセスにおいて、専ら犯罪者の改善・更生を目的とするシステムを導入することです。そこでは、「犯罪者の改善・更生の必要性・可能性」を刑の量定の主要な基準とするのですが、それだけでは十分でありません。そのことの前

提として、いわゆる「判決前調査制度」の導入が不可欠となります。

　この判決前調査制度では、犯罪の捜査とちがい、当該犯罪者がなぜ犯罪行動を行ったのかの原因、あるいは犯罪行動へと至ったメカニズムが調べられることになります。例えば、レヴィンという人が、次のような公式を示しました。

$$B = f(P \cdot E)$$

$B = $ Behavior（行動）
$f = $ function（関数）
$P = $ Personality（人格）
$E = $ Environment（環境）

　この公式は、「人間の行動は、その行動主体である人間の人格上の諸因子と、その人間を取り巻く環境上の諸因子によって決定される」、ということを表現しています。これに従って説明しますと、判決前調査では、犯罪者の人格調査（あるいは資質調査）と環境調査（あるいは社会調査）との二つの方面の調査を通して、当該犯罪者がなぜ犯罪行動を行うに至ったかが究明されるわけです（犯罪行動の原因に関する調査・診断）。次いで、この調査結果に基づいて、犯罪者を改善・更生させるに相応しい刑罰が決められることになります（「処遇方針の大きな枠組みの決定」）が、この処遇方針の大きな枠組みを決める際にも、新たな改革案が提起されます。それは、「不定期刑制度」と呼ばれるものです。現在わが国では、自由刑という刑務所に収容することを刑罰内容とする刑罰を宣告するばあい、裁判所は刑期を「定期」で言い渡すことが原則となっています（「定期刑制度」）。しかし、犯罪者の改善・更生を図ろうとしますと、刑の言い渡し段階で「定期」という縛りをかけることは、不適切なことになります。それは、医療の場において、医者が患者に入院治療を勧める際に、その入院期間を前もって「定期で」示すことが不適切であることと同様のことです。

　第二の大きな改革案は、宣告刑（「処遇方針の大きな枠組み」）に添って刑を

現実に執行するプロセスにおけるものです。刑罰執行機関は、裁判所が下した宣告刑の大枠の中で、犯罪者の改善・更生を図っていくわけですが、ここでも、犯罪者に対するより詳細な人格調査や環境調査が実施され、当該犯罪者の改善・更生に相応しい個別処遇プログラムが作成され、その実施が行われることになります（刑罰執行機関による「調査・診断」→「処遇プログラムの作成」→「処遇の実施」）。こうした一連のプロセスは「分類処遇制度」と呼ばれますが、ところで、このプロセスが刑務所に収容して実施されるばあいには、改善・更生の効果がかなり上がってきますと、刑務所から釈放して自由な社会生活の場での処遇に切り換える必要が出てきます。これは、医療の場で「入院治療から通院治療へ」切り換えて円滑な社会復帰を図ることと同様の考え方に基づいています。すなわち、刑務所という「施設内処遇」からアフターケアとしての「社会内処遇」への移行です。いわゆる「パロール」と呼ばれる制度がこれにあたります。

　以上のように、「改善・更生」理念を刑罰制度の中に浸透させようとしますと、いくつかの改革の必要性が叫ばれるのですが、他方で、「刑はあくまでも害悪である。それも過去に行われた犯罪行為の責任に対して応報として科される害悪である」という考え方が根強くあります。今日お集まりになった方々の中で、「刑罰は将来の犯罪を防ぐためにある」と思われる方もいらっしゃるかも知れませんが、おそらく少数派ではないでしょうか。学者の間でも、目的刑論とか予防刑論と呼ばれる考え方は少数派で、圧倒的に多くの人が応報刑論の立場に立ちます。ただ「責任─応報」の筋道一本槍でいいかと言いますと、必ずしもそうではなく、多くの論者は、「相対的応報刑論」と呼ばれる立場に立ちます。これは「責任─応報」の原理と矛盾をきたさない限りにおいて、あるいは「責任─応報」原理との調整が可能な限りにおいて、「危険性─予防」の筋道を刑罰のなかに取り込もうとする考え方です。それにしても、相対的応報刑論と呼ばれるように、そこでは刑罰の本筋は「責任─応報」なんだという考え方が支配的なわけです。そして、この「責任─応報」という原理に反する形での改善・更生目的の追求は、少なくとも刑罰においては断念しなければならないことになります。例えば、先に述べた自由刑の刑期を決定する際に、応報刑論の立場では、責任の量というもの

は回顧的に判断できるわけですから、きちっと一定量に決めることができる。従って、ちょうど天秤にかけて釣り合うような形で、刑罰も一定量で決めるべきだという結論になります。つまり、不定期刑は採るべきではないという主張になります。

このように、刑罰において改善・更生目的を追求するには、限界があります。その限界を乗り越えるにはどうしたらいいか。それには、刑罰と異なる方法で改善・更生目的を追求すべしということになります。今日の講演のテーマである非行少年に対する「保護処分」は、こうした考えから考案されたものの一例なのです。

3　改善・更生理念と非行少年に対する保護手続

以上に述べました改善・更生理念をより一層追求するために、少年法は刑罰に代えて保護処分という措置を導入しました。この点について、少年法の規定をお示ししながら、簡単に説明しましょう。

まず、少年法第1条にこの法律の目的が掲げられています。「少年の健全な育成を期し、非行のある少年に対して性格の矯正及び環境の調整に関する保護処分を行うとともに云々」とあります。これを受けて、第24条は三つの保護処分、すなわち保護観察、少年院送致、児童自立支援施設・児童養護施設送致という三つの保護処分を規定しています。

犯罪を行った者が成人ですと、警察から検察へ、そして検察官によって起訴されますと、いわゆる刑事裁判所である地方裁判所、あるいは事件が軽ければ簡易裁判所に事件は移され、「略式手続」の場合を除いて公開の法廷で裁かれることになります。しかし、犯罪を犯した者が少年ですと、少年法第1条の目的を達成するために、成人とは異なった手続が進められることになります。

第41条には「司法警察員は、少年の被疑事件について捜査を遂げた結果、罰金以下の刑にあたる犯罪の嫌疑があるものと思料するときは、家庭裁判所に送致しなければならない」とあります。罰金以下の刑にあたる犯罪というのは、罰金、拘留、科料という刑にあたる犯罪でして、このばあい、司法警察員は検察官に事件を送致せずにいきなり家庭裁判所に送ってよい、という

Ⅱ 非行少年に対する処遇理念としての「保護」

ことになっています。

　次に第42条には「検察官は、少年の被疑事件について捜査を遂げた結果、犯罪の嫌疑ありと思料するときは、第45条第5号本文に規定する場合を除いて、これを家庭裁判所に送致しなければならない」とあります。成人の場合ですと、刑事訴訟法に基づいて、起訴するかしないかについての裁量権が検察官に認められており、場合によって起訴をしない処分、すなわち起訴猶予処分という処分も可能です。そして、起訴するばあいには、刑事裁判所であるところの、地方裁判所や簡易裁判所に起訴します。これが少年のばあいですと、検察官はまずもって、事件を家庭裁判所に送致しなければならないこととされているのです。このように犯罪を行った少年は、すべてが家庭裁判所の方に流れていく仕組みになっています。これを、「全件送致主義」と呼んでいます。

　それでは、これを受け取った家庭裁判所はどのような処理を行うのでしょうか。そこでは刑罰を科すための審理が行われるのではありません。最終的には、保護処分を科すかどうかという判断をするわけです。そのために、家庭裁判所での手続きがどのようになっているかということですが、まず少年法の第8条・9条に、審判を行う場合には必ず少年の人格や環境の調査を行いなさいという旨の規定があります。これは「調査前置主義」と呼ばれますが、先に説明した一種の判決前調査制度です。この調査を行うために、家庭裁判所には、とりわけ少年の社会調査・環境調査を担当する家庭裁判所調査官と呼ばれる人たちがいます。また、特に人格・資質の鑑別をする場合には、それ専門の技官が必要になってきます。そこで、少年鑑別所という施設が設けられています。これらを用いて非行少年の人格・環境調査を審判前にやりなさいというのが、第8条・9条の規定です。

　この調査がなされた後に、第19条・21条にしたがって、審判不開始決定あるいは審判開始決定が行われます。そして審判開始決定後におこなわれる少年保護審判は、第22条にありますように、刑事裁判と異なり、非公開で行われ、また検察官の立会なしに単独の裁判官の職権審理に基づいて進められます。そこでは、最終的に保護処分を科すか否かを判断すべく、「犯罪事実」の認定のみならず、いわゆる「要保護性」の認定が求められることになります。

ところで、少年法第20条および第23条第1項は、「家庭裁判所は、死刑、懲役または禁錮にあたる罪の事件について、調査・審判の結果、その罪質及び情状に照らして刑事処分を相当と認めるときは、決定をもって、これを管轄地方裁判所に対応する検察庁の検察官に送致しなければならない」と規定しています。先ほど述べたように、第42条によって、罰金よりも重い刑、すなわち、死刑、懲役、禁錮にあたる犯罪のばあい、検察官は家庭裁判所に送致するのですが、刑事処分相当であると家庭裁判所が認めたならば、再び事件は検察官に送り返されるわけです。このような意味で、この処分のことを一般に「逆送」と呼んでいます。しかし、第20条には但書規定がありまして、送致のとき16歳に満たない少年の事件については、これを検察官に送致することはできません。犯行時の年齢ではありません。家庭裁判所が逆送を行う時の年齢が16歳未満の場合には、およそ逆送ができないというのが、但書の意味です。前にも言いましたように、旧少年法では刑罰への道が開かれていた14歳、15歳の年少少年に対して、現行少年法は、刑罰の道を閉ざしたわけです。

　このように、刑事処分相当という判断を家庭裁判所が下したばあいには、検察官の方に送られるわけですが、送られますと、第45条第5号にありますように「検察官は、家庭裁判所から送致を受けた事件について、公訴を提起するに足りる犯罪の嫌疑あると思料するときは、公訴を提起しなければならない」ことになります。刑事訴訟法では「起訴便宜主義」と呼ばれる原則があり、犯罪の嫌疑があっても検察官の裁量でもって起訴をしないという処分、すなわち起訴猶予処分ができる（刑事訴訟法第248条）のですが、逆送決定がありますと、起訴猶予はできないことになっています。これを「起訴強制主義」と呼んでいます。

4　保護処分と刑罰とのちがい

　以上のように、現行少年法は、保護処分一元主義を採る年少少年を除き、中間・年長少年に対しては原則的に保護処分を優先し、例外的に刑罰を科すという方針で臨んでいます。これを「保護優先主義」と呼ぶことは、すでにお話しした通りです。それでは、保護処分と刑罰とは具体的にどのように異

Ⅱ　非行少年に対する処遇理念としての「保護」

なるのでしょうか。その点について、最後に触れておきたいと思います。その際、保護処分の中から少年院送致処分、刑罰の中から自由刑、の二つを代表例として選んで、両者の「違い」をお示ししたいと思います。また、後者の自由刑、すなわち刑務所に拘禁することを刑罰の内容とする刑のことですが、これには、懲役・禁錮・拘留の三つのものがありますので、話をできるだけ分かり易く単純化するために、ここでは、これら自由刑のうち最も適用数の多い懲役刑を念頭に置いて説明します。

　まずは、法規定を列挙してみましょう。懲役刑に関し、刑法第12条は、第１項で「懲役は、無期及び有期とし、有期懲役は、１月以上15年以下とする。」とし、第２項で「懲役は、監獄に拘置して所定の作業を行わせる。」と規定しています。他方、少年院法第１条は、少年院の目的として「少年院は、家庭裁判所から保護処分として送致された者を収容し、これに矯正教育を授ける施設とする。」と規定したうえで、第４条は矯正教育の内容につき、「在院者を社会生活に適応させるため、その自覚に訴え紀律のある生活のもとに、左に掲げる教科並びに職業の補導、適当な訓練及び医療を授けるものとする。」と規定しています。

　両処分は、ともに法務省が管理する施設に身柄を拘束する処分ですが、懲役（刑罰）では、少年院のばあいの「収容」という用語に代えて、身柄拘束の度合が強いことを指し示す「拘置」という用語を使っています。このような懲役（刑罰）における身柄拘束の度合いの強さは、皆さんご承知のように、高い外壁と錠と鉄格子などの刑務所の逃走防止設備の厳重さに現れているばかりではなく、逃走を処罰する規定にも見られます。すなわち、刑法第97条は、「裁判の執行により拘禁された既決又は未決の者が逃走したとき」には刑罰に処するとしていますが、これには少年院の被収容者は含まれないと解されています。このように、二つの処分の相違点として、第一に身柄拘束の度合いが異なることがお分かりいただけたかと思います。

　第二の相違点は、処遇の内容の違いです。すなわち、懲役（刑罰）では、「所定の作業を行わせる」とあるように、懲役受刑者は原則的に「刑務作業」と呼ばれる作業を一律に強制されることになります。刑務所でもいわゆる「分類処遇」が実施され、受刑者の特性や必要性に応じて刑務作業以外の改

善・更生のための処遇方法が施されていますが、懲役刑では刑務作業の強制が原則です。これに対して、少年院では、被収容者の特性や必要性に応じて矯正教育の内容に差が設けられ、刑務作業のように被収容者に一律に科せられるような処遇方法は存在しません。

　第三の相違点は、収容期間の違いです。懲役刑には無期刑と1月以上15年以下の有期刑があり、裁判所が言い渡す懲役刑の刑期には短いばあいもあれば、無期のばあいもあります。これに対して、少年院のばあいには、少年院法第11条にあるように、例外的に26歳未満まで収容できないわけではありませんが、原則的には被収容者が20歳に達したならば退院させなければなりません。また、実務においては、1997年9月に出された矯正局長通達により、それまで運営上2年以内とされていた収容期間の上限が撤廃され、2年を超える収容期間の設定も可能となりました。とは言え、懲役刑に比べれば、その収容期間は総じて短いと言えましょう。

　以上が、極めて大雑把ではありますが、刑罰（懲役刑）と保護処分（少年院送致）との主たる相違点です。

III　「保護処分に代えて刑罰へ」という刑罰化の主張

　冒頭でお話ししましたように、「保護という名において少年が不当に甘やかされていないか」という問題意識から、「保護処分に代えて刑罰へ」という「刑罰化」の主張がかつてなされたことがありましたし、また今後もなされる可能性があります。この刑罰化の対象となりうるのは、第一に18歳、19歳の年長少年です。これは、たとえば少年法の適用年齢を18歳にまで引き下げることによって保護処分を科す可能性を完全に閉ざしてしまう提案や、あるいはかつてみられたように、この年齢層を少年と成人との中間にある「青年層」と位置づけ、保護処分の道を完全に閉ざさないまでも現行法以上に刑罰を適用し易くする提案として現れてきます。刑罰化の対象となる第二のものは、14歳、15歳の年少少年です。すでに説明しましたように、この年齢層には現在刑罰の道が閉ざされているわけですが、近時彼らによって相次いで行われた凶悪犯罪を背景に、この年齢層にも刑罰が適用可能となるように改

Ⅲ 「保護処分に代えて刑罰へ」という刑罰化の主張

める提案が出てくるかもしれません。

　ところで、旧少年法から現行少年法へと改められた際に「刑罰に代えて保護処分へ」という方向性が一層拡大されたわけですが、以上に述べた刑罰化の主張の是非を検討するにあたっては、この改正の背景事情を、いま一度捉えておく必要があるだろうと思います。

　すでに指摘いたしましたように、現行少年法が制定された際に、保護処分に付することのできる少年年齢の上限は、旧少年法の定める18歳から20歳に引き上げられました。その背景の一つとして挙げられるのが、昭和20（1945）年に制定された衆議院議員選挙法であったと思われます。この法律によって初めて満20歳以上の男・女に選挙権が与えられ、国政上20歳が成年と少年との境界とされたわけです。この国政上の区分けは、また、民法上の成年と少年との境界と合致するものでもありました。すなわち、民法第3条は、「満二〇歳ヲ以テ成年トス」と規定しているのです。昭和23（1948）年に制定された現行少年法において少年法適用年齢を定めるにあたって、こうした選挙法や民法の規定と平仄を合わせることは、法体系上の整合性を保つうえで必要であったと考えられます。

　他方、現行少年法は14歳、15歳の年少少年に対する刑罰を断念しましたが、その背景事情の一つとして考えられますのは、それに先立って制定された教育基本法と学校教育法の存在です。すなわち、昭和22（1947）年に制定された教育基本法は、その第4条第1項で「国民は、その保護する子女に、九年の普通教育を受けさせる義務を負う。」と規定し、これを受けて、同年に制定された学校教育法の第39条第1項では、「保護者は、子女が小学校又は盲学校、聾学校若しくは養護学校の小学部の課程を修了した日の翌日以降における最初の学年の初めから、満一五歳に達した日の属する学年の終わりまで、これを、中学校、中等教育学校の前期課程又は盲学校、聾学校若しくは養護学校の中等部に就学させる義務を負う」と規定されました。

　詳しいことは知りませんが、中学校課程において必要とされる年間授業時間が文部省によって定められているはずです。他方、もし14歳、15歳の年少少年に刑罰それも懲役刑が科されるとしますと、先に述べましたように、刑務作業が強制されることになります。刑務作業時間は現在1日8時間、1週

40時間で、多くの受刑者は土日が免業ということになっています。監獄法施行規則には、教育とか教誨とか運動を行った場合には、その時間を作業時間に通算できるという規定があるのですが、全く作業をさせないことは懲役刑の否定になってしまいます。義務として施される「授業」と、同じく義務として課せられる「作業」とを一日の日課の中で両立させることが果たして可能なのかどうか。おそらくそのような懸念から、少年法第20条の但書ができたのではないかと推察されます。

以上に述べましたように、現行少年法において「刑罰に代えて保護処分へ」という保護処分化の方向が拡大して打ち出されるにあたっては、他の法制度との整合性を図ることが、立法者の念頭にあったように思われます。したがいまして、今後保護処分化の流れとは逆の「刑罰化」の方向へ改正するばあいにも、単に少年法や刑事法の領域だけで自己完結的に改正を行いうるものではなく、他の関連する法領域や法制度との整合性に十分配慮することが求められねばならないと思うのです。

Ⅳ　む　す　び

現在かなり急ピッチで、少年法の改正作業が進行しています。今回の通常国会に提出されていた少年法改正案は成立が見送られましたが、次の選挙次第ではどうなるか分かりません。

現行少年法が旧少年法の全面改正という形で制定されてから半世紀がたちました。その間、日本の社会状勢もかなり変わりました。先にも述べましたように、物質的豊かさを追い求めることを急ぐあまり、精神的な豊かさを置き忘れてきてしまった感があり、そうしたことの「つけ」が様々な場面に現れてきていると思うのは、恐らく私だけではないだろうと思います。少年非行の場面でも、極めて残忍な犯罪、とりわけ年少少年に属する低年齢層の凶悪犯罪が目につきます。そして、こうした犯罪の被害者やその家族の方々のことを考えますと、現行少年保護手続がこれらの人々に対して十分な配慮を施してこなかった点を早急に改めるべきだと思います。非公開で進められる少年保護審判によって明らかにされた事実を被害者およびその家族に公開す

Ⅳ　むすび

　る手立ては、急いで設けられる必要がありましょう。しかし、刑罰化の主張に関しましては、他の法制度との関係を十分に調整せずに改正を急ぐべきではないと考えます。

　現行少年法施行後50年の間には、少年非行が「実数」でも「少年人口比」でも増加したときもありますし、他方減少したときもあります。そして、少年非行が増加したときに、その原因を少年法の欠陥に求めるのは、今に始まったことではなく、過去にもありました。しかし、逆に、少年非行が減少したときに、その原因が少年法の"すばらしさ"に帰されることは、ほとんどなかったように思います。できるだけ冷静に、客観的に事態を認識しようと心掛けるならば、少年法は少年非行増加や悪質化の重要な一因になりえても、やはり「一つの」因子でしかありません。少年を取り巻く大小様々な環境の変化が、少年非行の質と量との変化を引き起こすのであって、以前からよく言われてきたように、「少年非行は、社会を写し出す鏡」であると思います。このように考えるならば、とくに「保護処分から刑罰へ」という刑罰化の検討にあたっては、少年法の中だけの自己完結的な検討に終始するのではなく、他の法制度との関係を広く射程に入れて、多方面の人々の意見を吸い上げていく改正手順が要請されなければならないと思います。

　正直申し上げまして、刑罰化の是非に関し、私自身確固たる回答を用意しているわけではありません。ただ、この問題を考える際に私の念頭にある事柄を、最後にお示しして、この講演の締めくくりとしたいと思います。

　その一つは、動物行動学などが提示する人間理解です。人間も哺乳類に属する動物の一種です。この人間の生物学的側面を捉えて「ヒト」という片仮名表記が用いられたりしますが、「ヒト」を他の哺乳類と比較してみますと、いくつかの興味深い事実がみえてきます。

　たとえば、他の哺乳類の赤ん坊は、生後あまり時をおかずに、四本足歩行など親と同じような行動が行えるのに対し、ヒトの赤ん坊は、生まれたばかりのときはほとんど一人では何もできません。人間の偉大な特性である「二本足歩行」ができるようになるには、生後一年位の経過が必要です。しかも、この行動特性は遺伝子によって予めプログラミングされ、ときが来ると自ずと発現するというわけではなく、「人間を通しての学習」というプロセ

スを経て初めて取得されます。生後まもなく狼に拾われ、ずうーと狼に育てられた二人の姉妹の話が残っていますが、この姉妹は発見当時まるで狼と同じ行動をとっていたようです。歩行形態も、摂食行動も、発声などもまるで狼と同じで、人間らしい行動様式はみられなかったということです。

　私たち人間は「ヒト」の遺伝子をもっているわけですが、「ヒト」の遺伝子をもっていれば、自動的に人間の行動様式が発現する、という仕組みにはなっていないようです。人間は「社会的動物」だとか「文化をもった動物」だと言われるように、「ヒト」が「人間」になるには、他の人間存在との接触・交流を通して、人間が築き上げてきた文化や行動様式を後天的に学習していかなければなりません。こうした人間存在の特性を示す、もう一つの興味深い話があります。それは人間の攻撃性についての指摘です。

　たとえば、人間と同じ哺乳類に属する狼ですが、彼らは喧嘩をして一方が他方に打ち勝ったばあい、敗者が一定の降参のシグナルを行動で示すと、勝者はそれ以上の攻撃を止め、悠然と立ち去り、殺害にまで至ることはまずないそうです。これに対して、人間は同様の状況においてなおも攻撃を続行し、敗者の生命を奪ってしまうことがあります。また極めて稀なことではありますが、たとえば生命が奪われた敗者を焼却するなどという残酷な行動に走ったりもします。私たちは、こうした行動を「非人間的」と称したりするのですが、先の狼の行動と比べますと、誤解を恐れずに言うならば「人間的な」行動であるとも言えそうです。要するに、狼のばあいにはその攻撃性を抑制するメカニズムが予め遺伝子の中に組み込まれているのに対して、人間ではこうした仕組みが欠けているようです。私たち人間は、自らの攻撃性を抑制することについても、後天的に学習していかなければならない存在なのです。

　以上のように、私たちは「ヒトから人間」になるために多くのことを学習していかなければならない存在のようです。しかも、人間社会の中で平和に共同生活を送るための行動様式をしっかりと習得していかなければならない存在のようです。少年法第1条が掲げる「少年の健全育成」という言葉は、こうした人間存在に対する理解を基に解釈する必要がある、と私は考えます。問題は、「少年の健全育成」という目的を達成するのに保護処分だけで

Ⅳ むすび

十分なのか、あるいは現行法以上に刑罰という方法に頼った方がよいのかということなのですが、この点を考えるのに、もう一つご紹介しておきたい事柄があります。

　それは、日本社会の特性についてです。先に述べたように、私たちは「ヒトから人間」になるために、他の人間存在との接触・交流を通して、過去の人間が築き上げてきた文化や行動様式を後天的に学習していく存在なのです。そして、あたり前の話なのですが、私たち日本人は多くのばあい、日本人が築き上げてきた文化や行動様式を、日本人を通して学習することになります。したがって、「少年の健全育成」目的を達成する方法はいかにあるべきかを考えるばあいにも、これまでの日本人の文化や社会がどのような特徴をもっていたのか、そしてそれを修正する必要があると考えるばあい、今後どのような方向に修正したらよいかを同時に考察しておく必要があると思うのです。

　この問題について示唆に富んだ指摘をされているのが、河合隼雄氏です。新聞やテレビなどでも度々出てくる方ですから、おそらく名前を知っている人も多いと思いますが、この方が、日本社会は母性原理を主原理として構成されている、という趣旨のことを指摘しています。次に揚げる表をご覧になって、左の方に、機能、目標、人間観、序列、人間関係、コミュニケー

父性原理と母性原理の比較

	父性原理	母性原理
機　　能	切　る	包　む
目　　標	個人の確立	場への所属（おまかせ）
	個人の成長	場への所属（おまかせ）
人　間　観	個人差（能力差）の肯定	絶対的平等感
序　　列	機能的序列	一様序列性
人間関係	契約関係	一体感（共生感）
コミュニケーション	言語的	非言語的
変　　化	進歩による変化	再生による変化
責　　任	個人の責任	場の責任
長	指　導　者	調　整　役
時　　間	直　線　的	円　環　的

河合隼雄『臨床教育学入門』（1995 年、岩波書店）61 頁より

ション云々とありますが、それの母性原理のところをご覧下さい。これと左の父性原理のところと対照してみますと、やはり日本は母性原理で運用されているなと、おそらく多くの人は思われるだろうと思います。

　私のささやかな海外経験で恐縮ですが、私かイギリスで１年半ぐらい生活していた時に、隣に住んでいた２歳ぐらいの女の子が私に向かって「ユー」というんです。日本語に訳すると、「あんた、お前、君」です。私の英語会話能力はまず日本語に訳さないと、頭にすんなりと入ってきませんから、「ユー」といわれて『ん？　何言ってんだ、おじちゃんと言えないか』という気持ちになったんですが、『まてよ、おじちゃんて英語で何て言うんだ。ユア・アンクルか。アンクルって言ったって、実際のアンクルじゃないものな。やはりユーしかないんだな』と思い至った次第です。私たち日本人は二人称を使うときに、例えば丁寧な時に「あなた」と言います。もう少し親しくなると「君、お前」なんて言います。喧嘩するときには「てめえ」なんて言葉を使ったりもします。このように、二人称にもいろんな言い方があって、相手によって言い方を変えていくんですね。同様に、一人称も変えていきます。「私」と言ってみたり「僕」と言ったり、「俺」といったり、これらの一人称言葉を状況に応じて使い分けます。

　要するに私たち日本人は、相手に応じて、あるいは場に応じて自分を規定していくのです。これが河合氏の言う、場への所属、場への平衡状態への維持、あるいは場の責任の強調とか、このような特徴につながっていくのだろうと思います。恐らく、全部が全部母性原理で以て運用されているなんてことはありませんけれども、日本はどちらかと言うと、この母性原理優位の社会だろうと思います。こういう社会ですと、おそらく「切断」という機能よりも「包み込む」という機能、これがかなり特徴的に現れてきます。

　ドイツ刑法に範をとって制定された日本の近代刑法における刑罰には、個人責任の原則というものがあります。その行為を有責に行った者に対してのみ、刑罰は一身専属的に科されます。ですから、家族刑も否定されることになります。こういう個人責任の原則が、刑罰と一緒に我が国に導入されるようになります。どちらかと言うと、父性原理に則ったものが、近代刑法における刑罰です。刑罰化の主張をする方たちは、おそらくこの父性原理に則っ

Ⅳ　むすび

た側面を刑罰に期待しておられるように思われます。その実、私もこういった父性原理に非常に愛着を覚えます。息子や娘に話すときに、やはり母親とは大分違います。子供たちが悪いことをすれば、「切る」機能を強調したやり方を採用します。良いことと悪いことをきちんと区別する、自分の責任をわきまえろと、いうような叱り方をします。

　しかし、母性原理が優位に立つ日本社会において、善悪の区別を主張し、個人の責任を強調する刑罰を浸透させていくのはかなりむずかしい面があります。わが国の刑事手続をみても、できるだけ刑罰を回避する措置が随処にみられます。警察段階では「懲罰処分」が、検察段階では「起訴猶予処分」が、裁判所段階では「刑の執行猶予処分」がといった具合に、刑罰を回避する措置がかなり多用されているのです。

　私自身は、今後の日本社会の中に「父性原理」を根付かせ、活かしていくことは極めて重要だと思いますし、その一環として、犯罪少年に対する刑罰化を真剣に検討しなければならないとも思います。しかし、社会全体のシステムの再構築を度外視して、犯罪少年に対する刑罰化だけを自己完結的あるいは自己閉鎖的に主張することは慎むべきだろうと考えます。もっと大きな広い視野に立って、日本の社会全体を今後どうしていくのかということを真剣に考え、その結果、多くの人たちが父性原理を主原理とまではいかないまでも、補充原理として社会の様々な制度の中に取り入れるべきだと考えるようになってくれば、おそらく刑罰化の主張も一層現実味を帯びてくるだろうと思います。

　大分時間を延長して申し訳ありませんでした。最後までお聞きいただきありがとうございました。

【参考文献】
・児玉昭平『被害者の人権』（1999年、小学館文庫）
・アドルフ・ポルトマン著／高木正孝訳『人間はどこまで動物か──新しい人間像のために──』（1961年、岩波新書）
・河合隼雄『母性社会日本の病理』（1976年、中央公論社）

第 6 章

日本における非行少年に対する法的対応システム[1]

Ⅰ 少年非行問題を考えるための基本的視座
Ⅱ 非行少年とその法的対応システム
Ⅲ 少年法改正による法的対応システム相互間の関係の変更
Ⅳ おわりに

Ⅰ 少年非行問題を考えるための基本的視座

日本では、2000年、2007年、2008年の三度にわたる少年法の改正によって、「非行少年に対する法的対応システム」に修正が加えられました。今日の講演では、非行少年に対する法的対応システムと、その修正の内容を中心に話を進めていくつもりですが、その前に、私が少年非行の問題を考える際の「基本的視座」についてお話ししておきたいと思います。それは、少年を含むところの、「人間理解」に関するものです。

1 「人間」の理解につきましては、これまでに様々な学問的アプローチから多面的な考察が行われてきました。この中で私が特に興味をもつのは、比較動物行動学と呼ばれるアプローチです。

このアプローチは、生物学的に哺乳類に属する人間を他の哺乳動物と比較考察するという手法を取りますが、こうした考察からは興味深い事実が浮かび出てきます。たとえば、ポルトマンという学者は、「人間生理的早産」説

---

(1) 本講演は、筆者が中国政法大学から客員教授の称号（2008年10月25日～2011年10月24日）を贈られたことを謝して行ったものである。講演は2008年10月25日に行われ、その参加者の多くは法律を専攻する大学院生であった。

第6章　日本における非行少年に対する法的対応システム

と呼ばれる見解を唱えました[2]。

　他の哺乳類の赤ん坊は、誕生後数時間ないしは数日後に、四本足歩行など、親とほぼ同じ行動を取り始めると言われています。これに対して、人間の赤ん坊は、生まれたばかりのときは、一人ではほとんど何もできません。親と同じ「二本足歩行」ができるようになるには、だいたい生後一年くらいの経過が必要となります。

　しかも、この「二本足歩行」という行動特性は、ときが来れば自然と行えるようになるものではありません。私たち人間は、生物学的には、二本足歩行を可能にする遺伝因子を親から受け継いでいますが、実際に「二本足歩行」ができるようになるには、後天的な「行動学習」のプロセスが必要であると言われます。

　これらの事柄を基にして、ポルトマンは、「人間の赤ん坊は、本来、もう1年ほど母親の胎内で成長した後に、誕生すべきであったのかもしれない」という仮説を提起します。そして、この「生理的早産」には、誕生後に行われる「学習」のプロセスを円滑・容易に進めるための「秘密」が隠されているのではないか、と指摘します。

　人間の赤ん坊は、親に一方的に依存しなければ生存できないという「無能な存在」です。しかし、他方で、赤ん坊の「愛くるしさ」は、わが子に対する親の愛情を誘発し、「親子間における基本的信頼関係」の形成の基礎となり、この基本的信頼関係が形成されることによって、多くの困難を伴う後天的な「行動学習」は促進される、と言うのです。

　2　私たち人間は、「ヒト遺伝子」を親から受け継いで誕生してきます。しかし、「ヒト遺伝子」を持ってさえいれば、いつの日か自動的に「人間としての行動様式」を習得できるという存在ではありません。「社会的動物である」とか、「文化をもった動物である」と言われますように、私たち人間は、親に代表される「他の人間」との接触や交流を通して、人間が築き上げてきた文化や行動様式を後天的に学習していかなければなりません。このプ

──────────
（2）　アドルフ・ポルトマン／高木正孝訳『人間はどこまで動物か』（1961年、岩波新書）。

ロセスがどんなに困難で大変なものであったかは、私自身の子育て体験を振り返れば容易に分かります。もっとも、この子育て体験から、私は多くの喜びとともに、私自身を成長させる貴重な糧を得ることができたことも、告白しておかなければなりません。

話はいささか逸れますが、私たち日本人は中国から漢字を学びました。それとともに、私たちは中国には存在しない、いわゆる「和製漢字」と呼ばれる日本だけに通用する漢字を作り出しました。

この和製漢字のひとつに、「躾」という字があります。「身」という字と、「美」という字とを一つに合体させた文字です。「しつけ」と発音し、「身だしなみや、礼儀作法を教え込むこと」という意味で使います。

人間の赤ん坊は、社会生活を送る上での基本的な行動様式を、生後数年の間に学習しなければなりません。「二本足歩行」だけではありません。「摂食行動」、「排泄行動」、「洗面・歯磨き、入浴の仕方」などなど、実に多くのことを学習します。

例えば、摂食行動を例に取ってみましょう。

日本人である私も、中国人である皆様がたも、「箸」という道具を使って食物を摂取します。皆様も、私も、今ではこの道具を巧みに操って、難なく食事をすることができるはずです。しかし、ご自分の子供時代を思い返してごらんになれば、箸を上手に使いこなすことがどんなに大変なことであったか、思い出せるのではないかと思います。それと同時に、操ることの難しいこの箸という道具の使い方を気長に教えてくれた、両親の愛情に感謝する気持ちになることでしょう。

こうした社会生活の基本となる行動様式の多くは、自分の「身（からだ）」を「美（うつく）しく」保つことに関係しています。多くの人は、この基本的行動様式を親から教えられて身に付けていきます。こんな理由から、私たち日本人は、基本的行動様式に関する親の教育のことを、「躾」という漢字で表しているわけです。

3 親から「躾」られることによって基本的行動様式を学習した後でも、子供たちは、小学校・中学校という義務教育課程、高校・大学といった高等

教育課程、さらには職場における学習を通して、社会生活を送る上で必要とされる知識や技術、道徳や社会的ルールなどを習得していきます。

　社会学・心理学・教育学などの行動科学の領域では、こうした後天的な学習プロセスのことを、「社会化socializationのプロセス」と呼んでいます。この社会化のプロセスにおいて、大多数の子供たちは、時には挫折し、脱落しそうになることはあっても、なんとか「一人前の社会人」へと成長し、社会に適応した生活を送っていけるようになります。

　しかし、残念なことに、社会化のプロセスから落ちこぼれ、社会的な不適応行動を取る子供たちも、少なからず出現してしまいます。その不適応行動には、自殺、不登校・ひきこもりといった、社会からの逃避傾向を示す「非社会的（asocial）」な行動のほかに、犯罪・非行など、社会に対し攻撃性を示す「反社会的」（anti-social）」行動などがあります。また、その行動の原因としては、一般的には、生得的なマイナス因子（負因）や、環境上のマイナス因子（負因）が挙げられますが、個別具体的にみますと、発生のメカニズムは決して一様ではありません。

　それはともかくとして、こうした社会的不適応行動へと至るプロセスのことを、「脱社会化de-socializationのプロセス」と呼びます。社会の側では、社会的不適応行動に走った者を「排除・排斥」する方向へと力が作用します。しかし、その一方で、不適応行動に走った者を再び社会に組み入れる、いわゆる「再社会化（re-socialization）のプロセス」を用意することが、通例です。

　4　以上に述べた「社会化のプロセス」や「再社会化のプロセス」は、さまざまな法律によって規制され、制度として確立したものになっています。
　第一に、社会化のプロセスの基本となる教育制度の根幹を定めた法律として、「教育基本法」という法律があります。この法律では、「教育の目的」として、以下のことが謳われています。
　　「教育は、人格の完成を目指し、平和で民主的な国家及び社会の形成者として必要な資質を備えた<u>心身ともに健康な国民の育成</u>を期して行わなければなららない。」（第1条、下線筆者）

Ⅰ　少年非行問題を考えるための基本的視座

　第二に、脱社会化のプロセスに陥る可能性がある、ないしは既に陥ってしまった児童（非行少年の一部の者が、この種の児童と重なります。）に対する福祉を保障し、福祉の積極的増進を謳う法律として、「児童福祉法」があります。そこでは、次のように規定されています。

　　「すべて国民は、児童が心身ともに健やかに生まれ、且つ、育成されるよう努めなければならない。」（第１条、下線筆者）

　　「国及び地方公共団体は、児童の保護者とともに、児童を心身ともに健やかに育成する責任を負う。」（第２条、下線筆者）

　第三に、非行少年に対する再社会化のプロセスの根幹を定めた法律として、「少年法」があります。この法律の目的は、以下のように規定されています。

　　「少年の健全な育成を期し、非行のある少年に対して性格の矯正及び環境の調整に関する保護処分を行うとともに、少年の刑事事件について特別の措置を講ずることを目的とする。」（第１条、下線筆者）

　第四に、非行少年のうち「極めて重大な犯罪を行った犯罪少年」に対しては、例外的に刑罰が言い渡されることもあり得るのですが、その刑罰の中心である「自由刑の執行と受刑者の処遇に関する基本」を定めた法律として、2006年に制定された「刑事収容施設及び被収容者等の処遇に関する法律」があります[3]。この法律には、受刑者処遇の目的として、次のことが定められています。

　　「受刑者の処遇は、その者の資質及び環境に応じ、その自覚に訴え、改善更生の意欲の喚起及び社会生活に適応する能力の育成を図ることを旨として行うものとする。」（第30条、下線筆者）

（３）　2001年から2002年にかけて、「名古屋刑務所事件」と呼ばれる「受刑者に対する刑務官の暴行・傷害事件」が相次いで３件発生した、この事件をきっかけにして、1908年に制定された監獄法が約100年ぶりに全面改正されるという事態に至った。すなわち、2005年には、受刑者処遇に関する部分が先行して改正され、「刑事施設及び受刑者の処遇等に関する法律」が制定され、翌年に、未決拘禁者処遇等に関する部分をも包括する「刑事収容施設及び被収容者等の処遇に関する法律」が「刑事施設及び受刑者の処遇等に関する法律」を改正する形で制定された。

第6章　日本における非行少年に対する法的対応システム

　上に掲げた法律の中で、非行少年に対する法的対応に直接関係するものは、第二・第三・第四の法律です。これから、これらの法律によって作り出された児童福祉行政システム・少年保護司法システム・刑事司法システムの説明に移りますが、下線を付した文言からもお分かりいただけるように、これらのシステムは、程度の差こそあれ、「健全育成」や「社会適応」を理念として追求するシステムであることを、まずもって確認しておきたいと思います。

II　非行少年とその法的対応システム

1　非行少年の意義

（1）　まず、「少年」の年齢についてですが、その上限を何歳にするかは、国によって違いがあります。また、同じ日本でも、時代によって異なります[4]。わが国で初めて制定された旧少年法（1922年制定）では、「18歳未満の者」を少年と定めていましたが、現行少年法（1948年制定）では、「20歳未満の者」とされています。

（2）　次に、「非行」とは何かということについてです。

　少年法は、家庭裁判所の審判に付すべき少年として、次に掲げる三つの類型の少年を規定しています（第3条第1項）。「非行少年」という言葉は、これらの少年を総称する際に用いる用語です。すなわち、

　第一の非行少年類型は、「罪を犯した少年」、つまり「犯罪少年」です。

　第二の非行少年類型は、「14歳に満たないで刑罰法令に触れる行為をした少年」、つまり「触法少年」です。

　これら二つの少年の場合、「刑法上の違法行為」を行ったという点では、同じです。しかし、「14歳に満たない者の行為は、罰しない」という刑法の

（4）　さらに、同じ現行法の下でも法律によって少年の定義は異なる。少年法では「20歳未満の者」を少年と定義するのに対して、児童福祉法では「小学校就学の始期から、満18歳に達するまでの者」を少年とする。なお、本文で述べたように、児童福祉法では「児童」を「満18歳未満の者」と定義したうえで、児童を「乳児（満1歳に満たない者）」、「幼児（満1歳から、小学校就学の始期に達するまでの者）」、そして「少年」の三つに区分する。

規定（第41条）によって、両者は区別されることになります。

すなわち、14歳未満の少年の場合には、「責任能力がない者（責任無能力者・刑事未成年）」として取り扱われ、その者の行為には「犯罪」という評価を与えることが認められず、およそ刑罰を科すことができないとされます。これに対して、「14歳以上20歳未満の少年」の場合ですと、心神喪失者でもない限り、刑法上は責任が認められ、刑罰を科すことが可能だとされています。

第三の非行少年類型は、「虞犯少年」です。

虞犯少年は、「刑法上の違法行為」を現実に行っていないという点で、犯罪少年や触法少年と決定的に違います。

しかし、「少年の健全育成」という理念を純粋に追求していきますと、「非行を早期に発見し、非行性を早期に治療すべきである」という結論に立ち至ります。この「早期発見・早期治療」のスローガンのもとに、刑法上の違法行為を将来行う可能性が高い少年もまた、「非行少年」として家庭裁判所の保護審判の対象とされているわけです。

とは言っても、「刑法上の違法行為を行う可能性が高い」（「虞犯性」）というだけで家庭裁判所の審判に付すことは、人権保障の観点から問題になります。そこで、現行法は、虞犯少年を認定するための要件として、「虞犯性」のほかに、以下に掲げる「虞犯事由」に該当することを求めています[5]。

　イ　保護者の正当な監督に服しない性癖のあること。
　ロ　正当の理由がなく家庭に寄り附かないこと。
　ハ　犯罪性のある人若しくは不道徳な人と交際し、又はいかがわしい場所に出入すること。
　ニ　自己又は他人の徳性を害する行為をする性癖のあること。

2　非行少年に対する三つの法的対応システムの基本的特徴

非行少年に対する法的対応システムとしては、第一に、少年法を主たる根

（5）　1922年に制定された旧少年法においても「虞犯少年」に関する規定があったが、現行少年法と異なり、虞犯少年の要件としては「虞犯性」のみで、「虞犯事由」に該当することまで要求されていなかった。

拠法とする少年保護司法システム、第二に児童福祉法を根拠法とする児童福祉行政システム、そして第三に、刑事訴訟法を主たる根拠法とする刑事司法システム、という三つの異なるシステムが設けられています。次に、これらのシステムの基本的特徴を簡単にご説明します。

(1) **児童福祉行政システム**

児童福祉行政システムの基本は、強制力を用いないで、「任意」に福祉的措置を行うことです。すなわち、福祉的措置の決定権者である都道府県知事または児童相談所長は、対象者である児童およびその保護者の同意を得て、各種措置を行うことが原則です。

ただし、健全育成理念を追求する上で、「児童の行動の自由を制限し、又はその自由を奪うような強制的措置」を必要とする場合が、実際上生じてきます。例えば、集団生活を基本とする児童福祉施設において、ある児童が他の児童に対する「いじめ」を執拗に繰り返すようなケースを想定してください。

執拗な「いじめ」を阻止するためには、加害児童を一時的に集団生活から引き離して、「隔離された単独室」に閉じ込めることが必要な場合も出てきます。法は、この種の例外的なケースに限って、「児童の行動の自由を制限し、又はその自由を奪うような強制的措置」を講じることを認めます。しかも、自由を制限する場合には、行政機関の裁量で行うことを認めず、司法機関（家庭裁判所）の許可決定を得なければならないことになっています（児童福祉法第27条の2、少年法第6条第3項）。

以上のように、児童福祉行政システムは「児童の健全育成」という福祉を最優先目的として追求するシステムである、と言うことができるでしょう。

(2) **少年保護司法システム**

少年保護司法システムには、①保護観察、②児童自立支援施設又は児童養護施設送致、③少年院送致の三種類の保護処分がありますが、これらすべてが強制的な処分です[6]。つまり、家庭裁判所がこれらの処分を決定するに当たっては、少年本人や保護者の同意は必要とされておりません。

一般論として言えば、少年は心も体も育成の途上にある「可塑性に富ん

だ」存在です。少年保護司法システムはこの点を考慮して、刑罰に代えて、少年の健全育成を達成する手段として保護処分を用意しているのです。しかし、非行少年、その中でも特に「犯罪少年」は他人に危害を加えた少年です。他方では、こうした少年から社会の人びとの生活利益を守るべきであるという要請（「社会防衛」）が生じます。もし健全育成のための保護処分を本人や保護者の意思に任せ、彼らが拒否すれば何の措置も行わないということにでもなれば、社会の人びとは納得するはずがありません。

　換言するならば、健全育成理念は少年保護司法システムの「主要目的」であり、この点こそが、次にお話しする「刑事司法システム」との決定的な違いですが、他面において、社会の人びとの生活利益を守るという目的（「社会防衛」目的）も、いわば「従目的（副次目的）」として追求することが要請されるのです。

　これら二つの目的は、互いに対立・葛藤する矛盾で、両者の調整を図ることは至難の業です。少年保護司法システムは、こうした矛盾を背負わされたシステムであるということを忘れるべきではありません。

(3)　刑事司法システム

　健全育成理念を正面に掲げる児童福祉行政システムや少年保護司法システムと異なり、刑事司法システムにおいては、刑罰という応報的な制裁を犯罪者に科すことによって社会の人びとの生活利益を守ることが、主要目的とされています。

　しかし、その一方で、システムの進行を中途で阻止して刑罰の発動を食い止める処分、すなわち「猶予処分」が刑事司法システムの各段階で設けられています。警察段階での「微罪処分」、検察段階での「起訴猶予処分」、裁判段階での「刑の執行猶予処分」、行刑（自由刑の執行）段階での「仮釈放」が、

（6）　既に述べたように、「児童自立支援施設・児童養護施設への入所措置」は、児童福祉行政機関が少年及びその保護者の同意を得て入所させる「任意による方式」が原則である。しかし、ここに記すように、司法機関である家庭裁判所が保護処分としてこれらの施設への収容を決定することもできる。この場合には、児童福祉行政システムの場合と違って、少年本人の同意も、保護者の同意も必要なく、強制的に入所させることになる。

それです。

　これに加えて、犯罪者を自由な社会生活の場に置いた状態で、彼らの改善・更生を援助・促進する「保護観察」処分が刑事司法システムにおいて導入されており、執行猶予と仮釈放の処分に付随して保護観察を科すことができる仕組みになっています。

　そればかりではありません。自由刑の執行の場面に目を転じますと、犯罪者の改善・更生を促す様々な方法がこれまでに試みられてきました。なかでも少年受刑者に対しては、特別な教育的配慮が向けられ、少年院における矯正教育をモデルとする「特別な処遇方法」が少年刑務所で実施されています。しかも、改善・更生理念は、先に引用した「刑事収容施設及び被収容者等の処遇に関する法律」により、一層強調されることになりました[7]。

　このように、刑事司法システムには「犯罪者の福祉」のために刑罰を回避する方法、あるいは更に一歩進んで「犯罪者の福祉」を積極的に実現する方法が存在します。言い換えるならば、刑事司法システムの主目的は「社会の防衛」ですが、それと並んで「犯罪者の福祉」も従目的として位置付けられている、と要約することができるでしょう。

　最後に、理解の一助になればと思い、これまでお話ししたことを表にして掲げておきます。参考にしてください。

	処分の種類とその構成原理	処分の目的	処分決定機関
刑事司法システム(A)	刑罰（「責任―応報」原理）	〔主目的〕社会防衛 〔従目的〕犯罪者の福祉	司法機関（刑事裁判所）
少年保護司法システム(B)	保護処分（「再非行危険性―予防」原理）	〔主目的〕非行少年の福祉 〔従目的〕社会防衛	司法機関（家庭裁判所）
児童福祉行政システム(C)	福祉処分	児童の福祉	行政機関（知事またはその委任を受けた児童相談所長）

III　少年法改正による法的対応システム相互間の関係の変更

　冒頭にお話ししたように、少年法は2000年、2007年、2008年の三度にわ

---

(7)　従来の刑務作業中心の処遇体制は改められ、「矯正処遇」の一環として「改善指導」のプログラムが開発・導入される一方、処遇プログラムを受刑者に義務として課すことが可能になった。

Ⅲ　少年法改正による法的対応システム相互間の関係の変更

たって改正されました。改正点は、大きく分けると、以下の三つにまとめることができるでしょう。

第一は、少年事件の処分のあり方に関する改正です。

第二は、少年保護審判の非行事実認定手続を一層適正なものにする方向での改正です。

第三は、少年保護審判における被害者への配慮を充実させる方向での改正です。

以上の改正点のうち、本日の講演に直接関係するのは第一の点ですので、以下では、第一の点に焦点を絞って話を進めたいと思います。

1　犯罪少年に対する法的対応の変更

(1)　犯罪少年の事件の場合は、警察・検察の捜査機関によって捜査がなされ、その後、一部の例外を除くほとんどの事件が、家庭裁判所に送致されます。つまり、刑事司法システムから少年保護司法システムへと事件が移行し、犯罪少年に対する処分をどうするかの判断は、家庭裁判所の手に委ねられることになります。大雑把に言いますと、犯罪少年に対して家庭裁判所が取ることのできる選択肢には、

① 保護審判を開始して、保護処分を科さない（不処分決定）か、あるいは保護処分を科す（保護処分決定）か、という選択肢（少年法第21条・23条・24条）

② 児童福祉行政システムへ移行させて、児童福祉法上の措置に委ねるという選択肢（同法第18条）、

③ 刑事司法システムに再び戻して、刑罰を科すという選択肢（同法第20条）

があります。

これを道路に譬えて表現しますと、犯罪少年に対する法的対応においては、①の少年保護司法システムが「幹線道路」で、②の児童福祉行政システムや③の刑事司法システムは「支線道路」という位置付けになります。

(2)　2000年の改正では、言うならば、幹線道路である少年保護司法システ

219

ムから、支線道路である刑事司法システムへと通じる「バイパス」の拡張工事が行われました。

このバイパスに当たる規定が少年法第20条なのですが、改正前は、次のように定められていました。

　　家庭裁判所は、死刑、懲役または禁錮に当たる罪の事件について、調査の結果、その罪質及び情状に照らして刑事処分を相当と認めるときは、決定をもって、これを管轄地方裁判所に対応する検察庁の検察官に送致しなければならない。<u>但し、送致のとき16歳に満たない少年の事件については、これを検察官に送致することはできない。</u>（下線筆者）

これが、改正により、次のように改められました。

　（第1項）　家庭裁判所は、死刑、懲役又は禁錮にあたる罪の事件について、調査の結果、その罪質及び情状に照らして刑事処分を相当と認めるときは、決定をもって、これを管轄地方裁判所に対応する検察庁の検察官に送致しなければならない。

　（第2項）　前項の規定にかかわらず、家庭裁判所は、故意の犯罪行為によって被害者を死亡させた罪の事件であって、その罪を犯すとき16歳以上の少年に係わるものについては、前項の決定をしなければならない。ただし、調査の結果、犯行の動機及び態様、犯行後の情況、少年の性格、年齢、行状及び環境その他の事情を考慮し、刑事処分以外の措置を相当と認めるときは、この限りでない。

改正の第一は、旧規定の但し書が削除された点です。

14歳・15歳の犯罪少年に対しては、刑法では刑罰を科すことが可能であるとされています（刑法第41条）が、この但し書規定があるために、刑事司法システムに回されることはありませんでした。

日本では、14・15歳の年齢層の者は中学生で、義務教育の対象にされています。したがいまして、仮に14・15歳の少年が刑事司法システムに回され、懲役刑が科されたりしますと、少年は刑務所において強制的な刑務作業に長時間従事する一方で、義務教育にも多くの時間を割かなければならないとい

う状況に立たされる可能性が出てきます。恐らく、こうした衝突を回避する趣旨で、但し書規定が設けられていたと推測されますが、2000年の改正では、但し書規定を削除することによって、14・15歳の犯罪少年に対しても、刑事司法システムに移して刑罰を科すことが可能になったわけです[8]。

改正の第二は、第2項を新たに設けた点です。

刑事処分と保護処分との適用関係については、従来「保護処分優先主義」が採用されていたのですが、この改正により、以下の要件を満たす事件については「刑事処分優先主義」に切り替わりました。
① 犯行時の年齢が16歳以上の少年が行った事件であること。
② 故意の犯罪行為によって被害者を死亡させた事件であること。これには、例えば、殺人罪、傷害致死罪、危険運転致死罪、強盗致死罪などが当てはまります。

(3) 健全育成（個人の福祉）を主目的とする少年保護司法システムから、社会防衛を主目的とする刑事司法システムへと移行するバイパスの拡張工事を内容とする法改正により、実際の運用がどうなったかを見ておきましょう。

最高裁判所事務総局家庭局によれば、その運用は、以下の通りです（なお、データは2001年4月1日から2006年3月31日までの5年間のものです。）。

①刑事処分年齢の引き下げ（少年法第20条第1項）

家庭裁判所が終局決定時16歳未満の犯罪少年の事件について検察官送致したケース

	人数	終局時年齢	備考
傷害致死（刑法205条）	2人	いずれも15歳	共犯事件
強盗強姦（刑法241条）	1人	15歳	
無免許運転（道路交通法64条）	2人	いずれも15歳	

---

(8) 2000年の改正少年法は、刑務作業と義務教育の衝突を回避する策として、新たに第56条第3項を設け、14・15歳の犯罪少年を16歳に達するまでの間は少年院に収容することを可能とするとともに、少年院では強制的な刑務作業に代えて、そこで本来実施されることになっている矯正教育を授けることにした。

②検察官送致の一部原則化（少年法第20条第2項）

犯行時16歳以上の少年が故意の犯罪行為により被害者を死亡させた事件で家庭裁判所が終局処理したケース

	検察官送致	保護処分	総数
殺人（刑法199条）	44人 (57.1%)	33人 (42.9%)	77人
傷害致死（同205条）	108人 (56.8%)	82人 (43.2%)	190人
危険運転致死（同208条の2）	27人 (93.1%)	2人 (6.9%)	29人
保護責任者遺棄致死（同219条）	0人 (0.0%)	3人 (100%)	3人
強盗致死（同240条）	37人 (74.0%)	13人 (26.0%)	50人
合　　計	216人 (61.9%)	133人 (38.1%)	349人

①の表から、14・15歳で刑事司法システムに回された少年のケースは極めて僅かであることがわかります。

他方、第2項が新設される以前の10年間における検察官送致率の平均は、殺人24.8％、傷害致死9.1％、強盗致死41.5％でしたので、この数値を②の表の数値と比べますと、改正によって検察官送致と保護処分との比率が逆転したことがお分かりいただけると思います。

2　触法少年に対する法的対応の変更

(1)　触法少年もまた、家庭裁判所の保護審判の対象とされていることは、既にお話しした通りです。しかし、家庭裁判所の審判の対象となるには、その前提として、児童福祉行政機関から家庭裁判所へ送致されることが必要です（児童福祉処分優先主義）。少年法第3条第2項がこの点を規定していますが、少年法の規定と平仄を合わせる形で、児童福祉法第27条第1項第4号は、「家庭裁判所の審判に付することが適当であると認める児童」に限って、児童福祉行政機関が家庭裁判所に送致することにしています。

また、送致された触法少年に対して、家庭裁判所は最終的に保護処分を科すことができます。しかし、少年法第24条第1項に掲げられる3種類の保護

Ⅲ　少年法改正による法的対応システム相互間の関係の変更

処分のうち、「少年院送致」についてはこれまで言い渡すことができませんでした。と言いますのは、少年院法により、少年院に収容できる少年の下限年齢は「14歳以上」と定められていたからです。

(2)　こうした触法少年に対する従来の法的対応を改めたのが、2007年に行われた少年法等の改正です。

第一に、これまでは家庭裁判所に送致するか否かの裁量権は児童福祉行政機関にあったのですが、①故意の犯罪行為により被害者を死亡させた罪、②死刑又は無期若しくは短期2年以上の懲役・禁錮に当たる罪に触れる行為をした触法少年に関しては、原則として家庭裁判所に送致しなければならないと改めました（少年法第6条の7第1項）。

第二に、少年法第24条第1項の規定が改正され、保護処分の言渡し時に14歳未満である少年（触法少年だけでなく、14歳未満の虞犯少年も含む。）に対しては、特に必要と認める場合に限り、少年院送致という保護処分を言い渡せるようになりました。それと同時に、少年院に収容できる少年の下限年齢が従来の「14歳以上」から、「おおむね12歳以上」に改められました（少年院法第2条）。

(3)　これらの改正点のうち、後者の点についてだけ、もう少し説明しておきましょう。

重大な触法行為を行った少年は、改正前は、通常「児童自立支援施設」に収容されていました。児童自立支援施設は厚生労働省が管轄する施設で、全国58施設のうち50施設は都道府県が運営しています[9]。このため、収容少年は通常自分の居住地域を管轄する都道府県の児童自立支援施設に収容されることによって、保護者との面会などが比較的頻繁に行えるというメリットがあります。しかし、その反面、少年の収容基準や職員の採用・研修が都道府県単位で行われる結果、全国規模での適正かつ合理的な施設収容分類や人的・物的設備の効率的な配分が行われないというデメリットもあります。この点が、すべて国（法務省所管）が運営する少年院との違いの一つになって

---

(9)　このほか、2施設が国、2施設が民間団体、4施設が政令指定都市の運営である。

223

います。

　また、児童自立支援施設は、少年院に比べますと、開放度が数段高く、強制の度合いは低いと言えます。児童が起居する居室は少年院と同様に4人程度の共同室が通常ですが、少年院と違って、窓には逃走防止用の鉄格子は嵌められておりませんし、寮舎の入り口には外側から鍵がかけられていません。このため施設からの逃走件数は少年院と比べますと圧倒的に多く、逃げても少年院のように強制力を背景にした「連戻し」ができないことになっています[10]。

　要するに、少年院に比べますと、児童自立支援施設は開放的・非強制的処遇が基本となっているのです[11]。二つの施設のこうした違いが、改正の際にかなり重視されたのだと私は考えています。

3　改正の背景事情

　ここで再び、刑事司法システム(A)・少年保護司法システム(B)・児童福祉行政システム(C)という、非行少年に対する三つの異なる法的対応システムを比較した「表」をご覧下さい。

　これら三つのシステムでは、(C)⇒(B)⇒(A)の順に従って、「社会防衛」目的重視の度合いを強めていきます。そして、2000年の改正では、犯罪少年に対する法的対応を(B)から(C)へ、2007年の改正では、触法少年に対する法的対応を(C)から(B)へと、「社会防衛」目的を一段と高める方向へとシフトさせていったわけです。

　こうした社会防衛目的を強める改正の根拠として引き合いに出されるのが、少年非行の「質的変化」です。なかでも、「凶悪化」とか、「低年齢化」という言葉が頻りに使われてきました。しかし、これらの言葉は、最近の日

---

(10)　施設の長が親権を代行する形で事実上の連戻しは行われるが、親元に戻ってしまい、親が連戻しに反対すれば、戻るよう説得する以外に手立ては存在しない。

(11)　既に説明したことだが、児童自立支援施設でも集団処遇に馴染まず、他の児童から引き離して処遇しなければならないような「処遇困難な児童」がいるので、「たまたま児童の行動の自由を制限し、又はその自由を奪うような強制的措置」が必要となる。しかし、この「強制的措置を採ることのできる設備」が設けられているのは国立の2施設だけで、他の児童自立支援施設にはこのような設備は存在しない。

本社会で生じている少年非行の質的変化の表層的な部分を言い表しているだけであって、必ずしもその本質に迫るものではない、と私は感じています。

これに対して、ある論者は、「自己感覚の喪失」・「他者感覚の喪失」・「社会的規範軸の喪失」という言葉でもって、最近の少年非行の質的変化を捉えようとしています[12]。私には、これらの言葉が正鵠を射ているように思えてなりません。

そこで、最後に、「自己感覚の喪失」・「他者感覚の喪失」・「社会的規範軸の喪失」という言葉の背景に潜む最近の日本社会の変化に触れて、講演の結びにしたいと思います。

Ⅳ　おわりに

1　20世紀から21世紀への「世紀の移り変わり」の時期において、日本社会は大きな変動の時期に差し掛かりました。日本社会の基盤が大きく揺れ動き、それはまさに地球の「地殻変動」に譬えることができるほどの社会変動です。

1980年代後半、我が国は「バブル経済」により空前の好景気を迎えたのですが、1990年代に入りますと、バブル経済は一気に崩壊し、「金融恐慌」一歩手前のところまで経済は落ち込みました。不良債権に苦しむ金融機関の再建のために多額の税金が投入される一方で、企業は「リストラ」という名の非情な組織再編を実施しました。

中小企業の倒産、中高年労働者の首切り、大学卒・高校卒の若年労働者の新規採用の停止などにより、失業率は一気に高まりました。完全失業率でみますと、1992年12月には2％台であったものが、以降上昇を続け、2000年には史上最悪の5％、330万人にも昇りました。こうした「完全失業者」とは別に、就職を希望しながらも求職活動をあきらめているために、統計上は「完全失業者」に入らない人が420万人程いるとされております[13]。これらの

---

(12)　清永賢二編『少年非行の世界――空洞の世代の誕生』（1999年、有斐閣）。

第6章　日本における非行少年に対する法的対応システム

人たちも含めますと、いわゆる「潜在失業率」は10％を超え、10人に1人以上が失業者という、極めて深刻な事態が日本社会を襲ったのです[14]。

　バブル崩壊後の10年間を称して「失われた10年」という言葉が使われますが、この期間において失われたものは「物質的豊かさ」だけではありません。それとともに「心の豊かさ」も深く蝕まれることになりました。こうした危機的状況は、家庭の中にも忍び寄っていきました。

　冒頭にお話ししたことですが、家庭は、次代の子供たちを心身ともに健全に育むための極めて重要な社会的基盤です。その家庭から、「物質的豊かさ」ばかりか、「心の豊かさ」さえも消え失せて、遂には「家庭の崩壊」へと至るような現象が、この「失われた10年」の間には数多くみられるようになりました。例えば、働き手である父親の自殺[15]、夫婦間の恒常的な諍いやDV（ドメスティック・バイオレンス）、親による児童虐待[16]、離婚などなどです。こうした家庭の危機的状況に否応なく見舞われた子供たちは、心に深い痛手を負うことになります。

　2　他方、こうした「失われた10年」の悲劇的状況とは別に、近年わが国では歴史上を見ない速さで「少子化」が進んでいます。

──────────

(13)　総理府統計局の定義によれば、「完全失業者」とは次の三つの条件を満たす者とされている。
①仕事がなくて調査週間中に少しも仕事をしなかった
②仕事があればすぐ就くことができる
③調査期間中に、仕事を探す活動や事業を始める準備をしていた（過去の求職活動の結果を待っている場合を含む。）
　「就職を希望しながらも求職活動をあきらめている人」は、上記③の条件を満たさないために、「完全失業者」に含まれないことになる。
(14)　その後日本の経済は持ち直し、完全失業率は2003年から下がり始め、2007年12月の統計では4％を切り、3％台の後半まで落ちた。
(15)　警察庁の統計によれば、自殺者は22,445人を記録した1995年ころから増え始め、1998年には前年の24,391人から一気に32,863人に上昇し、以降3万人台を持続している。特性別にみると、女性よりは男性の方が多く、また、若年者よりも高齢者が多くを占めている。
(16)　厚生労働省の発表によれば、2006年度に全国の児童相談所で対応した児童虐待相談対応件数は、37,323件で、統計を取り始めた1990年度を1とした場合の約34倍、児童虐待防止法施行前の1999年度に比べ約3倍強と、年々増加している。

Ⅳ　おわりに

　現在では、親子2世代家族で子供は一人ないし二人という「核家族」が、標準的な家族形態となっています。また、かつては「鍵っ子」などと呼ばれた夫婦共稼ぎ家庭の子供も、今では珍しい現象ではなく、最近は「鍵っ子」という言葉さえ陳腐になってしまいました。こうした家庭の中で、子供たちは「独立した一部屋」を与えられるのが普通になっています。この「独立した城」のなかで、「テレビゲーム」や、さらには情報化社会の申し子である「パソコン」を買い与えられている子供たちも少なからずいます。

　子供たちを取り囲む「物質的豊かさ」は、親子の間で育まれる「心の豊かさ」と併存している限りは、さして大きな問題にはならないでしょう。しかし、「心の豊かさ」を置き去りにして、「物質的豊かさ」だけを与える親たちが存在することも事実です。

　物質的な豊かさという点からすれば、今とは比較にならないくらいに貧しかったかつての日本では、家族一緒に「食卓」を囲むことは当たり前の光景でした。今にして思えば、それは心豊かな家庭の象徴でもありました。しかし、物質的豊かさの増大とともに、「食卓のない家庭」が徐々に増えていきました。1980年代に円地文子という女性小説家が「食卓のない家」というセンセーショナルなタイトルの小説を発表しましたが、これは食卓のない家庭の悲劇を描いたもので、映画化もされ、大きな社会的反響を呼んだものです。

　しかし、最近では、家庭から「食卓」が消えたばかりか、子供が一人部屋の中でテレビゲームやインターネットに興じるという、家庭内での「孤立」傾向が進行しつつあります。

　一人きりの部屋でテレビゲームやインターネットという「バーチアル・リアリティ（仮想現実）」の世界に長時間浸っておりますと、自己や他者に対する現実感覚が麻痺し、虚構と現実との識別が困難になるという現象が生じやすくなると言われます。また、他者との現実的な接触を回避する傾向性が強まれば、「社会規範」を順守する力も育ちにくくなります。

　先ほど指摘したことですが、こうした家庭環境の中で育った子供たちには、「自己感覚の喪失」・「他者感覚の喪失」・「社会的規範軸の喪失」といった共通の特徴がみられ、それがまた、現代の少年非行の特徴となっている

と、論者は指摘しています。

　3　「少年非行は社会を映す鏡である。」という言葉があります。また、エミール・デュルケームという社会学者は、「犯罪正常説」・「犯罪有用説」という興味深い学説を発表しました[17]。
　それぞれの社会は、その社会に相応しい形の犯罪・非行を常に作り出すものです。世紀の変わり目に我が国に起こった社会の劇的変化は、「失われた10年」と言われる「喪失」の時代でした。最近は、日本の社会に少しは活気が戻ってきたようですが、この「喪失」は癒えていません。それどころか、「物質的豊かさの喪失」現象は、少年を含む社会的弱者の中に深く潜行し、彼らの心に言いようのない喪失感と空洞化を引き起こしているように感じられてなりません。

　4　今回お話しした少年法の改正の方針に、私は反対をするものではありません。特に他人の生命剥奪という重大な結果を惹き起こした非行少年の対応を、「責任一応報」原理でもって構成される刑罰を主要な手段とする刑事司法システムに委ねることは、「生命尊重」という社会的規範を少年たちに伝達するための方策として重要だと考えています。
　しかし、他方で、非行少年に対する法的対応のシステムを改めるだけでは、少年の心の中で深く潜行しつつある深刻な事態の根本的解決にはならないであろうと考えます。

　新派刑法学の泰斗であるフランツ・フォン・リストは、つぎのように語りました。
　――「最良の刑事政策は、社会政策である」と。

　リストのこの言葉は刑事政策の限界を指摘するものである、と私は理解しています。

---

(17)　E. デュルケーム／宮島喬訳『社会学的方法の基準』(1978年、岩波文庫)。

Ⅳ　おわりに

　刑事政策は、犯罪（非行）に対するより良い対応策を絶え間なく模索・追求してきました。伝統的な刑事政策の対応策は刑罰中心のものでしたが、一方で、刑罰制度自体の中で「犯罪者の福祉」を追求する試みが展開されるとともに、他方で、「刑罰よりも優れた対応策」の開発がおこなわれてきました。少年保護司法システムは、こうした対応策の一つです。

　しかしながら、刑事政策は基本的には「犯罪・非行に対する事後的な処理」を原則としています[18]。「犯罪・非行の少ない、安全で安心な社会作り」という事前予防も含む広い観点からすれば、刑事政策には限界があると言わなければなりません。

　刑事政策を実践する者は、刑事政策の限界を認識しつつ、犯罪・非行の誘発・促進要因を減少させることに繋がる社会政策と連携して、「犯罪・非行の少ない、安全で安心な社会作り」を模索・追求する必要があると考えます。

---

(18)　確かに、刑事政策は、「既に犯罪を行った者が、将来再び犯罪を行うことを防止する」という「展望的な予防目的」も担っている。しかし、それは「既に起こってしまった犯罪」に対する対応の一環として行われるものであり、犯罪の発生を未然に食い止めるための「安全で、安心な社会作り」という観点からすれば、その役割の一部を担っているに過ぎない。

第 7 章

触法少年に対する施設内処遇方法に関する考察[1]
——2007年少年法等の一部を改正する法律に関連して——

Ⅰ　はじめに
Ⅱ　改正の経緯
Ⅲ　児童自立支援施設と少年院との比較検討
Ⅳ　おわりに——結論——

Ⅰ　はじめに

　2007年6月1日公布の「少年法等の一部を改正する法律（以下「2007年改正少年法」という。）」（2007年11月1日施行）によって、従来の触法少年に対する法的対応が変更された。

　触法少年に対しては、改正前は「児童福祉行政システム」が優先的に適用され、都道府県知事又は児童相談所長という児童福祉行政機関から家庭裁判所に送致された場合に限って、「少年保護司法システム」が例外的に作動することになっていた（児童福祉行政システム優先主義：少年法第3条第2項、児童福祉法第27条第1項第4号）。これに対し、2007年改正少年法では、一定の重大な触法事件の場合には児童福祉行政機関は原則的に家庭裁判所に送致しなければならないこととし[2]、例外として児童福祉法上の措置を行うことができ

（1）　本論文は、平成17年度〜19年度科学研究費補助金（基盤研究(C)一般：課題番号17530056）と早稲田大学社会安全政策研究所に対する財団法人社会安全研究財団からの指定寄付金という二つの研究費による研究の成果である。

ると改めた（少年法第6条の7第1項）。つまり、限定的ではあるが、従前の原則と例外との関係が逆転した訳である。これが、第一の変更点である。

　第二の変更は、14歳に満たない少年（触法少年に限定されず、虞犯少年も含む。）に対して「特に必要と認める場合に限り」少年院送致という保護処分に付することが可能となり（少年法第24条第1項）、これを受けて、初等少年院および医療少年院の収容下限年齢が従来の「14歳以上」から「おおむね12歳以上」に変更された点である（少年院法第2条第2項および第5項）。触法少年に対する施設内処遇としては、改正前は児童福祉施設のうち主として児童自立支援施設が活用されてきたのであるが、新たに少年院を活用する道が開かれたことになる。

　本論文は、これらの改正点のうち後者に焦点を当て検討するものである。

II　改正の経緯

　1　2007年改正少年法のきっかけになったのは、2003年7月1日に長崎市で発生した4歳児誘拐殺人事件と2004年6月1日に佐世保市で起こった小学6年同級生殺害事件であった。加害者は、前者が中学1年生で12歳（事件当時）、後者が小学6年生で11歳（事件当時）という触法少年であった。

　これらの事件に呼応する形で、2004年9月8日、法務大臣は法制審議会に対し「少年の保護事件に係る調査手続等の整備に関する諮問第72号」を提出した。その別紙要綱（骨子）には、①触法少年及びぐ犯少年に係る事件の調査、②14歳未満の少年の保護処分の見直し、③保護観察における指導を一層効果的にするための措置という三つの項目が掲げられていた。このうち本論文に関係するのは、以下に記す「第二の一および二」の項目である。

（2）　児童福祉機関が家庭裁判所に原則送致する対象の触法事件は、「故意の犯罪行為により被害者を死亡させた罪」ないしは「死刑又は無期若しくは短期2年以上の懲役若しくは禁錮に当たる罪」に係るものに限定される。また、この規定と同時に新設された「警察官から児童相談所への送致（少年法第6条の6第1項）」が行われていることが、この家裁送致の前提とされる。

第二　14歳未満の少年の保護処分の見直し
　　一　家庭裁判所は、14歳に満たない少年については、特に必要と認める場合に限り、少年院送致の保護処分をすることができるものとすること。
　　二　初等少年院及び医療少年院の被収容者年齢の下限を削除するものとすること。

　2005年2月、法制審議会は法務大臣に答申を行った。答申の内容は原案に一部修正を加えるとともに付帯決議が付けられたが、上記「第二の一および二」の項目に関しては原案どおりであった[3]。

　法務省はこの答申を受け「少年法等の一部を改正する法律案（以下政府原案という）」を立案し、2006年2月第164回国会に提出した。この政府原案では、上記「第二の一および二」に当たる箇所は次のようになっていた。

　①　少年法第24条第1項に次のただし書を加える。
　　ただし、決定の時に14歳に満たない少年に係る事件については、特に必要と認める場合に限り、第3号の保護処分をすることができる。
　②　少年院法の一部を次のように改正する。
　　第1条の次に次の1条を加える。
　　第1条の2　少年院における処遇は、個々の在院者の年齢及び心身の発達程度を考慮し、その特性に応じて、これを行わなければならない。
　　第2条第2項及び第5項中「14歳以上」を削る。
　（以下では上記①を「政府原案①」、上記②を「政府原案②」という。）

　その後、第166回国会において、政府原案①については原案通り採択、政府原案②については少年院法第2条第2項及び第5項中の「14歳以上を削

（3）　諮問第72号の検討を委ねられた「少年法（触法少年事件・保護処分関係）部会」は、計6回の審議を経て、要綱（骨子）の第一の二について事務局作成の修正案を採択した以外、その他については要綱の原案どおりに採択した。また、「少年法第22条の2第1項に掲げる罪の事件について、同法第17条第1項第2号の措置がとられている場合に、家庭裁判所が、職権で、少年に弁護士である付添人を付することができる制度を導入すべきである。」という事務局作成の付帯決議（案）も採択し、これらの結果を総会に報告した。総会は、2005年2月9日、この部会案を採択して法務大臣に答申を行うことになったのである。

第7章　触法少年に対する施設内処遇方法に関する考察
——2007年少年法等の一部を改正する法律に関連して——

る。」という箇所が与党の修正案により「おおむね12歳以上」に修正、という形で成立するに至った。

　2　国会における審議状況を簡単に振り返ると、およそ以下のとおりである。

　まず法案の提案趣旨に関連して、野党議員から「少年非行の現状に対する認識」や「14歳未満の少年の少年院送致」に係る質問が行われたが、これに対する法務大臣の答弁は、次のようなものであった[4]。

　(a)　少年非行の現状に対する認識について
　　「14歳未満のいわゆる触法少年による凶悪犯の補導人員をここ10年間で見ますと、平成8年から平成14年まで200人未満で推移していましたが、平成15年以降200人を超えている上、近時、凶悪重大な事件も発生しているところであります。これらを踏まえれば、少年非行は極めて深刻な状況にあるものと認識をいたしております。」

　ここでは、平成の比較的短期間における数値を挙げて触法事件の凶悪化が説明されている。しかし、長期間にわたる統計を見れば、「凶悪重大とされる行為」で補導された触法少年の数がこれよりも多かった時期が存在する。
　警察庁の「犯罪統計書」によると、警察が補導した触法少年の行為態様別人員のうち一般に凶悪事件とされる殺人・放火・強盗・強姦の総数が最も多かった年は、1962年の750人であった。また、殺人だけに限定すると、1962年は7人で、1960年は15人であった。つまり、量的に捉える限りは、法務大臣が「増加」として指摘した2003（平成15）年よりも、1960年代前半の方が触法少年のいわゆる「凶悪重大事件」が多かったわけである[5]。
　後述するとおり、1948年に大正少年法が全面改正され、それと同時に少年院法が制定されたときには、「おおむね14歳以上」の者が少年院の収容下限

（4）　以下の引用は、2006年11月14日開催の衆議院本会議における長勢甚遠法務大臣の発言である。第165回国会衆議院会議録第16号参照。

年齢とされていたため、14歳を若干下回る少年が少年院に収容されていた時期がある。しかし、この点は1949年と1950年の少年院法の改正により改められ、それ以降は、保護処分決定時に14歳未満である少年を少年院送致という保護処分に付すことは、法律によって認められてこなかった[6]。2007年の法改正は、1950年以来60年近くにもわたって行われてきた法的対応の仕組みを改めるという、重大な立法政策の転換であったわけである。そうであればなおのこと、少なくとも1950年以降の統計的数値を挙げて、触法事件の凶悪重大化を説明し、可能な限り客観的な事実判断を立法の基礎とすべきであったであろう[7]。

(b) 14歳未満の少年の少年院送致について

「14歳未満の少年であっても、凶悪重大な事件を起こしたり、悪質な非行を繰り返すなど、深刻な問題を抱える者の中には、開放処遇を原則とし、職員との家庭的な日常生活を通じた指導を行う児童自立支援施設では対応が困難で、非開放施設である少年院における非行性の除去を主眼に置いた矯正教育を早期に授けることが、本人の改善更生を図る上で必要かつ

---

(5) 客観性を期すためには、2001年の触法少年補導人員中殺人が10人を数えていたことを指摘しておかねばならない。また、補導人員数だけでもって量的比較を行うことはもとより正当でない。14歳未満の少年との人口比を基にした比較の必要がある。

さらに、「凶悪化」という現象を捉える場合には、量的把握とは別に、質的分析が必要になることは言うまでもない。そして、質的分析を行うためには統計的な大量観察ではなく、個々のケース分析が不可欠となる。これらの課題は筆者の技量を超えるものであるので、本論文では検討を省略した。なお、少年犯罪の凶悪化に関して興味深い考察を提供するものとして、間庭充幸『若者の犯罪──凶悪化は幻想か』（2005年、世界思想社）を挙げておきたい。

(6) 「14歳未満」という年齢は行為時でなく、保護処分決定時を基準として運用されてきた。司法統計年報が示すところでは、行為時に14歳未満であった者で少年院送致決定を受けた者は、2007年に8名いた。最高裁判所事務総局編『司法統計年報4 少年編・平成19年』48頁の表22参照。

(7) 厚生労働省が設置した「児童自立支援施設のあり方に関する研究会」の第1回会議の席上、委員の服部朗は事務局が作成した「触法少年の行為態様別補導人員の推移（昭和59年から平成15年まで）」の資料に対して同様の疑問を投げかけている。この問題提起に従って、事務局は第2回の会議では昭和21年以降の資料を提出している。この点につき、「児童自立支援施設のあり方に関する研究会」第1回議事録および第2回議事録参照。

第7章　触法少年に対する施設内処遇方法に関する考察
——2007年少年法等の一部を改正する法律に関連して——

相当である場合もあると考えられます。このように、本法律案は、少年の立ち直りに最も適した処遇選択を可能にしようとするものであります。」

ここでは、「児童自立支援施設では対応が困難」なケースがあり得ることが指摘され、その点が14歳未満の少年に対して少年院送致の道を開くための根拠とされている。

この説明に対して、一部の野党議員から、14歳未満の少年を少年院に収容することは「厳罰化」であるという批判が出されたが、ここで求められるのは、そのような価値的評価ではない。

① 14歳未満の少年のケースのなかに、児童自立支援施設での対応が困難なものが存在するのか否か？
② 存在するとすれば、それはどのようなケースであるか？

という事実に関する冷静な検証と判断こそが求められるべきである。

先に触れたように、1948年少年法と同時に制定公布された少年院法の第2条では、初等少年院と医療少年院の収容下限年齢を「おおむね14歳以上」と規定していた。1949年1月1日の少年法と少年院法の施行後きわめて短期間ではあったが、1949年5月16日時点において、14歳未満で少年院に収容された少年は200人ほど存在すると報告されていた[8]。しかし、その後1949年と1950年の二度にわたる少年院法の改正により、初等少年院と医療少年院の収容下限年齢は「14歳以上」と改められることになった[9]。

このように、14歳未満の少年に対する施設内処遇の方法としては、1950年の少年院法改正以降少年院を用いることが法律上認められなくなったのであり、一般的に凶悪だとされる触法事件が増加した1960年前後でさえも児童自立支援施設を中心とする児童福祉施設が唯一の方法であった。60年近くの長期にわたって行われてきた法的対応を改め、例外的にせよ14歳未満の少年の処遇の場を少年院へと移すことの是非を検討するのであれば、「児童自立支援施設での対応が困難であるか否か」という事実を冷静に検証することが求

(8) 1949年5月16日に開催された参議院法務委員会の席上、宮城タマヨ議員からの質問に対して行われた斎藤三郎少年矯正局長の答弁（第5回国会参議院法務委員会会議録第14号11頁）。

められる。

　本論文ではこの点の検討を行うが、ここでは最後に、2007年改正少年法の政府原案が修正され、少年院の収容下限年齢が「おおむね12歳以上」とされた点について簡単に触れておく。

　3　法制審議会少年法（触法少年事件・保護処分関係）部会第4回会議において、事務当局は、少年院収容年齢の下限を設けない点に関して次のような説明を行った。

　「現在14歳以上となっている少年院法の規定を改めるのが適当か、適当であるとしても年齢の下限を設けるべきではないかが議論され、例えば、10歳以上とする案や、中学生以上とする案が示されたほか、実務的には12、13歳程度におさまるのではないかという御意見、年齢による差別化は無理になっており、家庭裁判所の合理的な裁量に任せて運用するのがよいという御意見などがございました。

　この点につきましては、まず、今回の提案は、14歳未満の少年についても、個々の少年が抱える問題性に即し、少年の健全な育成を図るために最も適切な処遇を選択できる仕組みを設けるべきとの考えに基づくものであり、そのような観点からしますと、従来のように、年齢によって

（9）　1949年4月23日に開催された衆議院法務委員会の席上、法務大臣は少年院法第2条第2項の初等少年院の収容下限年齢を「おおむね14歳以上」から「14歳以上」に改めることの理由について、次のように説明している。
　「これを14歳以上の犯罪少年または虞犯少年と同一に取扱うことは適切でなく、もしこれに収容保護を加える必要のあるときは、すべてこれを児童福祉法による施設に入れるのが妥当と思われ、また少年院の運用もさようする方が一層効果的になりますので、少年院法第2條第2項を改めて、14歳以下の少年は少年院には収容しないことにいたしたのであります。」（第5回国会衆議院法務委員会会議録第9号3頁）
　ところで、1949年の少年院法の改正では、初等少年院の収容下限年齢が改正されただけで、同じく「おおむね14歳以上」と規定されていた医療少年院の方は改正されなかった。それが改正されたのは、1950年4月15日に公布された「少年院法の一部を改正する法律」によってである。しかし、その法案審議の際に医療少年院の収容下限年齢を改正する点の説明や議論はなされずに可決されている。
　なお、1949年1月1日の少年法・少年院法施行直後に行われた触法少年に対する法的対応の見直しに関しては、森田明『少年法の歴史的展開』（2005年、信山社）、とくに第Ⅲ部第9章「触法少年の法的取り扱いについて」が詳しい。

処遇を一律に区別するのは適当でないと考えております。また、仮に、下限を設定するとした場合、何歳とするのが法律上適当かを決める必要がありますが、この点については正に様々な意見のあるところですし、下限を明示することによって、その年齢まで収容が可能であるという考えが定着し、14歳未満の少年院送致の例外性が薄れる懸念もあると考えております。このようなことから、下限については特に設けず、少年院送致の保護処分を選択するに当たっての要件を厳格にした上で、家庭裁判所の適切な判断にゆだねるのが適当ではないかと考えております。(10)」

いささか長い引用になったが、この引用文の前半部分に記されているように、法制審議会少年法部会では、少年院収容年齢の下限を設けるべきか否かについては複数の異った見解や疑念が表明されていた(11)。しかし、最終的には原案が採択され、法律案として国会に提出されるに至ったのである。

国会審議の場においても、少年院収容年齢の下限をいかにすべきかという点は与野党間の争点の一つとされたが、政府原案のように収容下限年齢を明示しない案は否定され、民主党からは「おおむね14歳以上」という修正案が、与党からは「おおむね12歳以上」という修正案が出され、結局与党の修正案が採択されている。ここでの争点は、少年院収容年齢の下限を中学生までに止めるか、あるいは小学生の高学年まで含めるかという点にあったと思われるが、結局与党案が通ったことにより、小学生の高学年の者でも「特に必要と認められる場合に限り」少年院への収容が可能となったわけである。

Ⅲ　児童自立支援施設と少年院との比較検討

筆者は、2003年7月1日に長崎市で発生した4歳児誘拐殺人事件や2004年6月1日に佐世保市で起こった小学6年同級生殺害事件をきっかけにして、触法少年に対する法的対応、特に児童福祉行政システムと少年保護司法システムとの関係をいかにすべきかという問題に関心を抱き、前者のシステムを

---

(10) 法制審議会少年法（触法少年事件・保護処分関係）部会第4回会議議事録。
(11) 特に、法制審議会少年法（触法少年事件・保護処分関係）部会第3回会議議事録参照。

Ⅲ 児童自立支援施設と少年院との比較検討

担う児童相談所や児童自立支援施設、児童養護施設、他方後者のシステムを担当する家庭裁判所、少年鑑別所、少年院などの施設を中心に聞き取り調査などを実施してきた[12]。以下の分析は、この調査から得られた知見に基づくものである。

1 施設収容目的の共通性と法的性質の相違性

(1) 児童自立支援施設は、「不良行為をなし、又はなすおそれのある児童」を主たる収容対象[13]とする児童福祉施設として、児童福祉法第1条が定める「児童の健全育成」目的に奉仕するものである。

(2) 他方、少年院は、「保護処分として少年院送致を受けた少年」[14]に対し矯正教育を授ける施設として、少年法第1条が掲げる「少年の健全育成」という目的に奉仕するものである。

このように、二つの施設収容処分の目指すところは究極において異なるところがない。しかし、処分の法的性質において、両者には以下のような基本的な相違がある。

(A) 児童自立支援施設への入所形態には、都道府県知事(児童相談所長)が行政処分として行う場合(児童福祉法第27条第1項第3号)と、家庭裁判所が保護処分として言い渡す場合(少年法第24条第1項第2号)との二つがある。

① 都道府県知事(児童相談所長)が行政処分として行う場合は、親権者または未成年後見人の意に反して行うことはできない(児童福祉法第27

---

(12) 調査は北海道地区・近畿地区・北九州地区および首都圏にある施設が中心であった。なお、このうち科研費補助金で行った調査研究の結果は、『触法少年・虞犯少年に対する少年法・児童福祉法の二元的保護システムに関する考察——実態調査結果報告書——』(2008年・非売品)としてまとめた。
(13) 1997年の児童福祉法改正により、名称が教護院から児童自立支援施設に改められたと同時に、対象児童の枠を従来の「不良行為をなし、又はなすおそれのある児童」の他に、新たに「家庭環境その他の環境上の理由により生活指導等を要する児童」を加え、さらに入所指導の他に通所指導や退所指導も活動の中に取り入れた(児童福祉法第44条)。
(14) 2000年の「少年法等の一部を改正する法律」により、新たに「少年法第56条第3項の規定により少年院において刑の執行を受ける者」が収容対象に加えられた。

条第4項)。その意味で、任意処分であるが、例えば入所児童が無断で外出・外泊[15]をした場合には、児童自立支援施設の長は親権を代行する形で、施設に戻すことが可能であるが、しかし親元に戻った場合には、その同意がない限り連れ戻すことはできないと解される (児童福祉法第47条)。

② これに対し、家庭裁判所が保護処分として言い渡す場合は、強制処分であり、保護者 (少年法第2条第2項参照) の同意も、また当該少年の同意も不要である。ただし、入所児童が無断で外出・外泊をした場合には、児童自立支援施設の長は親権を代行する形で施設に戻すことが可能であるとされるが、例えば親元に戻った場合にはその同意がない限り連れ戻すことはできないと解されている。

(B) 少年院送致の保護処分は、保護者の同意も、当該少年の同意も必要としない強制処分である。また、少年院からの逃走行為は、刑法第97条・98条の逃走罪に該当しないと解されているものの、逃走した少年を強制的に連れ戻すことは法律で認められている (少年院法第14条)。

つぎに、両者の相違をもう少し具体的に、①施設運営・処遇の主体、②処遇の客体、③処遇の方法という三つの側面から比較分析してみよう。

2 施設運営・処遇の主体

(1) 児童自立支援施設は全国に58施設あり、そのうち都道府県立が50、市立 (政令都市) が4、計54施設が地方自治体の運営であり、他に国立が2施設、私立 (社会福祉法人) が2施設である。このようになっているのは、児童福祉法ならびに児童福祉法施行令により、都道府県に対して児童自立支援施設の設置が義務付けられているためである (児童福祉法第35条第2項ならびに児童福祉法施行令第36条)。

① 職員の専門性

夫婦小舎制全盛時には、施設の選考採用によって寮長・寮母と呼ばれた寮担当の夫婦職員[16]が採用され、その後長期間職務に従事することにより、高

---

(15) 児童自立支援施設などの児童福祉施設を無断で離脱する行為は、「無断外出」、「無断外泊」という語が用いられるのに対して、少年院からの離脱行為は「逃走」という語が用いられるのが一般である (少年院法第14条参照)。

度な専門性を身に付けることが可能であったという(しかし、反面、他者からの批判を容易に受け付けない「独りよがり」の職員も少なからず存在したということでもある。)。しかし、近年、選考採用を認める自治体が減り、自治体が行う一般的な採用試験によって福祉職員として採用されるケースが一般化し、また自治体内部での定期異動のために児童自立支援施設に長期間とどまる職員が減少してきている。こうした事情のためか、国立武蔵野学院附属児童自立支援専門員養成所を始めとする職員研修の場が存在するものの、児童自立支援施設の職員には、専門的な能力の点でかなりの高低差が見受けられる[17]。

② 施設の差異化・機能分化

通常、各自治体が運営する児童自立支援施設は一つであり、当該自治体に居住する児童は基本的にその自治体が運営する施設に収容される。つまり、児童自立支援施設は自治体単位での運営が主になっているために、児童の特性に応じて収容する施設を差異化・機能分化させることが極めて困難になっている。例えば女子だけを収容する施設[18]、医療機能を特化させた医療専門施設、職業補導に特化させた施設などを作りにくい運営体制となっている。

(2) 少年院は全国に53施設(うち分院1)あり、そのすべてが国立である(少年院法第3条第1項)。

━━━━━━━━━━━━━━━━━━━━━━━━━━━━━━━━━

(16) 1997年の児童福祉法の改正により、寮長・寮母という名で親しまれてきた指導員の呼称も法令上はそれぞれ「児童自立支援専門員」、「児童生活支援員」に改められた。

(17) 施設外職員研修の種類に関しては、全国児童自立支援施設協議会編『児童自立支援施設(旧教護院)運営ハンドブック』(1999年、三学出版)407頁参照。また、2006年2月に「児童自立支援施設のあり方に関する研究会」が出した報告書では、児童自立支援施設の長などの管理職に対する研修の義務化や児童自立支援専門員等の研修システムの強化を掲げており、これを受けて国立武蔵野学院では現在は施設長研修とスーパーバイザー研修の充実を図るようになっている。

なお、児童自立支援施設の職員の中には、福祉関係の職歴のない自治体職員も見受けられる。こうした職員を処遇部門に配置するには、十分な研修を受けさせることが必要であることは言うまでもない。

(18) 筆者が聞き取り調査を行った施設の中では、北海道立向陽学院、横浜家庭学園が女子だけを収容する施設であった、もっとも男女ともに収容する施設では、当然児童の生活寮は男女別である。

第7章　触法少年に対する施設内処遇方法に関する考察
――2007年少年法等の一部を改正する法律に関連して――

① **職員の専門性**

職員は、国（法務省）が法務教官採用試験のもとに統一採用を行い、研修についても法務省が作成した研修プログラムに則った、計画的で画一的な研修システムが存在するため、職員の専門的な能力を一定水準以上に維持することが比較的容易である。

② **施設の差異化・機能分化**

施設運営を国が統一的・集約的に行うことから、少年の特性に応じて収容する施設を差異化・機能分化させ、職員や設備を効率的に配分することが可能となっている。

少年院法では、収容者の年齢・非行進度・心身の状態を基準として初等・中等・特別・医療の少年院の種別が定められている（少年院法第2条）。さらに、「少年院運営について」という矯正局長通達により、一般短期処遇・特修短期処遇・長期処遇という「処遇区分」と、教科教育課程・生活訓練課程・職業能力開発課程・特殊教育課程・医療措置課程という「処遇課程」とが定められており、これらに応じて施設の機能には細かな差異化が図られている[19]。

3　処遇の客体

(1) 児童自立支援施設に収容可能な年齢の下限については特に規定がない。2003年2月時点で在所していた児童の入所時年齢をみると、

10歳以下	6.6%	14歳	32.1%
11歳	5.9%	15歳	11.0%
12歳	12.5%	16歳	1.9%
13歳	28.9%	17歳	1.0%

となっており、中学生年齢の入所が圧倒的に多い[20]。また、全国児童自立支

---

(19) この詳細については、「少年院の運営について（1991年6月1日矯正局長依命通達）」参照。
(20) 「児童自立支援施設のあり方に関する研究会」第1回議事録の添付資料「児童自立支援施設と少年院」を参照。

Ⅲ　児童自立支援施設と少年院との比較検討

援施設協議会が全国の児童自立支援施設に対して行った実態調査によれば、2003年度の新規入所者の入所時の学年で最も低学年の者は小学1年生で1名、次いで小学2年生が4名であった[21]。

　これに対し、収容可能な年齢の上限は原則として18歳未満とされる（児童福祉法第4条第1項）。ただし、例外的に20歳に達するまでは入所措置の延長が可能である（児童福祉法第31条第2項）。

　児童自立支援施設での処遇プログラムは、通常、中学卒業とともに退所させる形になっている。このため、児童相談所から、中学3年生の後半に差し掛かった児童の受け入れを打診された場合に、拒否するケースもあるという。しかし、近年は中卒児童の在所者も徐々に増えつつあり、

　　1985年1月1日現在の在所者2,903人中、中卒児童172人（5.9％）
　　1995年12月1日現在の在所者1,925人中、中卒児童252人（13.1％）
　　2002年2月1日現在の在所者1,657人中、中卒児童220人（13.3％）

となっている[22]。この変化に応じて、中卒児童の処遇に力を注ぎ始めている施設もみられるようになった。それでも、中卒児童は在所者全体の中では依然として少数であり、彼らを一か所に集めて系統的な処遇を実施する体制は十分に整備されていない[23]。

　(2)　少年院の収容下限年齢は、2007年改正少年法以前は「14歳」という中学2年生の年齢であった。これに対して、上限年齢は原則「20歳未満」（少年院法第11条第1項本文）であるが、家庭裁判所の収容継続決定が行われれば、特別少年院では23歳、医療少年院では26歳に達するまで収容が可能である（少年院法第11条第2項ないし第8項）。

----

(21)　全国児童自立支援施設協議会『全国児童自立支援施設運営実態調査――平成17年3月』8頁〜13頁参照。

(22)　「児童自立支援施設のあり方に関する研究会」第1回議事録の添付資料「児童自立支援施設における中卒児童数の推移」参照。

(23)　聞き取り調査を行った児童自立支援施設の多くは、中学生まで過ごした寮で中卒児童を引き続き生活させ、そこから通学や通勤を行わせていた。しかし、通学・通勤する中卒児童の生活パターンが他の収容児童のそれと「ズレ」があるために、寮担当職員の仕事量はかなり過重なものであった。こうした中で、北海道家庭学校において、中卒児童だけを収容する一か寮を新たに設け、独自の処遇のあり方を模索する方針が採られていたことが印象的であった。

第7章　触法少年に対する施設内処遇方法に関する考察
——2007年少年法等の一部を改正する法律に関連して——

2003年における少年院新入所者の入所時年齢をみると

	男子	女子
14歳	4.6%	10.2%
15歳	9.6%	16.9%
16歳	17.7%	20.9%
17歳	23.2%	18.5%
18歳	25.1%	18.9%
19歳	19.7%	14.6%

となっている。児童自立支援施設とは対照的に中卒少年が圧倒的に多く、後述するように、児童自立支援施設に比べて、中卒少年に対する系統的な処遇プログラムの整備が図られていることが特徴的である。

4　処遇の方法

(1)　児童自立支援施設での処遇方法について、児童福祉法第44条は「個々の児童の状況に応じて必要な指導を行い、その自立を支援し、あわせて退所した者について相談その他の援助を行うこと」と規定するが、58ある施設のなかでも、運営形態や処遇形態には違いがみられる。

大別すると、児童が共同生活を送る生活寮の収容定員に応じて「小舎制」、「中舎制」、「大舎制」が、また生活寮で指導に当たる職員の勤務体制に応じて「夫婦制」、「併立制」、「交替制」が区別される[24]。施設創立時に夫婦小舎制のみを採用していた施設は58施設中36施設を数えていたが、2005年には創立時の状態を堅持している施設は20施設にまで減少している[25]。それでも、少年院との対比で児童自立支援施設の特徴的な処遇形態は「夫婦小舎制」であると考えられているので、以下では夫婦小舎制を念頭に置いて考察する。

---

(24)　一つの生活寮の収容定員が、「小舎制」は15名以下、「中舎制」は16～25名、「大舎制」は26名以上とされる。「夫婦制」の説明は本文に譲るとして、「交替制」は少年院のように複数の職員が交替で児童の生活寮の勤務に当たるもので、「併立制」は実際の夫婦でないひと組の男女職員が生活寮の勤務に当たるものでる。なお、全国児童自立支援施設協議会編『児童自立支援施設（旧教護院）運営ハンドブック』(1999年、三学出版) 350～362頁参照。

① 家族的雰囲気の中での育ち直し

　伝統的な児童自立支援施設での処遇の特徴の一つは、家族的な雰囲気の中で行われる「育ち直し」であると言われる。ある児童自立支援施設の職員から聞いた話であるが、矯正教育を実施する少年院では「少年を育て直し」するのに対し、児童自立支援施設の方は「児童自らが育ち直っていく」ように指導援助していくのだという。つまり、両者の違いの要点は、指導法の重点が他律的か、自律的かというところにある。

　夫婦小舎制を採用する児童自立支援施設では、ひと組の夫婦が指導する家庭的な雰囲気の寮の中で、通常10人程度の児童が集団生活を営む。両親の豊かな愛情のもとで育てられた経験に乏しい児童が、家庭的な雰囲気の中での「疑似家族体験」を通して父親役と母親役を自ずからにして会得するとともに、基本的な生活習慣や社会的な行動様式を習得していくことが、施設生活での基本となっている。このほか、被収容児童の大半は義務教育年齢の者たちであるので、日中は生活寮から施設構内にある教室棟へ出向いて、そこで学科教育などを受けることが通常である[26]。

② 開放的処遇

　児童自立支援施設での処遇のもう一つの特徴は、開放的処遇にある。

　第一に、施設には逃走を防止する物理的設備が設けられていない。施設の敷地の外壁は、周囲から隔絶した物々しい設備にはなっておらず、施設の内外からの出入りが自由に行える構造になっている。入所児童が生活する建物

---

(25)　夫婦小舎制の後退要因を探ることは、児童自立支援施設の今後のあり方を検討する上で重要である。聞き取り調査では、休暇を取りにくい生活寮での過重な労働や、児童自立支援専門員・児童生活支援員の有資格者である夫婦職員（「児童福祉施設最低基準」第82条・83条参照）を確保することの難しさなどが指摘された。

(26)　1997年の児童福祉法の改正前は、児童自立支援施設では学校教育法の定める学校教育に「準ずる教育」が認められてきた（改正前の児童福祉法第48条第2項）。しかし、1997年の改正により、旧規定の第2項が削除され、学校教育法の定める学校教育を行うことが義務付けられることになった（現行児童福祉法第48条）。とは言え、直ちに実施することは困難であると予想されたために、附則第7条において、当分の間「準ずる教育」を続けることを是認している。この改正後の動向については、小林英義「施設入所児の教育保障——法改正による児童自立支援施設の動向」（小林英義＝小木曽宏編『児童自立支援施設の可能性』（2004年、ミネルヴァ書房）所収が詳しい。

(生活寮)は、小舎制では一般の家庭の建造物とほとんど変わるところがない。つまり、玄関の施錠は内側からも開閉できる仕組みになっていて、入所児童の外出を禁じるためのものではない。室内の窓には鉄格子など、出入りを禁じるための設備は施されてはいない。

第二に、入所児童は施設内での移動を自由に行うことができる。生活寮の中はもちろんのこと、敷地内での移動も自由である。

こうした点が、児童自立支援施設が「開放的処遇」と呼ばれる所以である。

しかし、児童自立支援施設においても、暴力的行動や無断外出・外泊など集団処遇の基盤を崩す行動を頻発する児童のように、行動の自由を制限する措置が必要な者がいる。このような場合には、知事または児童相談所長は児童を家庭裁判所に送致して、「自由を制限する強制措置」の決定を求めることができる（少年法第6条の7第2項および第18条第2項、児童福祉法第27条の3）。ただし、この強制措置を実施することのできる設備は、自治体や民間が運営する児童自立支援施設には存在せず、わずかに国立の2施設だけにある[27]。

(2) 少年院での処遇は「矯正教育」と呼ばれ、その活動内容は、「在院者を社会生活に適応させるため、その自覚に訴え紀律ある生活のもとに、左に掲げる教科並びに職業の補導、適当な訓練及び医療を授ける」と規定されている（少年院法第4条第1項）。

① 科学的な分類処遇と寄宿舎的生活ユニット

矯正教育では、個々の対象少年に対する科学的調査を基に、共通の特性や教育上の必要性を有する者を集めて集団を編成し、各集団に最も適切だとされる処遇を実施するという「科学的な分類処遇」が特徴となっている[28]。こ

---

[27] 男子児童を収容する国立武蔵野学院では、「自由を制限する強制措置」を実施するための居室は「観察寮」と呼ばれる別棟の建物の中にあり、窓には鉄格子が設けられていない。職員の説明では、窓は強化ガラスになっており、開閉は遠隔操作で行うので収容者の自由にはならないとのこと、また少年が収容されている居室は、少年鑑別所の居室と同様の構造（つまり、居室の内側から自由に出られない構造）になっているとのことであった。同様に、女子児童を収容する国立きぬ川学院でも「自立寮」と呼ばれる別棟の建物があり、類似の構造の居室があるとのことである。

うした科学的な分類処遇においても少年本人の希望が斟酌されることはあるが、児童自立支援施設での処遇と比べると「他律的」な色彩が濃い。

　少年院での生活の基盤は、収容定員が20～25人程度という、児童自立支援施設の「中舎制」に匹敵する規模の寮での生活である。寮での指導に当たる職員の勤務体制は交替制が採られており、通常１寮当たり５ないし６人の職員が１日３交替で勤務するが、少年ごとに担任職員が決められていることで、少年と職員の間に個別的な関係性が保たれる。とは言え、そこでの関係は、夫婦小舎制における職員と児童との間の疑似家族的関係からはおよそ懸け離れており、学校の寄宿舎における教師と生徒との間の関係に近いものである。

②　閉鎖的処遇

　少年院での処遇のもう一つの特徴は、閉鎖的処遇という点にある。

　高いコンクリートの外塀・錠・鉄格子などの厳重な物理的設備を有する刑務所ほどの閉鎖性はないものの、それでも少年院の多くは逃走を防止するための物理的設備が施されている。外部社会と少年が収容されている少年院内の区画との間には、高いコンクリートの外塀こそ張り巡らされていないが、出入りを遮断する設備は存在する。生活寮や教室棟など、少年たちが一日の大半を送る建物の出入り口には外側から錠が施され、窓には鉄格子が嵌め込まれ、自由に出入りすることは許されない。また、敷地内の建物間の移動の際にも、一般に自由歩行は禁じられている。もっとも、寮内の居室（通常は４人の共同室）の扉には外側から施錠されておらず、寮の内部では自由に歩き回ることができる。

Ⅳ　おわりに——結論——

１　Ⅲで行った児童自立支援施設と少年院との比較考察を基にして、先に提起した設問、すなわち①14歳未満の少年のケースのなかに児童自立支援施

---

(28)　この詳細については、注(19)に掲げた矯正局長通達参照。また、矯正教育の実践例の解説としては、『矯正教育の方法と展開——現場からの実践理論』（2006年、財団法人矯正協会）が詳しい。

設での対応が困難なものが存在するのか否か。②存在するとすればどのようなケースであるのか、ということの検証に移ることにしよう。

　　2　この設問を前にして想起するのは、長崎4歳児誘拐殺人事件や佐世保小学6年同級生殺人事件と呼ばれる事件を惹き起した二人の触法少年に対する事後の対応である。私が知り得た情報を基にこれらの少年の事後対応を簡単に箇条書きにして整理すると、以下の経過を辿ったようである。

【長崎4歳児誘拐殺人事件】
　　2003・7・1　　事件発生
　　　　　7・9　　長崎県警が児童を補導・事情聴取するとともに中央児童相談所へ通告。児童相談所の委託を受け、長崎県警が児童の身柄を一時保護（児童福祉法第33条参照）
　　　　　7・10　 長崎中央児童相談所が児童を長崎家裁に送致
　　　　　　　　　長崎家裁では2週間の観護措置を決定し、長崎少年鑑別所に収容
　　　　　7・16　 長崎家裁が審判開始決定。付添人弁護団が児童の鑑定留置申請
　　　　　7・24　 長崎少年鑑別所において第1回少年審判が開始され、児童の精神鑑定を行うことを決定。8月6日までの観護措置を一旦中断し、鑑定留置（58日間）
　　　　　9・19　 長崎家裁へ精神鑑定書提出（アスペルガー症候群と診断）
　　　　　9・29　 長崎家裁の最終審判において、児童自立支援施設送致の保護処分とともに1年間の自由を制限する強制措置を認める決定が下る。強制措置の延長については、1年後の児童の心身状態により再審査を行うことにする。
　　　　　　　　　その後、長崎中央児童相談所は児童を強制措置の設備（医務課が所管する観察寮）を有する「国立武蔵野学院」に移送し、そこでの入所生活が開始
　　2004・9　　　長崎中央児童相談所の申請・長崎家裁の審判により、1年間の強制措置延長決定

2005・9 　　　長崎中央児童相談所の申請・長崎家裁の審判により、1年間の強制措置再延長決定
2006・9 　　　長崎中央児童相談所の申請・長崎家裁の審判により、1年間の強制措置再々延長決定
2007・7 　　　長崎中央児童相談所が児童の強制措置の再延長を申請しないことを発表

【佐世保小学6年同級生殺人事件】
2004・6・1 　事件発生。長崎県警が児童を補導・事情聴取するとともに佐世保児童相談所に通告
　　　　　　　児童相談所の委託を受け、長崎県警が児童の身柄を一時保護
　　6・2 　長崎家裁佐世保支部へ送致。2週間の観護措置を決定し、長崎少年鑑別所に収容
　　6・14 　長崎少年鑑別所において第1回少年審判が開始され、児童の精神鑑定を行うことを決定。観護措置を一旦中断し鑑定留置（61日間）
　　8・5 　8月14日までの鑑定留置を9月14日まで1ヶ月間延長
　　9・6 　長崎家裁佐世保支部へ精神鑑定書提出（人間関係を築く能力などに遅れがある広汎性発達障害の可能性が指摘されたが、診断基準を満たすまでの顕著な症状がなく、特定の精神疾患などの確定診断には至らなかった。）
　　9・15 　児童自立支援施設送致の保護処分とともに、2年間の自由を制限する強制措置を認める決定
　　　　　　　その後、児童は強制措置の設備を有する「国立きぬ川学院」に移送され、そこでの入所生活が開始
2006・9・7 　佐世保児童相談所の要請・長崎家裁の審判により、2年間の強制措置延長
2008・5・28 　佐世保児童相談所が児童の強制措置の再延長を申請しないことを発表

このうち本論文のテーマとの関係でとりわけ関心を惹くのは、①児童自立

第7章　触法少年に対する施設内処遇方法に関する考察
――2007年少年法等の一部を改正する法律に関連して――

支援施設の入所中において、「自由を制限する強制措置」の決定が間断なく出されたこと、②入所期間が、法定の上限である18歳未満に近いところにまで及んでいることの二点である。

　第一の点について言えば、「自由を制限する強制措置」は家庭裁判所が許可した期間中の最初から最後まで継続して実施される訳でなく、児童の状況の変化に応じて必要と認められる間だけ行うものとされる。したがって、施設内の閉鎖的な居室から、普通寮での開放的な処遇に移ることが行われてきたであろうと推察されるが、強制措置の決定は収容期間中途切れることなく出されている。開放的な処遇を原則とする児童自立支援施設において、これは異例な事態であると言えよう。

　このように「自由を制限する強制措置」が間断なく出されてきたことの理由としては、①児童を自由な社会生活の場から隔離することの高度の必要性（社会的隔離の必要性）のほかに、②施設内での開放的な処遇の場から児童を隔離した形で処遇を実施することの高度の必要性、すなわち精神医学的治療を継続的に行う必要性（専門的医療の必要性）が考えられる。そうだとすれば、「た・ま・た・ま・児童の行動の自由を制限し、又はその自由を奪うような強制的措置を必要とするとき」（児童福祉法第27条の3。圏丸筆者）のために用意されている「例外的な閉鎖的設備」が上記の必要性のために用いることが、果たして適切であるか否かが問われなければならないであろう。

　第二の関係で言えば、中卒児童に対しての系統的な処遇、すなわち学科教育の他に職業補導プログラム実施の必要性（中卒児童に対する系統的な処遇プログラムの必要性）があるが、こうしたプログラムが十分に整備されていない児童自立支援施設において長期間継続して収容を続けることが適切か否かが、問われるべきであろう。

3　以上に掲げた「社会的隔離の必要性」、「専門的医療の必要性」、「中卒児童に対する系統的な処遇プログラムの必要性」といった観点から児童自立支援施設と少年院とを比較検討すると、これらの必要性が高度に認められる14歳未満の少年に対しては児童自立支援施設よりも少年院の方が適切な処遇施設であると判断せざるを得ない。

第一に、
① 十分な医療設備と医療スタッフが用意された医療少
② 中卒児童に対する系統的な処遇プログラム、とくに
ログラムの実施態勢が整備されている中等・特別少年
③ 18歳を超え、場合によっては20歳を超えても収容可
医療少年院、

こうした専門分化した少年院が既に存在すること、第二
これらの少年院間の移送によって少年の変化に応じた適切
が可能であることが、判断の主要な理由である。

ただし、これまでの少年院には、「おおむね12歳以上」
に対する処遇プログラムが存在しなかった。この点の整備
る。

この課題に応えるべく、2007年10月に矯正局長から、「
の処遇について（通達）」と「少年院送致決定のあった14
る処遇課程の判定について（通知）」が出された。中でも
の処遇環境および処遇態勢に関する事項として、①家庭的
遇チームによる指導など、児童自立支援施設のこれまでの
項が取り入れられている点は、評価できよう。

4 既に、処分決定時14歳未満の少年に対しては「特に
に限り」例外的に少年院送致が認められるという立法上の
は、法運用の場面において少年法第24条の規定の解釈が求
は、その解釈の一つの方向性を提供するものである。

石川　正興（いしかわ・まさおき）

〈著者略歴〉

昭和24（1949）年3月3日		静岡県清水市（現在の静岡市清水区）に生まれる
昭和47（1972）年3月		早稲田大学法学部卒業
平成元（1989）年4月		早稲田大学法学部教授
平成18（2006）年10月		早稲田大学総合研究機構プロジェクト研究所「社会安全政策研究所」所長
平成24（2012）年～現在		日本更生保護学会理事
平成25（2013）年～現在		社会福祉士試験委員
平成28（2016）年～現在		公益財団法人矯正協会評議員　など歴任
平成31（2019）年3月		早稲田大学法学学術院教授定年退職 早稲田大学社会安全政策研究所所長退任

〈主要著書〉

『犯罪学へのアプローチ──日中犯罪学学術シンポジウム報告書──』（平成22〈2010〉年、編著、成文堂）

『子どもを犯罪から守るための多機関連携の現状と課題』（平成25年〈2013年〉、編著、成文堂）

『司法システムから福祉システムへのダイバージョンプログラムの現状と課題』（平成26年〈2014年〉、編著、成文堂）

など

犯罪者処遇論の展開

2019年3月31日　初版第1刷発行

著　者　石　川　正　興
発行者　阿　部　成　一

〒162-0041　東京都新宿区早稲田鶴巻町514番地
発行所　株式会社　成　文　堂
電話 03（3203）9201（代）　Fax 03（3203）9206
www.seibundoh.co.jp

製版・印刷・製本　惠友印刷

© 2019　Masaoki Ishikawa　検印省略

☆乱丁・落丁本はおとりかえいたします☆
ISBN978-4-7923-5278-3　C3032

定価（本体6,000円＋税）